民事诉讼法

会计鉴定意见民事司法适用实证研究

KUAIJI JIANDING YIJIAN
MINSHI SIFA SHIYONG SHIZHENG YANJIU

白岱恩 ◎ 著

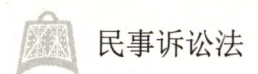

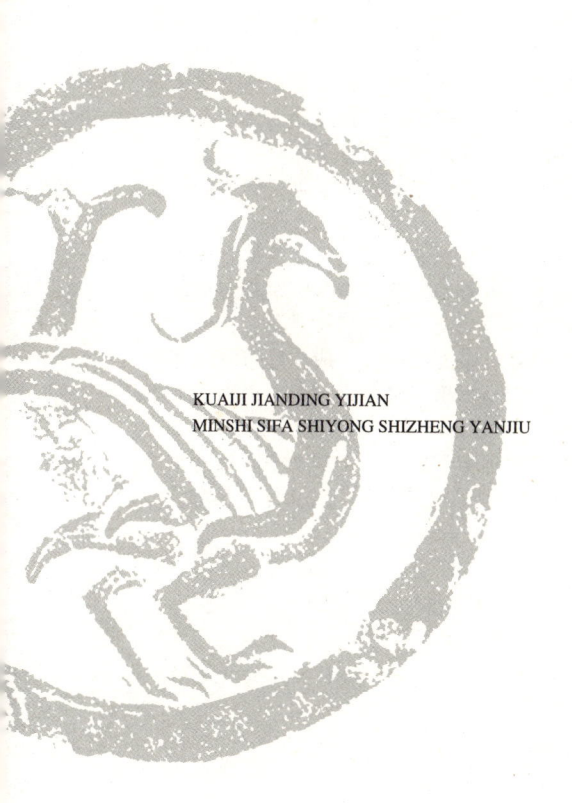

知识产权出版社
全国百佳图书出版单位

图书在版编目（CIP）数据

会计鉴定意见民事司法适用实证研究/白岱恩著. —北京：知识产权出版社，2017.5
ISBN 978-7-5130-4924-5

Ⅰ.①会… Ⅱ.①白… Ⅲ.①司法会计学—研究 Ⅳ.①D918.95

中国版本图书馆 CIP 数据核字（2017）第 120123 号

内容提要

随着市场经济的迅速发展，经济活动日益活跃、经济交易日趋复杂，出现了大量财务欺诈与舞弊、虚假陈述等经济犯罪与经济纠纷。这些案件的审理与判决涉及大量的财务会计、审计专业知识，超出了法官的常识和判断能力，需要借助会计专业人士对涉案的特定财务会计事项进行检验、鉴别和判断，提供专家意见证据，即会计鉴定意见，作为审理案件的依据。

无论是诉讼当事人还是法官凭借常识和经验都很难判断会计鉴定意见的合理性和公正性，对会计鉴定意见的采信只能进行形式上的审查和判断。在鉴定机构与司法机关分离前，司法会计鉴定由法院指派或委托内部的司法会计鉴定机构进行，其所作出的鉴定意见当然地具有证据资格，鉴定意见不存在可采性问题，一般在庭审时直接被法官采信。但在鉴定机构与司法机关分离后，特别是民事案件的审判中，由独立的中介机构或人员（会计师事务所及注册会计师）出具的会计鉴定意见是否被法官采纳，缺乏科学、合理的判断标准或规则。为了更好解决现实问题，本书基于中国裁判文书网公布的 2014—2016 年涉及司法会计鉴定的民事裁判文书的分析，对会计鉴定意见民事司法适用问题进行实证研究。

责任编辑：兰 涛	责任校对：王 岩
封面设计：张 冀 张国仓	责任出版：刘译文

会计鉴定意见民事司法适用实证研究
白岱恩 著

出版发行	知识产权出版社有限责任公司	网 址	http://www.ipph.cn
社 址	北京市海淀区气象路 50 号院	邮 编	100081
责编电话	010-82000860 转 8325	责编邮箱	lantao625@163.com
发行电话	010-82000860 转 8101/8102	发行传真	010-82000893/82005070/82000270
印 刷	北京科信印刷有限公司	经 销	各大网上书店、新华书店及相关专业书店
开 本	720mm×1000mm 1/16	印 张	14.25
版 次	2017 年 5 月第 1 版	印 次	2017 年 5 月第 1 次印刷
字 数	200 千字	定 价	42.00 元

ISBN 978-7-5130-4924-5

出版权专有　侵权必究
如有印装质量问题，本社负责调换。

目 录

第一章 会计鉴定意见及其在民事诉讼中的作用 …………………… (1)
 一、司法会计活动的界定 ………………………………………… (1)
 二、司法会计鉴定概念辨析 ……………………………………… (9)
 三、司法会计鉴定的结果：从"鉴定结论"到
  "鉴定意见" ……………………………………………………… (16)
 四、民事诉讼中的会计鉴定意见 ………………………………… (23)

第二章 会计鉴定意见民事司法适用的统计分析 …………………… (31)
 一、样本来源及相关说明 ………………………………………… (31)
 二、会计鉴定意见民事审判应用的统计分析 …………………… (32)
 三、会计鉴定意见民事审判适用的统计分析 …………………… (37)
 四、会计鉴定意见民事司法适用的困惑 ………………………… (58)

第三章 比较法视野中的鉴定意见司法适用制度 …………………… (73)
 一、域外主要国家民事鉴定启动程序的考证 …………………… (74)
 二、域外主要国家鉴定意见质证程序的考证 …………………… (91)
 三、域外主要国家鉴定意见的审核与判断 ……………………… (107)

第四章 会计鉴定意见民事司法适用制度的完善 …………………… (129)
 一、会计鉴定意见民事司法适用原则的确立 …………………… (129)
 二、会计鉴定意见民事司法审查规则的构建 …………………… (132)
 三、会计鉴定意见司法审查实现的制度保障 …………………… (148)

第五章　会计鉴定意见采信的典型案例分析 …………（171）
　　一、会计鉴定意见未被法院采信的案例 ……………………（171）
　　二、会计鉴定意见被法院采信的案例 ………………………（189）
　　三、会计鉴定意见部分被法院采信的案例 …………………（205）
参考文献 ………………………………………………………（221）

第一章 会计鉴定意见及其在民事诉讼中的作用

一、司法会计活动的界定

（一）司法会计的词义

司法会计活动是"司法会计"的基本词义，它由"司法"和"会计"构成，"司法"是指诉讼，它界定了司法会计的社会属性是一种法律诉讼活动，使司法会计活动能够与会计、审计等经济管理活动相区别；"会计"则是指会计检查、会计检验、会计鉴定、会计文证审查等财务、会计技能的应用，它界定了司法会计活动的内容与财务、与会计技能的运用有关，使司法会计能够与讯问、询问、搜查等其他法律诉讼活动相区别。

需要指出的是，会计检查、会计检验、会计鉴定、会计证据审查等技能的应用原存在于会计财务活动中，后来又引入审计活动和诉讼活动中，形成审计活动、司法会计活动的内容。由于会计、审计活动在诉讼场合运用财务技能和会计技能的目的、方式、方法、程序、结果等方面都存在明显的差异，因而需要专门进行研究并制定规范。为了便于区分，人们将在诉讼活动中出现的这些对财务会计技能应用的活动冠以"司法"二字，进而形成了司法会计检查、司法会计检验、司法会计鉴定等表述，并统称为"司法会计"。

上述关于司法会计词义的阐释，旨在说明：第一，司法会计活动不是"会计活动"，而是诉讼活动；第二，司法会计活动并不包揽全部诉讼技能的应用，主要是运用财务、会计的技能。

(二) 司法会计的概念

司法会计，是指在涉及财务会计业务案件的调查、审理中，为了查明案情，对案件涉及的财务会计资料（及相关财务数量）进行检查（勘验）、检验，或对案件涉及的财务会计问题进行鉴定，对涉及财务会计业务的证据进行审查的一类法律诉讼活动。[1]

这一定义反映了司法会计的属性、产生原因以及主要内容，是判断一项社会活动是否属于司法会计活动的基本标准。

1. 司法会计活动是一类法律诉讼活动，这是司法会计活动的基本社会属性

这一特征界定了司法会计活动的范围，即在法律诉讼过程中出现的会计检查、会计检验、会计鉴定、会计文证审查等活动，都属于司法会计活动。广义上的诉讼活动起始于立案，终止于判决执行完毕，那么，司法会

---

[1] 白岱恩，于朝. 司法会计简明教程 [M]. 中国政法大学出版社，2017：3.

第一章 会计鉴定意见及其在民事诉讼中的作用

计活动也就只能发生于这个过程中。此处需注意的包括：一是只要在法律诉讼过程中出现这类活动，都属于司法会计活动——无论这种活动是由谁来具体实施；二是发生在诉讼外的类似活动都不属于司法会计活动——即使这种活动是由司法会计师（注册会计师）实施的，也不属于司法会计活动。

2. 司法会计活动存在于涉及财务会计业务案件的调查、审理中，其目的是查明案情

所谓"涉及财务会计业务案件"，既指案件事实本身包含着财务会计行为或内容的诉讼案件，也指案件事实本身虽不包含财务会计业务，但诉讼中需要查明相关财务会计事实的诉讼案件。

之所以在司法会计概念中特别表明司法会计活动存在于涉及财务会计业务案件的调查、审理中，意在强调：①只有案件涉及对相关财务会计事实的调查和审理时，才会出现司法会计活动；②无论案件事实本身是否涉及财务会计业务，只要调查和审理这一案件需要查明相应的财务会计业务，就可能涉及司法会计活动。这种调查和审理涉及财务会计业务案件的特定诉讼需求，既是司法会计活动产生的根本原因，也是司法会计活动赖以存在和发展的客观基础。

3. 司法会计活动的内容包括对案件所涉及的财务会计资料（及相关财务数量）进行检查（勘验）、检验，或对案件所涉及的财务会计问题进行鉴定，对涉及财务会计业务的证据进行审查

这一特征将司法会计活动的内容分为司法会计检查、司法会计检验、司法会计鉴定、司法会计文证审查等具体类型，明确了不同类型司法会计活动的对象。其中司法会计的检查对象是涉案财务会计资料及相关财物，如财务收支资料（财务凭证）、会计核算资料（记账凭证、账簿、会计报

表）以及相关的库存现金或存货❶等；司法会计鉴定的对象是诉讼涉及的财务会计问题，如财务指标数额问题（财务问题）、会计核算正确性问题（会计问题）等。

这一特征也将司法会计与其他诉讼活动区别开来。在诉讼中，为了查明案件涉及的财务会计事实，不仅需要进行司法会计活动，还需要进行诸如讯问刑事被告人、证人，询问当事人等其他诉讼活动——但这些诉讼活动因其不具备司法会计活动的这一特征而不能称为司法会计活动。

(三) 司法会计活动的类型

1. 司法会计检查

司法会计检查，是指在诉讼中，为了查明案情，对案件涉及的财务会计资料及相关财物进行检查的活动。司法检查活动的法律依据主要有以下几条。

(1)《刑事诉讼法》第126条规定："侦查人员对于与犯罪有关的场所、物品、人身、尸体应当进行勘验或者检查。在必要的时候，可以指派或者聘请具有专门知识的人，在侦查人员的主持下进行勘验、检查。"第132条规定："人民检察院审查案件的时候，对公安机关的勘验、检查，认为需要复验、复查时，可以要求公安机关复验、复查，并且可以派检察人员参加。"第191条第2款规定："人民法院调查核实证据，可以进行勘验、检查、扣押、鉴定和查询、冻结。"

(2) 在民事、行政诉讼法律中均规定了人民法院有权向有关单位和个人调取证据，这里调取证据的途径包括查账、查物。

2. 司法会计鉴定

司法会计鉴定，是指在诉讼中，为了查明案情，指派或聘请具有司法

---

❶ 存货，是指企业在日常活动中持有以备出售的产成品或商品、处在生产过程中的在产品、在生产过程或提供劳务过程中耗用的材料和物料等，摘自《企业会计准则第1号——存货》。

会计专门知识的人员,对案件中需要解决的财务会计问题进行鉴别判定的活动。司法会计鉴定的诉讼法律依据主要有以下几个方面。

(1)《刑事诉讼法》第144条规定:"为了查明案情,需要解决案件中某些专门性问题的时候,应当指派、聘请有专门知识的人进行鉴定。"第146条规定:"侦查机关应当将用作证据的鉴定意见告知犯罪嫌疑人、被害人。如果犯罪嫌疑人、被害人提出申请,可以补充鉴定或者重新鉴定。"第218条第2款规定:"人民法院调查核实证据,可以进行勘验、检查、扣押、鉴定和查询、冻结。"

(2)《民事诉讼法》第76条规定:"当事人可以就查明事实的专门性问题向人民法院申请鉴定。当事人申请鉴定的,由双方当事人协商确定具备资格的鉴定人;协商不成的,由人民法院指定。当事人未申请鉴定,人民法院对专门性问题认为需要鉴定的,应当委托具备资格的鉴定人进行鉴定。"第139条第3款规定:"当事人要求重新进行调查、鉴定或者勘验的,是否准许,由人民法院决定。"

(3)《行政诉讼法》第35条规定:"在诉讼过程中,人民法院认为对专门性问题需要鉴定的,应当交由法定鉴定部门鉴定;没有法定鉴定部门的,由人民法院指定的鉴定部门鉴定。"

3. 司法会计检验

司法会计检验,泛指司法会计师对案件所涉及的财务会计资料及相关证据进行检查、验证的技术活动。

司法会计检验包括两种情形:一是指司法会计检查中,司法会计师接受指派或聘请,参与对案件涉及的财务会计资料及相关证据进行的技术性检查、验证活动。它与一般意义上司法会计检查的不同之处在于,它必须是由司法会计师等专家实施的且增加了验证过程;二是指司法会计鉴定中,司法会计鉴定人为了获取解决财务会计问题的必要信息,对案件涉及的财务会计资料及相关证据进行的技术检查、验证活动,它与完整的司法会计鉴定活动的不同之处在于，其不包含对财务会计问题的鉴别、判断活动。

司法会计检验存在于司法会计检查或司法会计鉴定中，其法律依据也就不言自明，与检查、鉴定不同的是，法律并没有专门规定"检验"，但在人们对相关法律的解释中可以看出法律的相关含义。例如：按照《刑事诉讼法》第126条的规定，"在必要的时候，可以指派或者聘请具有专门知识的人，在侦查人员的主持下进行勘验、检查"，如果是司法会计检查，那么就可以聘请、指派具有司法会计专门知识的人（如司法会计师）参与检查。不同的是，司法会计师在检查中，如果采用一些验证技能实施检查、验证活动，则可以被称为司法会计检验，并可以将检验结果以《司法会计检验报告》的形式提交给侦查人员，作为案件的辅助证据。又如：司法鉴定的法律中也没有规定检验，但任何鉴定人在解决专门性问题时，都需要通过对鉴定材料的技术检验获取必要的信息，从而通过鉴别、判断对专门性问题做出鉴定意见。

4. 司法会计文证审查

司法会计文证审查，是指为了判明涉及财务会计业务内容的文书证据能否作为定案的根据，运用证据审查的原理与方法，对文书证据进行审查、评断的活动。

与其他司法会计活动相比，司法会计文证审查的任务不是为了获取财务会计资料证据、检验报告或鉴定意见等证据，而是为了判明涉及财务会计业务内容的证据能否作为定案的根据。按照诉讼法律规定，法官等诉讼主体在采信证据材料作为定案根据前，都需要进行审查，因而司法会计文证审查活动通常应由法官等诉讼主体完成。但也有特例，即由于财务会计业务内容的某些证据（如财务会计资料证据、司法会计鉴定书等）内容，需要具有司法会计专门知识的人才能看懂，因而法官等诉讼主体可以委托司法会计师等专家对文书证据进行的技术性审查、判断活动，这种特例称

第一章　会计鉴定意见及其在民事诉讼中的作用

为狭义的司法会计文证审查。

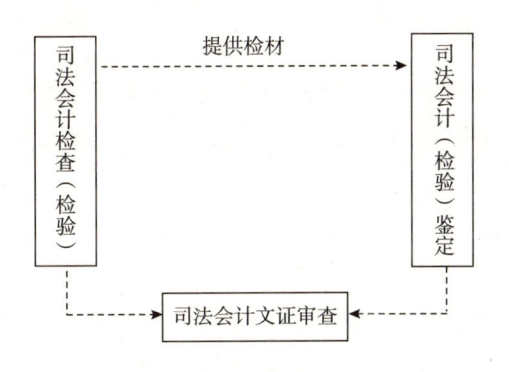

图1-1　司法会计活动关联示意图

5. 各类司法会计活动的关联

第一，司法会计检查活动中，可以指派、聘请有司法会计知识的人参与，并通过实施检查、验证活动，提供《司法会计检验报告》。司法会计检查还可以为本案中可能需要进行的司法会计鉴定提供检材等鉴定材料，这些材料可能包括涉案单位、个人的财务会计资料。

第二，司法会计鉴定人在鉴定活动中必须实施司法会计检验，以便获取鉴别、判断涉案财务会计问题所需的信息。同时，如果诉讼主体认为有必要的话，司法会计鉴定人还可以单独出具《司法会计检验报告》，以证明相关财务会计信息。

第三，通过上述司法会计活动形成的财务资料证据、检验报告、鉴定书等，都需要通过司法会计文证审查确认其与案件的关联性及其作为定案根据的合法性、客观性、科学性等，从而确定其能否作为本案的定案根据。

(四) 司法会计概念的争议

1. 关于司法会计的基本属性

对司法会计属性的表述存在两种不同的说法：一种说法是本书的观点——即司法会计活动属于诉讼活动；另一种说法则是将司法会计活动视

007

为会计服务活动❶。

2. 关于司法会计的主体

对司法会计活动的主体存在三种认识：一是本书所述司法会计活动主体由诉讼法律规定，具有法定性特征，既包括司法会计师也包括各类诉讼主体以及会计、审计专业人士；二是认为司法会计主体是指会计师，包括注册会计师、注册舞弊审计师、注册法庭会计师等，这种认识比较符合英美法系国家的诉讼理念；三是认为司法会计活动的主体只有司法会计师，即司法会计活动只能由司法会计师实施，其他职业者在诉讼中依法实施的会计检查、会计鉴定等活动，都不能称其为司法会计活动，反之，司法会计师在诉讼外进行的执业活动也应当称为司法会计活动。这种认识源于一些研究者仅从职业角度而非诉讼法律角度研究司法会计的结果。

3. 关于司法会计的内容

对司法会计内容的阐释有两种情形：一是本书阐释的司法会计活动的内容包括司法会计检查、司法会计检验、司法会计鉴定和司法会计文证审查等；二是认为司法会计活动的内容即指司法会计师的执业内容，这一认识将司法会计从诉讼活动扩展到审计等非诉讼活动，不仅在理论上难以构建基本理论，在操作上也容易导致混淆。如法律教学属于教育活动，法律教师的执业范围也可以包括辩护等诉讼活动，但法律教育活动与辩护活动属于性质不同的两类不同的社会活动，操作上没有共性。

4. 关于司法会计的对象

关于司法会计对象的不同认识主要集中在司法会计鉴定对象方面，并形成三种说法：一是本书依据诉讼法律、司法鉴定法律和法理，将司法会计鉴定的对象设定为涉案财务会计问题；二是认为司法会计鉴定的对象是

---

❶ "会计服务活动"是一个社会属性不确定的概念，泛指会计师提供的专业服务活动。如会计活动、会计中介活动、审计活动都可以表述为"会计服务活动"。

法律问题，这一认识源于司法实践的历史，即我国司法会计鉴定最初就是为了解决一些难以定性的贪污案件，并曾经一度成为主流做法，但这显然超出了鉴定意见的证据属性要求；三是认为司法会计鉴定的对象是指涉案财务会计资料或会计资料，这一认识源于司法鉴定理论中的客体理论❶，该理论将司法鉴定所涉及的鉴定材料称为鉴定对象，由于司法会计鉴定中的检验对象是涉案财务会计资料，因而将其表述为司法会计鉴定的对象。

二、司法会计鉴定概念辨析

（一）司法会计鉴定与司法会计

从概念界定看，在学术以及实践领域，司法会计鉴定有着不同的称谓和内涵，研究之初，一些学者将司法会计等同于司法会计鉴定，这一观点虽将司法会计鉴定纳入了诉讼活动的范畴，但由于模糊了法律行为与鉴定行为的界限，这种"一元论"逐渐被"二元论"的司法会计理论体系所取代，"二元论"认为司法会计鉴定是司法会计活动的一个类型。随着建立在"二元论"基础上的司法会计学学科体系的成熟，"二元论"逐渐被司法实践接受。可以看到，在从"一元论"走向"二元论"的过程中，司法会计鉴定的内涵随着不同学者的争论变得更为鲜明。同时，随着研究的推进，一些学者将目光投向了国外的法务会计，并试图进一步厘清法务会计与司法会计鉴定的关系，可以说，受各国不同诉讼制度的影响，法务会计和司法会计鉴定在表现形式上，一定会有所不同，但是从本质上来说，二者关于该特定司法活动核心内容的归纳基本相同。正如于朝教授所言，法务会计的出现是由于大量抄袭英美法系国家"一元"司法会计理念的结

---

❶ 这一理论的产生在司法鉴定的种类不多的时期，当时不同鉴定类型使用的检材不同。随着司法鉴定类型的发展，各种不同类型鉴定运用相同检材的情形越来越多，该理论已经不适应新的情况。

果,这导致了我国司法会计理论研究和教学工作再次出现混乱状态,因此,在秉承"二元论"的体系下,司法会计鉴定,是指在诉讼中,为了查明案情,指派或聘请具有司法会计专门知识的人员,对案件中需要解决的财务会计问题进行鉴别判定的活动。

(二) 司法会计鉴定与司法会计检查

基于历史的原因,我国一直存在着将司法会计检查和司法会计鉴定混称为司法会计鉴定的认识和做法。从理论研究的需要讲,司法会计检查理论与司法会计鉴定理论虽有相通之处,但各自又有相对独立的理论体系和不同的研究范围。司法会计检查理论主要是研究寻找、发现、收集财务会计资料证据和固定检查情况的对策与方法,而司法会计鉴定理论则主要是研究鉴别判定财务会计问题的思路与方法。因此,如在理论上将二者混为一谈,势必会影响到对检查、鉴定的技术与方法分别进行的深入研究;从司法实践看,司法会计检查通常由诉讼主体实施,多数检查的结果亦无须进行司法会计鉴定。如果将司法会计检查活动视为司法会计鉴定活动,不仅会导致大量的司法会计检查活动无法开展,也会导致司法会计鉴定活动流于形式。

(三) 司法会计鉴定与审计活动

审计,是指审计机构根据需要或接受委托,指派专业人员依据审计标准,通过审查被审单位的财务会计资料和有关经济活动,提出意见和结论的一种经济监督、鉴证和评价活动。

审计工作与司法会计鉴定工作都具有采集以财务资料为主体的证据,以财务会计标准作为引用技术标准,采用一定的账务检验手段来完成任务,发现揭露经济案件线索,在查处经济犯罪或解决经济纠纷的过程中发挥着重要作用,因而在司法实践中常常出现以审计取代司法会计鉴定的情形,这些做法不仅违反了有关诉讼法律规定,还常常会造成案件事实认定

第一章 会计鉴定意见及其在民事诉讼中的作用

上的错误。究其原因，主要在于审计工作与司法会计鉴定工作存在诸多差异，致使审计报告不能直接地作为诉讼证据使用，甚至不具备诉讼证据要求的合法性。

1. 司法会计鉴定与审计的概念差异

第一，两者的社会属性不同。司法会计鉴定是一种法律诉讼活动，审计则是一种社会经济监督、鉴证和评价活动。这一差异决定了司法会计鉴定活动应当受到诉讼法律的规范，而审计活动应当受到审计准则的规范。

第二，对象不同。司法会计鉴定从属于法律诉讼活动，其对象仅限于案件涉及的财务问题或会计问题；审计作为一项独立的社会活动，其对象可能同时涉及被审计单位的财务收支、财务状况❶、财务成果❷、现金流量、会计核算等需要进行经济监督的各个方面。这一差异决定了司法会计鉴定主体不能自由选择鉴定对象，而审计主体在明确审计任务的前提下可以自行选择审计对象。

第三，目的不同。司法会计鉴定的目的只是为了查明案情，诉讼主体所需查明的某一具体案情，决定了司法会计鉴定的对象范围；审计的目的则具有多样性，包括评价财务会计报告、鉴证经济业务、监督经济活动等。这一差异决定了司法会计鉴定意见仅涉及对提请鉴定的财务会计问题的判断结果，而（舞弊）审计意见则涉及审计发现的所有问题。

第四，组织机构不同。目前我国司法会计鉴定的启动权仍在司法机关，其过程也会受到司法机关的控制和监督；审计的启动权在审计机关、经济监督部门、相关单位或个人，在启动后由审计机构主持进行，其过程由审计机关或提请审计的单位（或个人）进行控制和监督。这一差异决定了司法会计鉴定与审计应当按照不同的程序实施。

---

❶ 财务状况是指某时间单位资产、负债、接受投资和留存收益等的实际情况。
❷ 财务成果是指某期间单位财务运行的效果，可能是盈利或结余，也可能是亏损或超支。

2. 司法会计鉴定与审计的主体差异

第一，主体的产生程序不同。依现行的诉讼法律规定，我国的司法会计鉴定人主要由诉讼机关指派、聘请或委托产生；审计人员则通常由审计机构指派或聘请产生，其中：国家审计由审计机关直接指派或聘请审计人员实施；中介审计机构则需要接受委托才能指派审计人员实施审计。这一差异决定了司法会计鉴定主体与审计主体的不同资格规范。

第二，具体主体的要求不同。比如：根据刑事诉讼法律规定，是本案的当事人或者是当事人的近亲属的、本人或者他的近亲属和本案有利害关系的、担任过本案的证人、辩护人、诉讼代理人、侦查、检察、审判人员的、与本案当事人有其他关系可能影响公正处理案件的均不得担任鉴定人❶；而国家审计中只要求审计人员与被审计单位或者审计事项无利害关系❷，独立审计中则仅要求注册会计师与委托人没有利害关系❸。这一差异表明，在具体业务事项中，司法会计鉴定主体比审计主体的要求更为严格。

第三，主体的诉讼地位不同。司法会计鉴定主体是诉讼参与人，享有法定的诉讼权利和承担法定的诉讼义务；审计主体不是法定的诉讼参与人，但如果审计主体所进行的审计事项被列为案件事实，那么审计主体将成为案件的当事人或证人。这一差异决定了司法会计鉴定主体和审计主体在法律诉讼中享有不同的诉讼权利和承担不同的诉讼义务。

第四，主体的法律责任的类型不同。司法会计鉴定主体承担与实施鉴定有关的诉讼法律责任；审计主体承担与实施审计有关的法律责任。例如：就故意出具虚假结论性意见的刑事责任而言，司法会计鉴定主体对与案件有重要关系的情节故意出具虚假鉴定意见的，应当承担伪证罪的刑事

---

❶ 参见《中华人民共和国刑事诉讼法》第三章。
❷ 参见《中华人民共和国审计法》第13条。
❸ 参见《中华人民共和国注册会计师法》第18条。

第一章　会计鉴定意见及其在民事诉讼中的作用

责任（但过失导致鉴定意见失实的不承担刑事责任）；而承担审计职责的注册会计师故意出具虚假审计结论的，则应当承担虚假证明文件罪的刑事责任，即使是过失出具虚假审计结论，如果具有严重不负责任并造成严重后果情节的，也需要承担出具证明文件重大失实的刑事责任。这一差异也反映出司法会计鉴定与审计的主体属性不同而会形成不同的法律责任。

3. 司法会计鉴定与审计的操作程序差异

第一，操作环境不同。例如：司法会计鉴定所需检材通常由侦查、检察和审判人员获取并提供，审计证据则是由审计人员直接获取，并由被审计单位直接提供，这一差异反映出两者在获取证据材料方面有着不同的途径，并决定了司法会计鉴定主体在获取证据材料方面的自主性低于审计主体。

第二，操作手段方面存在差异。司法会计鉴定人只能采用技术手段（检查、计算、复核性验证等）来完成鉴定，而不能采用非技术手段进行（如讯问、询问、函证等）；而审计主体除技术手段外，还可依法采取各种非技术手段来完成审计任务，如询问、监盘、查询及函证等。某些技术手段（如抽样审计、相关专业鉴定等）在审计中可以使用，但在司法会计鉴定中不得使用。这一差异表明：一是司法会计鉴定在操作手段方面较审计手段而言会受到很多限制，这是基于诉讼分工和保障鉴定意见科学性的要求——司法会计鉴定人无权行使也不应当行使法律规定应当由诉讼主体实施的某些诉讼行为，即使司法会计鉴定主体实施了这些行为，其获取的证据材料也不得作为鉴定意见的根据；二是司法会计鉴定在操作方面比审计更强调技术性，因为不能采用非技术手段，司法会计鉴定主体在操作中需要比审计更加专注技术手段的运用，进而使其所出具的鉴定意见更具有技术性和专业性的特征。

第三，操作程序方面存在差异。司法会计鉴定的基本程序是先结论后验证，具体的操作程序通常包括鉴定准备（受理、受检、备检）、初步检验（阅卷、测试检材质量、做出初步结论、制定详细检验论证方案）、详细检验、制作鉴定意见四个阶段。审计的基本程序是先审计后结论，具体操作程序通常分为审计准备（接受委托、测试内控制度、制订审计计划）、实施审计、制作审计报告三个阶段。这一差异反映出司法会计鉴定与审计的工作思路在一般情况下是相反的——其原理在于司法会计鉴定通常是以案件调查为前提的，而审计则需要从头开始实施相关调查。

第四，操作过程中发现问题的处理方式存在差异。司法会计鉴定主体在鉴定中发现涉及案件的与鉴定有关或无关的财务舞弊等线索或证据时，应当告知送检方❶或建议送检方进行调查或收集、固定证据，不得自行处理；审计主体则可以自行处理审计中发现的舞弊等问题，并做出相应的结论。这一差异是由主体在司法会计鉴定和审计中的不同地位决定的。司法会计鉴定主体作为诉讼参与人无权处理涉案线索或证据，而审计主体则有权自行处理审计事务。

4. 司法会计与审计的工作结果差异

第一，文书种类存在差异。司法会计鉴定意见只能以司法会计鉴定文书形式进行表达，这类证据文书可能是司法会计鉴定书、司法会计分析意见书或司法会计咨询意见书等。如果鉴定未能做出结论性意见，鉴定人则应当出具终止鉴定程序文书，说明不能做出鉴定意见的原因；审计意见通常采用审计报告的形式进行表达，这类报告可能是无保留意见的审计报告、带强调事项段的无保留意见的审计报告、有保留意见的审计报告报告、否定意见的审计报告或无法表示意见的审计报告等，也可以同时出具管理建议书等。

第二，工作结论在证据依据方面存在差异。从依据的证据范围看，司

---

❶ 送检方包括送检机构和送检人，送检机构是指司法机关以及依法可以启动司法会计鉴定的其他机构；送检人则是指该机构承担具体组织司法会计鉴定的人员。

第一章 会计鉴定意见及其在民事诉讼中的作用

法会计鉴定意见只能依据基本证据（财务会计资料、财务会计资料证据等）做出，诸如当事人陈述、证人证言、其他鉴定意见等言词证据只能作为参考证据，不能作为结论的根据；审计结论除了依据基本证据外，还可以将言词证据等视为辅助性证据作为审计结论的根据。从所依据证据的要求看，司法会计鉴定意见中的确定性结论依据的鉴定证据必须是充分的；而审计结论均可以采用适当性原则来确定审计证据的多寡。

第三，工作结论的要求方面存在差异。首先，司法会计鉴定意见作为独立的诉讼证据，其具有明确的针对性——即只能就送检方提请鉴定的财务会计问题表达结论性意见；审计结论则由审计人员依据审计准则和审计结果，自行决定结论的范围；其次，司法会计鉴定人只能回答鉴定事项所列财务会计问题，不允许在结论中设定问题；最后，审计结论通常不存在特定要求事项，所表达的内容由审计师根据审计目标和审计结果自定，并可以提出审计中发现的问题不予回答或要求被审单位答复。

第四，工作结论的范围方面存在差异。首先，司法会计鉴定意见不允许表达涉及财务会计行为人主观心理状态的问题；审计结论在确认错弊时，必然涉及对行为人主观心理状态的判断。其次，司法会计鉴定意见作为诉讼证据，其内容不允许表达建议性意见；再次，审计结论可以（或必须）提出纠正财务会计错误的建议或要求。最后，司法会计鉴定意见不回答财务会计管理质量问题；审计结论可以对被审计单位的财务会计管理质量和水平表达评价性意见。

第五，工作结论的诉讼意义不同。司法会计鉴定意见与审计结论都可以作为诉讼证据，但在法定的诉讼证据的类型中，司法会计鉴定意见属于鉴定意见，审计结论则属于书证，这一差异旨在说明司法会计鉴定意见与审计结论的不同证据属性。由于审计结论不具备司法会计鉴定意见的证据属性，因而尽管其中也会存在着结论性意见，但只能证明审计事实的客观存在，而不能被作为鉴定意见使用❶，这是由鉴定意见和审计意见的事实依据和结论内容的范围决定的。

第六，文书内容方面存在差异。所有的司法会计鉴定文书，除需要表达检验结果外，还必须说明对鉴定意见的论证依据和论证过程，审计报告只有在特定的情况下，才要求说明审计结论的理由。

三、司法会计鉴定的结果：从"鉴定结论"到"鉴定意见"

（一）从"鉴定结论"到"鉴定意见"

司法会计鉴定与会计鉴定意见相辅相成，是过程与结果的关系。司法会计鉴定人在诉讼活动中，运用财务会计知识、审计知识以及专门技能，通过对财务会计资料进行检验、鉴别和判断提出的专家意见，我们称为会计鉴定意见。

需要指出的是，专业人士针对专门性问题鉴定的结果，我国三大诉讼法曾称其为"鉴定结论"，并规定为法定证据种类之一。❷ 但是，全国人民代表大会常务委员会于2005年2月28日通过的《关于司法鉴定管理问题的决定》❸，在证据制度中的重大变化，那就是作为证据的法定形式之一的"鉴定结论"，被切换为"鉴定意见"。随后，2012年3月14日修正的《刑事诉讼法》、2012年8月31日修正的《民事诉讼法》、2014年11月1日修正的《行政诉讼法》均将"鉴定结论"改称为"鉴定意见"。

---

❶ 诉讼中的类似情形很多，比如涉及死因问题的案件中，反映死因的法医学鉴定文书可以被作为鉴定意见采纳，但反映死因的医学病历只能作为书证使用。

❷ 我国《行政诉讼法》第31条、原《刑事诉讼法》第42条、原《民事诉讼法》第63条均明确规定，"鉴定结论"为法定证据种类之一。

❸ 根据2015年4月24日第十二届全国人民代表大会常务委员会第十四次会议全国人民代表大会常务委员会《关于修改〈中华人民共和国义务教育法〉等五部法律的决定》，进行了修正。

第一章 会计鉴定意见及其在民事诉讼中的作用

从词汇意义的表述上来说，按照《现代汉语词典》的解释，"结论"就是指对人或事物所下的最后的论断；"意见"是指对事情的一定的看法或想法。从"鉴定结论"到"鉴定意见"，这不仅仅代表着该证据种类在概念名称上发生的变化，而且有着较为深刻的法律意义。

首先，鉴定人提交的鉴定意见仅仅属于一种"证据材料"，而不是作为定案根据的"结论"。要使鉴定意见转化为定罪的根据，必须经过合法的法庭审理过程，经历完整的举证、质证、辩论和法庭评议过程。与其他任何证据一样，鉴定意见未经法庭举证、质证和辩论过程，也不得被转化为定案的根据。对于司法裁判者而言，鉴定意见并不具有预定的法律效力，并不是什么"科学的判决"，而鉴定人也更不是"科学法官"。除非法官主动放弃审判权，否则，对一切鉴定意见都只能将其视为一种"证据材料"，而不是"鉴定结论"。

其次，鉴定意见之所以不再被称为"结论"，是因为法庭要对其证明力和证据能力进行全面的审查判断，遇有在证明力和证据能力上存在缺陷的鉴定意见，法庭还有权做出否定性的判断，甚至可以将那些违法所得的鉴定意见作为"非法证据"，并将其排除于法庭之外。而假如鉴定意见已经成为"结论"，那么，法庭将其排除于定案根据之外，岂不违背理性法则？

再次，鉴定意见之所以不能被称为"结论"，还有一个主要的原因：它很有可能不是唯一的。尽管鉴定意见通常是由侦查机关委托鉴定人做出的，在大多数案件中也是作为控方证据使用的，但现行法律允许公诉机关、法院在对鉴定意见有疑问时做出重新鉴定或补充鉴定，而这种经过重新或补充的鉴定形成的新的鉴定意见，很有可能与侦查机关提供的鉴定意见出现不一致甚至直接矛盾的情况。既然对同一鉴定事项可能出现不一致的两份以上的鉴定意见，法庭就不得不面临着对这些鉴定意见的全面审查和选择使用。在此情况下，这种证据材料还能被说成是"鉴定结论"吗？

(二) 会计鉴定意见的形成过程

会计鉴定意见是司法会计鉴定活动的结果,其形成分为委托、受理、检验以及制作有关鉴定意见的文书四个环节,具体流程如下。

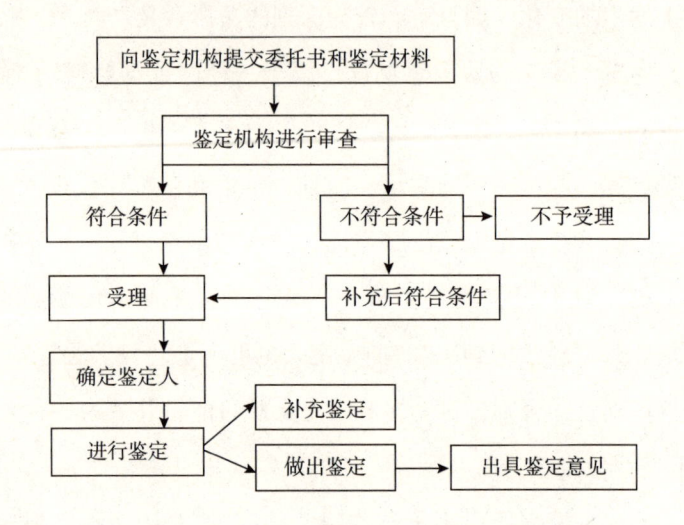

图 1-2　会计鉴定意见的形成过程图

1. 委托过程

司法部于 2007 年 8 月 31 日颁布的《司法鉴定程序通则》❶,对司法会计鉴定的委托过程明确提出了具体规范。会计鉴定意见的委托过程是一种双向互动,首先由需要鉴定的委托人向有资质的鉴定机构提供与案件有关的真实、完整的材料,然后由收到资料的鉴定机构对财务会计资料和委托的事项进行审查。可以说,会计鉴定意见的委托过程是委托方与受托方达成"合意"的过程。需要注意的是,司法会计鉴定机构在接受委托、审查材料时,应秉承一种谨慎的态度。司法会计鉴定属于社会科学范畴,与其他类型的司法鉴定有明显的不同。建立在会计假设基础上的司法会计鉴定风险评估应以具体案情为依据,结合本机构情况决定是否受理。

---

❶ 《司法鉴定程序通则》于 2015 年 12 月 24 日司法部部务会议修订通过,2016 年 3 月 2 日司法部令 132 号公布,2016 年 5 月 1 日起施行。

第一章 会计鉴定意见及其在民事诉讼中的作用

2. 受理过程

《司法鉴定程序通则》对如何受理也做出了规定。司法会计鉴定机构在审查了相关鉴定材料及鉴定事项后，再做出受理与否的决定，不予受理的说明理由，受理人应当与委托人签订司法鉴定协议书。受理后，《司法鉴定程序通则》一方面对鉴定人资格做出规定，要求参与鉴定的鉴定人要有专业资质和执业资格；另一方面在数量上规定了最低限的鉴定人数为两人，此外是否需要增加鉴定人数则需根据具体情况确定。

3. 检验过程

在司法会计鉴定中，常用到审阅查验法、分析比较法、核对法等方法。让"法学的归法学，会计的归会计"，即会计资料的获取遵循法学的取证规则，经济问题的度量以会计假设为前提并遵循会计核算的有关规定。在检验过程中，要遵守职业道德，从客观实际出发，避免"感觉经验"的干扰。

4. 制作过程

会计鉴定意见的制作过程，就是对上述三个阶段中收集的资料和产生的结论的汇总。会计鉴定意见是司法鉴定文书的一种，要以文书的形式书面做出。会计鉴定意见的书写要参照符合统一规定的司法鉴定文书格式。会计鉴定意见的制作过程在形式上应具有严谨性，然后方可向委托人出具。

综上所述，只有了解了会计鉴定意见形成的四个方面，才能方便我们理解会计鉴定意见的特点，从而也为进一步完善会计鉴定意见民事司法适用寻找切入点。

（三）会计鉴定意见的特点

会计鉴定意见是诉讼证据的一种，但其形成过程离不开司法会计鉴定的原理，因此会计鉴定意见除具有诉讼证据的特点之外，还与司法会计鉴定原理密不可分。会计鉴定意见的理论基础在于司法会计学。所以会计鉴

定意见也具有司法会计学的这些特点，从而决定了该鉴定意见与其他鉴定意见的不同之处。❶

1. 会计鉴定意见具有科学性

会计鉴定意见是通过委托、检验等一系列科学活动而产生的结果，它只涉及科学技术问题，而不涉及法律性的问题。也正是因为会计鉴定意见具有科学性，它才能作为法定证据种类之一，帮助法官进一步认定案件事实。从理论层次上来看，如果不承认会计鉴定意见的科学性，就等于否定整个司法会计鉴定活动的科学性；从实践层面上讲，在一份会计鉴定意见中，只要能找到一处不科学的地方，就能否定其证据价值。

2. 会计鉴定意见具有唯一性

唯一性是指针对同一案件中的同一财务会计事实，其会计鉴定意见只有一个。如果同一事实有两个或两个以上的鉴定意见，那只能说明，这其中只有一个鉴定意见是正确的，或者所有的都不正确。可以说，会计鉴定意见的唯一性是其科学性的进一步体现。既然会计鉴定意见是科学的，那就必然意味着"真相只有一个"，即能够真实客观地反映案件客观事实的鉴定意见只有一个。同时，唯一性也并不意味着针对同一事实的两份鉴定意见必须完全一模一样，只要实质内容保持一致，在形式问题上如表述方式等方面，可以因人而异。

3. 会计鉴定意见具有局限性

局限性是指会计鉴定意见只能反映与财务会计有关的那一部分案件事实，而非还原整个案件过程。会计鉴定意见之所以会有局限性这样的特点，一方面是因为司法会计鉴定的客体仅限于与案件有关的会计财务资料，在此基础上产生的会计鉴定意见自然也是只能反映这一部分的案件内容；另一方面会计鉴定意见是由鉴定人做出的，所以鉴定意见的内容在一

---

❶ 王建国. 司法会计学 [M]. 立信会计出版社，2003：223.

定程度上会受到鉴定人主观因素的影响，比如：鉴定人的学识、经验、水平等。这也是在会计鉴定意见被作为诉讼证据使用时，一定要对它进行审查判断的原因。

4. 会计鉴定意见的表达方式具有独特性

这也是对会计鉴定意见表达方式的一种要求。因为会计领域与法律领域的一个共通点是二者都是社会科学的范畴，这就导致二者的表述有时会相似或者相同。需要明确的是会计鉴定意见在本质上只是对会计问题发表意见，并不针对法律问题。所以，在会计鉴定意见的写作中要避免使用专用且易引起误解的法律术语，以免引起不必要的误会。

（四）会计鉴定意见的证据属性

"证据就是证明案件事实或者与法律事务有关之事实存在与否的根据。无论这'根据'是真是假或半真半假，无论这'根据'是否被法庭采信，它都是证据。"❶ 也就是说，证据是认定案件事实的基础，但证据并不就是客观事实，否则我们就没有必要再"经过查证属实，才能作为定案的根据"。

证据属性是会计鉴定意见进入法庭的必备条件。在将事实材料纳入诉讼程序作为证据使用前，法律为其设立了一个底线标准，对所有的证据材料依法定的标准进行筛选，符合标准的可以作为诉讼证据进入质证、认证程序，不符合标准的则被剔除。在我国主要通过"证据三性"来把握证据的属性即证据的客观性、合法性以及关联性❷，但是需要说明的是，就会计鉴定意见而言，正如在上文提到的会计鉴定意见的客观性要受到鉴定人主观因素的"挑战"，同时法官对证据的认识过程也是一个较为主观的过程，法官通过会计鉴定意见认识到的"事实"只可能无限接近于"客观事

---

❶ 何家弘. 新编证据法 [M]. 法律出版社，2000：99.
❷ 证据的客观性指作为证据内容的事实是客观存在的，强调证据与事实之间联系的客观性；关联性又称相关性，是指证据与待证事实之间有着必然的内在联系；合法性是指证据具备法定的形式要件，证据的取得遵循法定的程序。

实",因此,应将"客观性"改为"真实性"更为合理,这一点在《最高人民法院关于民事诉讼证据的若干规定》中也有提到。❶ 同时,合法性仅指一种形式上的审查,而关联性则需要放在整个案件中去看,所以说这三性并不能完全体现某一证据的本质特征,因此应当从证据具有的不同层面内涵分析证据属性,即证据能力和证明力。证据能力和证明力是对证据三性更为合理的表达,可以说,是否具有证据能力是会计鉴定意见进入法庭的一个门槛,而证明力则表明会计鉴定意见对证明对象具有的证明作用。在证据规则中对证据能力做出规定,以法官的自由心证对证明力加以认定是一般做法。但也不排除在一些特殊情况下,法律也会对证明力做出规定,作为自由心证的补充。

具体而言,所谓证据能力,是指某证据依法成为法律上的证据的资格和条件,是在法律上允许采用的能力,解决的是证据之所以成为证据的资格问题。因此,证据能力是一个法律概念,也称为证据资格,或证据的适格性。"证据能力"这一称谓源自大陆法系国家,在英美证据法中被称为证据的"可采性"或"正当性"。在我国,与之相对应的概念是证据的合法性,即诉讼中提交的证据是否具有证据能力取决于其是否符合法律的规定。会计鉴定意见作为一种法定的证据形式,其证据能力就意味着其之所以能够成为诉讼证据的法律资格。会计鉴定意见的证据能力实质上就是会计鉴定意见的法律效力,是从法律层面对会计鉴定意见是否具有进入诉讼证据的资格的规定,是满足某种价值观念的需要,是一种外部属性而非内在需求。进入司法范畴的事务除了其内在属性的作用即具备关联性之外,还必须拥有法律正义所赋予的内涵。因而,法律正义对会计鉴定意见证据资格提出了一系列具有法律价值和伦理道德的要求。

---

❶ 《最高人民法院关于民事诉讼证据的若干规定》第 50 条:质证时,当事人应当围绕证据的真实性、关联性、合法性,针对证据证明力有无以及证明力大小,进行质疑、说明与辩驳。

证明力即其对案件事实证明作用之有无和大小。我国台湾学者认为，所谓证据力亦称证据之证明力，系证据材料得为证明之价值，❶ 证据对于待证事实之认定具有实质之价值即有证据价值者，称为证据之证明力。通常而言，以证据与待证事实之间联系的有无以及联系的强弱来判断证明力的大小。与证据能力相比较，证明力则主要是一个居于事实领域的证据要素。但是，这一要素却也是证据的证明价值之所系。倘若一个证据材料不能以其自身蕴涵的事实内容去说明一定的案件事实，则根本就不会进入办案人员和当事人的视野，也无从产生所谓证据能力问题。会计鉴定意见的证明力是以其具有证据能力的前提下产生的证明效果。如果说会计鉴定意见的证据能力主要体现在科学性和关联性上，那么证明力则主要包括真实性、关联性以及对自由心证的约束等方面。会计鉴定意见的科学性在上文中已有阐述，主要是指鉴定人要依据科学的原理做出鉴定意见，而不能掺杂个人的主观因素，从而保证鉴定意见的真实性。鉴定意见的关联性主要是意见与待证事实之间客观的、法律上的联系，具体来说就是观察检材、样本，鉴定涉及的人与会计鉴定意见之间有无关联。需要指出的是，英美法系中的证据可采性规则，就包含证据的关联性内容，认为与待证事实没有关联的证据资料不具有可采性。同时关联性也是证明力的重要内容，与证明对象没有关联的事实和材料当然就不具有证明力。❷

四、民事诉讼中的会计鉴定意见

（一）会计鉴定意见在民事诉讼中的作用

1. 弥补法官的认识不足

一般情况下，在民事诉讼中认定案件事实是三方面因素的共同作用：

---

❶ 叶久根. 民事诉讼证据能力研究 [J]. 法律适用，1999 (7).
❷ 郭金霞. 司法鉴定质量控制法律制度研究 [M]. 法律出版社，2011：298.

一是法官的判断力，这是一般理性人固有的一种能力；二是法官作为裁判者，在生活中积累的经验，主要指人在社会生活中获取的知识；三是诉讼中收集到的证据。法官的判断力与生活经验共同构成了其作为一名裁判者的认识能力。裁判者通过认识能力对证据所能证明的案件事实进行认定。

通常情况下，事实裁判者的认识能力无须其他任何形式的"补充"。事实裁判者作为一般理性人，依靠经验和一般逻辑思维就足以对案件事实做出认定。但是随着经济生活的发展，需要认识到的是一些案件正逐渐超越法官的认识范围，必须借助专业人士帮助其认识"专业的事实"，这便是会计鉴定意见弥补法官认识不足的作用。

2. 完善证据的诉讼价值

案件中散乱的财务会计资料，通过司法会计鉴定，最终形成系统的会计鉴定意见。通过这种专业认定，能够使这些散乱的证据材料在法庭认定案件事实时最终产生证据效力。在诉讼中通常遇到的情形是，当事人依据举证责任向法庭提供许多证据材料，会计鉴定意见一方面将这些材料进行整合，另一方面能够为法官提供专业性的意见，实现其自身的证据价值。

此外，在民事诉讼中，会计鉴定意见可以从更为专业的角度对财务会计材料的真实性、可靠性进行检验。一般情况下，事实裁判者在认定证据材料对待证案件事实是否具有作用时，仅仅通过正常人的思维进行识别，但这一常规方法往往囿于人的主观认识，不利于对案件事实的正确认定。而会计鉴定意见通过引入专家对会计资料的判断，可以有效规避这一不足，这是其他证据种类所不能替代的作用。

3. 有利于当事人理解和接受裁判

从本质上说，会计鉴定意见是由有关专家出具的意见，在当事人心中更具"权威性、说服力"。而法官以具有"权威性、说服力"的会计鉴定

第一章 会计鉴定意见及其在民事诉讼中的作用

意见为依据，做出判决，更能让当事人心服口服。例如：在一场涉及财务会计纠纷的民事诉讼案件中，当事人会因为其中的数额争论不休，但是，在会计鉴定意见中这些凌乱的数据将更加有序，使人一目了然，更具专业性和说服力。在涉及会计鉴定意见的民事案件中，案件争议的关键点往往是财务往来的有关数据，会计鉴定意见也就成了主要证据，作为主要证据的会计鉴定意见具有专家"权威性"，是其他证据种类都不能替代的，能够促进当事人对案件最终判决的理解与接受。

(二) 民事诉讼中会计鉴定意见适用的领域

1. 从实体上查明与财务会计纠纷有关的案件事实

通过收集有关财产方面的证据，为争议案件提供事实支撑。如合伙行为会涉及合伙经营的财务过程、财务成果的分配与核算等财务会计事实；有些民事法律事实本身可能并不包含财务会计业务，但形成争议的事实中却可能包含财务会计事实，如地震本身不包括财务会计事实，但地震引起的保险争议事实则包含投保、保险费、给付保险金等财务事实。

2. 从程序上为诉讼措施的采取提供依据

这主要是指在采取财产保全措施、先予执行措施以及民事执行程序中，运用司法会计鉴定的有关技术。如根据先予执行的原因和内容，检查申请人的财务会计资料以及相关财产物资，查明有无裁定先予执行的必要；在采取保全措施时，通过检查申请人的财务会计资料，查明申请人提供担保内容的真实性，主要是查明担保能力、担保物的物权等客观情况。

(三) 会计鉴定意见与民事裁判意见的关系

民事裁判意见，是指司法机关就民事案件的主要事实和法律适用问题做出的结论性意见。会计鉴定意见作为诉讼证据，是司法机关做出民事裁判意见的事实根据（之一），这是会计鉴定意见与民事裁判意见的基本关联。仅就事实认定而言，两者的差异则主要表现在主体、权力（权利）、标准、证据、性质等方面。

第一，两者的出具主体不同。民事裁判意见是由特定的诉讼机关在相应的诉讼阶段结束时，针对该诉讼阶段确认的案件事实做出的结论性意见，它本身体现的不是某一办案人员的个人意见，而是诉讼机关的意见。会计鉴定意见则是由司法会计鉴定人做出的，并且只是表达司法会计鉴定人的个人意见。

第二，两者行使的权力（权利）不同。司法意见是诉讼机关行使诉讼权力（审判权）的结果，而会计鉴定意见则是司法会计鉴定人行使诉讼权利（鉴定权）的结果。尽管诉讼机关的司法会计师可能同时具备侦查、检察等人员的身份，但其作为具体案件的司法会计鉴定人，则并不得行使侦查权、检察权或审判权。所以，司法会计鉴定人依法无权制作民事裁判意见。

第三，两者所依据的判定标准不同。一般来讲，民事裁判意见是依据民事法律作为判定标准形成的结论性意见，而会计鉴定意见则是依据司法会计技术标准做出的结论性意见。

第四，两者依据的证据范围不同。民事裁判意见是依据诉讼获取的，能够作为定案依据的全部诉讼证据做出的，而会计鉴定意见则主要是依据财务会计资料及部分诉讼证据做出的。由于引用的证据范围不同，结论判定的事实范围也不会相同。

第五，两者的性质不同。民事裁判意见属于诉讼法律结论，只有在其他案件中需要引用民事裁判意见所认定的事实时，才会作为诉讼证据，而会计鉴定意见在任何场合中其性质都是诉讼证据。

（四）会计鉴定意见的民事司法审查

正如前文所述，"鉴定结论"改称"鉴定意见"，这一证据种类名称的

第一章　会计鉴定意见及其在民事诉讼中的作用

改变意味着：提交法庭的"会计鉴定意见"，是具体鉴定人对涉案财务会计问题的个人看法，不是"盖棺定论"，不是"科学判决"，是否作为定案的依据，法庭必须对其进行审查。❶

既然会计鉴定意见是一种鉴定意见，理应遵循鉴定意见的现行司法审查规则。依据《民事诉讼法》第64条第3款的规定，人民法院应当对证据进行审查核实。❷ 现行法律和司法解释在证据能力和证明力两个方面对鉴定意见的司法审查做出了具体的规定。

1. 证据能力的审查

《最高人民法院关于民事诉讼证据的若干规定》在第29条明确规定审判人员应当审查的鉴定意见书是否具有的内容❸；第27条对当事人申请重新鉴定的条件进行了明确❹。允许当事人重新申请鉴定，实际上就是否定了鉴定意见的证据资格。前述两条应是对鉴定意见证据能力审查的总括性规定。

此外，相关法律和司法解释对鉴定意见是否具备证据能力还做出了一些补充性的规定。

（1）鉴定人资质的要求。《最高人民法院关于民事诉讼证据的若干规定》第26条、《民事诉讼法》第76条、《最高人民法院关于适用〈中华人

---

❶ 陈瑞华. 鉴定意见的审查判断问题［J］. 中国司法鉴定，2011（5）.
❷ 《民事诉讼法》第64条第3款：人民法院应当按照法定程序全面地、客观地审查核实证据。
❸ 《最高人民法院关于民事诉讼证据的若干规定》第29条：审判人员对鉴定人出具的鉴定书，应当审查是否具有下列内容：（一）委托人姓名或者名称、委托鉴定的内容；（二）委托鉴定的材料；（三）鉴定的依据及使用的科学技术手段；（四）对鉴定过程的说明；（五）明确的鉴定结论；（六）对鉴定人鉴定资格的说明；（七）鉴定人员及鉴定机构签名盖章。
❹ 《最高人民法院关于民事诉讼证据的若干规定》第27条：当事人对人民法院委托的鉴定部门做出的鉴定结论有异议申请重新鉴定，提出证据证明存在下列情形之一的，人民法院应予准许：（一）鉴定机构或者鉴定人员不具备相关的鉴定资格的；（二）鉴定程序严重违法的；（三）鉴定结论明显依据不足的；（四）经过质证认定不能作为证据使用的其他情形。对有缺陷的鉴定结论，可以通过补充鉴定、重新质证或者补充质证等方法解决的，不予重新鉴定。

民共和国民事诉讼法〉的解释》第 121 条第 2 款规定，❶ 无论是当事人协商确定，还是法院指定、委托，鉴定人均需"具备资格"；《关于司法鉴定管理问题的决定》第 4 条、第 5 条对鉴定人和鉴定机构的准入资格做出了进一步的要求❷。

（2）鉴定意见书形式要件的要求。《民事诉讼法》第 77 条第 2 款、《关于司法鉴定管理问题的决定》第 10 条均规定❸，鉴定人应当在鉴定书上签名或者盖章。《关于司法鉴定管理问题的决定》第 10 条同时要求，多人参加的鉴定，若有分歧的话，应将不同的意见在鉴定书上注明。

（3）鉴定人出庭作证的要求。《关于司法鉴定管理问题的决定》第 11 条、《最高人民法院关于民事诉讼证据的若干规定》第 59 条、《民事诉讼法》第 78 条对鉴定人应当出庭的情形，及不出庭的法律后果均做出了明

---

❶《最高人民法院关于民事诉讼证据的若干规定》第 26 条：当事人申请鉴定经人民法院同意后，由双方当事人协商确定有鉴定资格的鉴定机构、鉴定人员。协商不成的，由人民法院指定。《民事诉讼法》第 76 条：当事人可以就查明事实的专门性问题向人民法院申请鉴定。当事人申请鉴定的，由双方当事人协商确定具备资格的鉴定人；协商不成的，由人民法院指定。《最高人民法院关于适用〈中华人民共和国民事诉讼法〉的解释》第 121 条第 2 款：人民法院准许当事人鉴定申请的，应当组织双方当事人协商确定具备相应资格的鉴定人。当事人协商不成的，由人民法院指定。

❷《关于司法鉴定管理问题的决定》第 4 条：具备下列条件之一的人员，可以申请登记从事司法鉴定业务：（一）具有与所申请从事的司法鉴定业务相关的高级专业技术职称；（二）具有与所申请从事的司法鉴定业务相关的专业执业资格或者高等院校相关专业本科以上学历，从事相关工作五年以上；（三）具有与所申请从事的司法鉴定业务相关工作十年以上经历，具有较强的专业技能。因故意犯罪或者职务过失犯罪受过刑事处罚的，受过开除公职处分的，以及被撤销鉴定人登记的人员，不得从事司法鉴定业务。第五条：法人或者其他组织申请从事司法鉴定业务的，应当具备下列条件：（一）有明确的业务范围；（二）有在业务范围内进行司法鉴定所必需的仪器、设备；（三）有在业务范围内进行司法鉴定所必需的依法通过计量认证或者实验室认可的检测实验室；（四）每项司法鉴定业务有三名以上鉴定人。

❸《民事诉讼法》第 77 条第 2 款：鉴定人应当提出书面鉴定意见，在鉴定书上签名或者盖章。《关于司法鉴定管理问题的决定》第 10 条：司法鉴定实行鉴定人负责制度。鉴定人应当独立进行鉴定，对鉴定意见负责并在鉴定书上签名或者盖章。多人参加的鉴定，对鉴定意见有不同意见的，应当注明。

第一章 会计鉴定意见及其在民事诉讼中的作用

确规定。❶

2. 证明力的认证

《最高人民法院关于民事诉讼证据的若干规定》第64条、《最高人民法院关于适用〈中华人民共和国民事诉讼法〉的解释》第105条确立了审判人员审核判断证据证明力的原则❷;《最高人民法院关于民事诉讼证据的若干规定》第71条对人民法院委托鉴定部门做出的鉴定意见的证明力进行了解释;❸《最高人民法院关于民事诉讼证据的若干规定》第77条对数个证据对同一待证事实所产生的证明力的认定规则做出了规定,并在第(2)项明确了鉴定意见与其他证据种类之间的证明力效力等级。❹

上述法律规范在指导法官如何审查鉴定意见方面发挥着重要的作用,但也存在下述问题,须引起人们的关注。

（1）鉴定意见的司法审查"重形式轻实质"。

依据法律及司法解释,鉴定意见的司法审查须重点关注:一是鉴定人

---

❶《关于司法鉴定管理问题的决定》第11条：在诉讼中，当事人对鉴定意见有异议的，经人民法院依法通知，鉴定人应当出庭作证。《最高人民法院关于民事诉讼证据的若干规定》第59条：鉴定人应当出庭接受当事人质询。鉴定人因特殊原因无法出庭的，经人民法院准许，可以书面答复当事人的质询。《民事诉讼法》第78条：当事人对鉴定意见有异议或者人民法院认为鉴定人有必要出庭的，鉴定人应当出庭作证。经人民法院通知，鉴定人拒不出庭作证的，鉴定意见不得作为认定事实的根据；支付鉴定费用的当事人可以要求返还鉴定费用。

❷《最高人民法院关于民事诉讼证据的若干规定》第64条：审判人员应当依照法定程序，全面、客观地审核证据，依据法律的规定，遵循法官职业道德，运用逻辑推理和日常生活经验，对证据有无证明力和证明力大小独立进行判断，并公开判断的理由和结果。《最高人民法院关于适用〈中华人民共和国民事诉讼法〉的解释》第105条：人民法院应当按照法定程序，全面、客观地审核证据，依照法律规定，运用逻辑推理和日常生活经验法则，对证据有无证明力和证明力大小进行判断，并公开判断的理由和结果。

❸《最高人民法院关于民事诉讼证据的若干规定》第71条：人民法院委托鉴定部门做出的鉴定结论，当事人没有足以反驳的相反证据和理由的，可以认定其证明力。

❹《最高人民法院关于民事诉讼证据的若干规定》第77条：人民法院就数个证据对同一事实的证明力，可以依照下列原则认定：（一）国家机关、社会团体依职权制作的公文书证的证明力一般大于其他书证；（二）物证、档案、鉴定结论、勘验笔录或者经过公证、登记的书证，其证明力一般大于其他书证、视听资料和证人证言；（三）原始证据的证明力一般大于传来证据；（四）直接证据的证明力一般大于间接证据；（五）证人提供的对与其有亲属或者其他密切关系的当事人有利的证言，其证明力一般小于其他证人证言。

的资质;二是鉴定程序;三是鉴定意见书的内容。审查鉴定人是否具备相应的法定资质,可保证鉴定人具有相应的知识、技术和能力;审查鉴定过程是否符合法定程序,可防范当事人或鉴定人故意弄虚作假等情形的发生;审查鉴定意见书的内容是否要件齐备,可保证鉴定人能够完整地表述鉴定过程、鉴定意见,方便文书使用者审查判断鉴定意见。但是,仅仅进行形式方面的审查,鉴定所依据的科学原理、方法、技术标准存在问题而导致鉴定意见不可信的情形,却难以有效防范。"司法实践中出现多头鉴定、重复鉴定的问题,其根源主要在于此方面。"❶ 因此,鉴定意见的审查,不应仅仅关注形式,更需进行实质性的审查。

(2) 鉴定意见的审查主体确立错误。

对鉴定意见的证据能力和证明力进行审核判断,是审判人员的权力和职责。即使"当事人没有提出足以反驳的相反证据和理由",审判人员也应依照法定程序,通过通知鉴定人出庭作证、通知有专门知识的人出庭就鉴定意见提出意见等方式,准确评判鉴定意见的证明价值和可靠性。审判人员未经审查,不能直接认定"人民法院委托鉴定部门做出的鉴定结论"具有当然的证明力。《最高人民法院关于民事诉讼证据的若干规定》第 71 条不合理地加重了当事人的证明负担。

(3) 鉴定意见"证据之王"的地位受到挑战。

《关于司法鉴定管理问题的决定》《民事诉讼法》(修正案)将"鉴定结论"改为"鉴定意见",强调其证据属性,意味着鉴定意见不具有任何预定的证明力;鉴定意见同其他证据一样,并不具有更高的证明价值,必须经过审判人员综合全案证据审查判断,才能作为定案的依据,不能想当然地认定"鉴定结论的证明力大于其他书证、视听资料和证人证言"。

---

❶ 樊崇义. 鉴定意见的审查与运用规则 [J]. 中国刑事法杂志, 2013 (5).

第二章 会计鉴定意见民事司法适用的统计分析

一、样本来源及相关说明

2014年1月1日,《最高人民法院关于人民法院在互联网公布裁判文书的规定》正式实施。最高人民法院设立中国裁判文书网,统一公布各级人民法院的生效裁判文书;中西部地区基层人民法院在互联网公布裁判文书的时间进度由高级人民法院决定,并报最高人民法院备案。

我国司法会计鉴定理论研究开展了数十年,已经形成了由基础理论、鉴定操作的系统化研究成果,但在法庭如何审查、采信会计鉴定意见方面略显不足。从实证研究角度看，由于此前国内没有可供分析的足够数量的样本来源，很难利用案例对已有理论进行实证研究，进而对已有理论做出科学的评断。本书立足我国最高人民法院 2014 年正式开始公布的涉及司法会计鉴定的有效裁判文书，借以从审判采信鉴定意见角度，观测和发现会计鉴定意见在适用过程中存在的问题，并从理论和实务方面提出应对策略，为会计鉴定意见在案件审判中的规范运用和理论研究提供实际的参考依据。

本章主要以 2014 年 1 月 1 日至 2016 年 12 月 31 日在中国裁判文书网上公布的全部民事裁判文书为样本，以"司法会计鉴定"为主要关键词，并采用"鉴定意见""判决书""裁定书"等为辅助关键词，对其中涉及司法会计鉴定的全部民事裁判文书进行研判和分析，一方面阐释民事案件中司法会计鉴定的应用现状，另一方面考察会计鉴定意见的民事司法适用现状，梳理现行法规，分析其中存在的问题，为法律的修订和完善提出实践支持。

进入中国裁判文书网页，选择高级检索：全文检索栏目输入"司法会计鉴定"、案由选择"民事案由"、案件类型选择"民事案件"、裁判日期选择"2014 - 01 - 01 至 2016 - 12 - 31"，共检索到裁判文书 2110 份。经过分析，有的裁判文书是重复的，有的裁判内容并未涉及司法会计鉴定，最终确定 1822 份裁判文书作为分析样本，其中裁判年份为 2014 年的 509 份、裁判年份为 2015 年的 628 份、裁判年份为 2016 年的 685 份。

二、会计鉴定意见民事审判应用的统计分析

（一）涉会计鉴定意见民事案件的区域分布

以不同的地理区域进行划分的话，需要进行司法会计鉴定的案件散布在我国各个省市。1949 年 10 月 1 日中华人民共和国成立，全国先后设立

第二章 会计鉴定意见民事司法适用的统计分析

华北、东北、西北、华东、中南、西南六大行政区,简称大区。为了便于发现其中的分布规律,表2-1以及图2-1以六大区域对各省市进行整合,计算出各区域从2014年到2016年间有关会计鉴定意见的数量。其中,包括河北省、内蒙古自治区等在内的华北地区占21.47%;东北地区占10.14%;华东地区包括上海市、山东省等在内,占21.97%;中南地区包括湖南省、广西壮族自治区在内,占26.29%;西南地区占9.47%;西北地区包括新疆维吾尔自治区在内,占10.65%。从会计鉴定意见的区域分布中,可以看出,需要进行司法会计鉴定的案件多集中在华东、华北以及中南地区,这些地区经济相对来说较为发达,由此也就证明了上文中论述的,经济的发展带来了更多的经济纠纷,在这类民事案件中,当事人或者法官不得不借助于会计鉴定意见的帮助,以查明涉案的财务会计事实。

表2-1 涉会计鉴定意见案件的区域分布表

地理分区	省 区	数量	百分比(%)
华北	北京市、天津市、河北省、山西省、内蒙古自治区	383	21.47
东北	辽宁省、吉林省、黑龙江省	181	10.14
华东	上海市、江苏省、浙江省、安徽省、福建省、江西省、山东省、台湾省	392	21.97
中南	河南省、湖北省、湖南省、广东省、广西壮族自治区、海南省、香港特别行政区、澳门特别行政区	469	26.29
西南	重庆市、四川省、贵州省、云南省、西藏自治区	169	9.47
西北	陕西省、甘肃省、青海省、宁夏回族自治区、新疆维吾尔自治区	190	10.65
合计		1784❶	100

---

❶ 不包含最高人民法院的38份裁判文书。

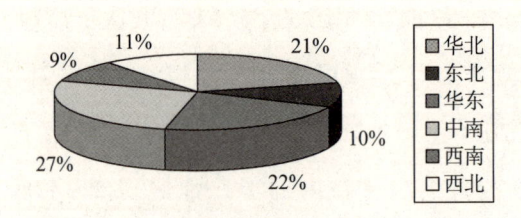

图 2-1　涉会计鉴定意见案件的区域分布图

（二）涉会计鉴定意见民事案件的审判程序分布

根据表 2-2 的审判程序统计结果，就做出司法会计鉴定意见时的所在审级而言，788 例二审案件中，仅有 8 例是在二审过程中重新做出的会计鉴定意见，780 例会计鉴定意见都是在原一审过程中做出的；116 例再审案件中，则有 3 例会计鉴定意见在再审过程中重新做出，6 例是由二审法院做出，其余 107 例是由原一审法院做出。可以看出，无论是二审还是再审阶段，绝大多数法院基本上仍然采信了一审中的司法会计鉴定意见。

表 2-2　涉会计鉴定意见民事案件的审判程序分布表

审判程序	数量	百分比（%）
一审	840	46.10
二审	788	43.25
再审	116	6.37
再审审查及审判监督	67	3.68
其他[1]	11	0.60
合计	1822	100

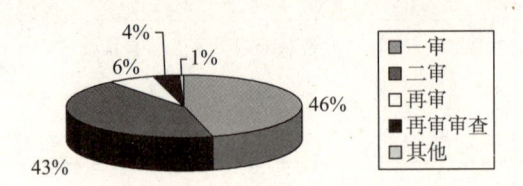

图 2-2　涉会计鉴定意见民事案件的审判程序分布图

---

[1] 按中国裁判文书网的分类，此类案件为不服仲裁委员会的裁决，申请人民法院撤销仲裁裁决的案件，以及申诉案件。

第二章　会计鉴定意见民事司法适用的统计分析

67 例再审审查案件以及 7 例申请法院撤销仲裁裁决的案件中，均未发现重新进行了司法会计鉴定。这也完全符合现行法律及司法解释的规定❶。

贾洪习、邯郸市洪习物资有限公司与苏春兰、马金涛合伙纠纷一案［案号：（2015）民申字第 587 号］。贾洪习、洪习公司在再审申请的事实与理由部分认为：鉴于司法会计鉴定报告的形成主体、程序存在问题，及多处错误，本案应依法重新进行司法会计鉴定。最高人民法院经审查后认为：根据最高人民法院《关于适用〈中华人民共和国民事诉讼法〉的解释》第 399 条规定，审查再审申请期间，再审申请人申请人民法院委托鉴定、勘验的，人民法院不予准许。故对于贾洪习与洪习公司的重新司法鉴定申请不予支持。

陕西华都置业有限责任公司因商品房买卖合同纠纷一案，不服西安仲裁委员会西仲裁字（2009）第 948 号仲裁裁决，向陕西省西安市中级人民法院申请撤销该仲裁裁决［案号：（2014）西中民四仲字第 00012 号］。西安市中级人民法院认为，人民法院对仲裁裁决的审查，只能审查程序是否合法，对实体问题的审查只能审查证据，而且只能从程序的角度审查证据是否伪造，以及是否隐瞒了关键性证据。❷《西安仲裁委员会仲裁规则》第 33 条规定："就案件涉及的专门性问题，当事人申请鉴定且经仲裁庭同意的，或者仲裁庭认为需要鉴定的，由仲裁庭通知当事人在仲裁庭限定的期限内共同选定仲裁司法鉴定机构或者鉴定人。当事人在限期内不能共同选定的，由本会主任指定。"本案中，陕西建工集团第二建筑工程有限公司

---

❶《最高人民法院关于适用〈中华人民共和国民事诉讼法〉的解释》第 399 条：审查再审申请期间，再审申请人申请人民法院委托鉴定、勘验的，人民法院不予准许。

❷《仲裁法》第 58 条：当事人提出证据证明裁决有下列情形之一的，可以向仲裁委员会所在地的中级人民法院申请撤销裁决：（一）没有仲裁协议的；（二）裁决的事项不属于仲裁协议的范围或者仲裁委员会无权仲裁的；（三）仲裁庭的组成或者仲裁的程序违反法定程序的；（四）裁决所根据的证据是伪造的；（五）对方当事人隐瞒了足以影响公正裁决的证据的；（六）仲裁员在仲裁该案时有索贿受贿，徇私舞弊，枉法裁决行为的。人民法院经组成合议庭审查核实裁决有前款规定情形之一的，应当裁定撤销。人民法院认定该裁决违背社会公共利益的，应当裁定撤销。

与华都置业有限责任公司均选定陕西三秦工程造价咨询有限责任公司为鉴定单位，但仲裁委却委托陕西金实司法会计鉴定所对本案进行鉴定，违反仲裁规则。本案仲裁的程序违反法定程序，依据《中华人民共和国仲裁法》第 58 条、第 60 条之规定，裁定撤销西安仲裁委员会西仲裁字（2009）第 948 号仲裁裁决。

(三) 涉会计鉴定意见民事案件的案由分布

为了分析方便，本书仅就可能涉及司法会计鉴定案件的一级民事案由进行分析，即婚姻家庭、继承纠纷；物权纠纷；合同、无因管理、不当得利纠纷；知识产权与竞争纠纷；海事海商纠纷；与公司、证券、保险、票据等有关的民事纠纷等。

笔者根据中国裁判文书中的有关资料，将其进行汇总绘制表 2-3。通过表 2-3 可以看出各种案由所占的比重，其中合同、无因管理、不当得利纠纷所占比重最大，已超过半数，为 71.19%。通过进一步分析，合同纠纷、合伙协议纠纷、民间借贷纠纷案件合计为 1197 件，所占比重为 65.70%。经分析裁判文书内容发现，这三类案件较多会涉及财务往来、经营收益、投资收益等不易直接辨明的财务会计问题，因而当事人以及审判人员往往会借助司法会计鉴定来查明相关财务会计事实。

表 2-3 涉会计鉴定意见民事案件的案由分布表

案由	数量	百分比（%）	案由	数量	百分比（%）
合同、无因管理、不当得利纠纷	1297	71.19	知识产权与竞争纠纷	21	1.15
与公司、证券、保险、票据等有关的民事纠纷	184	10.10	婚姻家庭、继承纠纷	15	0.82
劳动争议、人事纠纷	159	8.73	海事海商纠纷	9	0.49
侵权责任纠纷	128	7.03	人格权纠纷	3	0.16
物权纠纷	76	4.17	适用特殊程序案件案由	14	0.77

第二章　会计鉴定意见民事司法适用的统计分析

让人略感意外的是，三份人格权纠纷案件也涉及司法会计鉴定。实际上，这三例人格权纠纷案件之所以进行司法会计鉴定，均为证明侵权人对权利人造成的损失数额，属于财务往来账项问题的鉴定。如陈有学与桂林量具刃具有限责任公司名誉权侵权纠纷一案［案号：（2016）桂 0304 民初 2095 号］，桂林市正诚司法鉴定中心接受桂林量具刃具有限责任公司的委托，对陈有学自 2009 年至 2011 年期间经手办理与西安长量量具刃具公司、陕西新蓉机电设备有限公司销售业务中的涉案金额进行司法会计鉴定，并出具司法会计鉴定意见书：①截至 2014 年 5 月 31 日，陈有学共有价值 64 357 元的退货未交回桂量公司，也未交回货款；②陈有学 2009 年收到徐文言、牛亮交纳货款共计 7200 元，截至 2014 年 5 月 31 日一直未交回桂量公司；③陈有学经手销售给新蓉机公司的货物另有价值 56 450 元的货物去向不明。本案也从另外一个方面说明，某些学者试图依据案由建立司法会计鉴定标准不具有可行性。❶

三、会计鉴定意见民事审判适用的统计分析

（一）司法会计鉴定的启动主体

从民事诉讼的角度来说，会计鉴定程序的启动是会计鉴定意见产生以及发生法律效果的第一步。在大陆法系的国家，鉴定是司法机关解决专门性问题的一种方法，启动鉴定的权力是一种公权力，因而只能由国家机关享有。但为了维护鉴定在形式上的公正性，大陆法系国家基本上将鉴定的启动权赋予了法官，允许其在是否进行鉴定的问题上进行裁量，而控辩双方相应地则只有申请权。在我国，根据《中华人民共和国民事诉讼法》第 76 条规定，当事人有申请鉴定的权利。鉴定人的选定先由双方协商，

---

❶ 张苏彤. 关于完善我国司法会计鉴定制度制定"司法会计鉴定标准与规范"的调研报告［M］. 第八届中国法务（司法）会计（2016）学术研讨会论文集. 第 18 页.

协商不成的，再由法院指定。在当事人没有申请，但是人民法院对专门性问题认为需要鉴定的情况下，应当委托具备鉴定资格的鉴定人进行鉴定。也就是说，当事人有申请鉴定的权利，但是至于决定是否进行会计鉴定的权力则由法院享有。对于当事人申请后，法院具体如何审查处理，法律并没有做出进一步的规定。

表 2-4 司法会计鉴定的启动主体统计表[1]

案件类型	原告申请	被告申请	法院依职权	合计
民事案件	356	181	51	588

从表 2-4 可以看出，"当事人协商确定为主，法院职权确定为辅"的启动模式在实践中得到了较好的贯彻，当事人也越来越重视通过司法会计鉴定来支持案件事实。但同时从样本中也反映出以下两个问题。

一是，有近 1/3 的裁判文书中没有明确由哪方申请鉴定，这表明一些法院不够重视对司法会计程序的表述。

二是，少数案件由鉴定人单方启动，造成这种情形的原因很多，比如：有的当事人申请启动鉴定而未获法院批准，不得不以单方形式启动鉴定。虽然我国法律规定了鉴定的启动程序，但这一规定无疑过于简单，这就导致在实践中看似有章可循，实则给"投机者"以漏洞可循。在《民事诉讼法》中没有明确鉴定的启动条件是什么，在裁判文书中也多用"出具《司法会计鉴定意见书》一份"这样的字眼一笔带过，什么样的案件需要法院依职权启动，在当事人申请的情况下，法院同意或不同意的理由是什么等等这些都没有体现在裁判文书中。例如：在陈某卫、彭某雄与梁某兵、梁某辉合伙结算纠纷一案中［案号：(2014) 蓝法民二初字第 1 号］，湖南省蓝山县人民法院在裁判文书中表述：我院于 2012 年 4 月 16 日第一

---

[1] 为避免重复计算，本书仅对一审裁判文书中明确写明启动主体的典型案例，进行统计分析。

第二章　会计鉴定意见民事司法适用的统计分析

次开庭审理后认为需对该案进行会计鉴定,我院遂于2012年5月25日提出会计鉴定并委托相关专业单位进行了鉴定。至于为什么"需对该案进行会计鉴定",则语焉不详。

当事人申请鉴定,人民法院未予批准的原因,主要有如下几个方面。

1. 人民法院认为没有鉴定的必要,即需查明的案件事实无须通过司法会计鉴定即可解决

陈正明、陈紫微与李毅平、李红霞、第三人酒泉太和实业有限责任公司(以下简称太和公司)损害公司利益责任纠纷一案[案号:(2014)民二终字第72号]。

2012年12月25日,太和公司股东陈正明、陈紫微,以太和公司董事李毅平、财务负责人李红霞自2009年起涉嫌挪用、侵占公司资金2000万元为由,将李毅平、李红霞诉至甘肃省高级人民法院,请求判令李毅平、李红霞互为承担连带责任向太和公司返还2000万元,并按照同期银行贷款利率向太和公司赔偿损失。

陈正明、陈紫微在本案审理中曾向甘肃省高级人民法院申请调取太和公司的银行账户收付款资料,并提出鉴定申请,请求对太和公司截至2011年8月31日的财务状况进行司法会计鉴定,即对太和公司截至2011年8月31日的财务凭证、会计凭证、会计账簿、会计报表、其他财务会计资料进行鉴定,以查明李毅平、李红霞是否挪用款项。

甘肃省高级人民法院认为:陈正明、陈紫微作为太和公司的股东,可以根据《公司法》的相关规定行使股东知情权,获取太和公司的财务凭证、会计凭证、会计账簿、会计报表、其他财务会计资料等,自行判断得出李毅平、李红霞是否存在挪用、侵占公司资金的结论及证据。在陈正明、陈紫微尚未提交李毅平、李红霞挪用、侵占公司资金的基本证据的情况下,其申请鉴定的事由不属于民事诉讼法规定的查明事实的专门性问题,故其调取证据的申请及鉴定申请均应予以驳回。

陈正明、陈紫微不服，提起上诉。最高人民法院二审认为：对于陈正明、陈紫微提出的调取证据申请以及对太和公司财务状况进行司法会计鉴定的申请，原审法院有权根据本案情况做出是否准许的决定。

2. 申请鉴定的问题与案件处理结果之间不具有关联性

原告盐源县永宁河水电开发有限责任公司（以下简称永宁河公司）与被告上海浦东发展银行股份有限公司成都分行（以下简称浦发成都分行）不当得利纠纷一案［案号：（2012）川民初字第41号］。

本案审理中，永宁河公司认为浦发成都分行提交的《债权转让协议》及特种转账贷方传票、计收利息传票不是银行会计核算制度内的合法凭证，向四川省高级人民法院提出"调取鉴定证据确定本案争议银行资金交易性质的司法会计鉴定申请"。

（1）调取《债权转让协议》受让人资质审查报告、债权转让申请和有权机关同意转让批复，债权转让所涉款项交易的会计账页、对应凭证等全部会计凭证；提取四川正东制药有限责任公司、四川康怡高新科技开发有限公司在浦发成都分行自贷款之日起到贷款清偿之日的银行存款账户、贷款账户等流水账会计交易记录；提取嘉陵管理公司在为四川正东制药有限责任公司代偿前三个月到代偿贷款之日的银行存款账户流水账会计交易记录与对应凭证；提取四川康怡高新科技开发有限公司在浦发成都分行的银行存款账户开户资料、贷款申请、客户信用评级报告（贷前调查报告、偿债能力报告、管理水平评价、竞争能力评价、经营环境分析、财务报告分析）、信用评级报告、银行额度授信批复、贷款存续期贷后检查报告、贷款及抵、质押等担保人合同。

（2）依据前项原始会计档案，对浦发成都分行处理四川正东制药有限责任公司逾期贷款会计过程的资金关系确定，银行制度内会计记录的关联账户间资金交易的性质，对浦发成都分行是通过改变担保责任主体以贷还贷后由永宁河公司实际代偿，还是浦发成都分行用自己的资产处置收益冲销不良贷款，消灭浦发成都分行与四川正东制药有限责任公司逾期贷款关系的原因进行鉴定。

四川省高级人民法院认为：永宁河公司以浦发成都分行与嘉陵管理公司《债权转让协议》及相应特种转账贷方传票、计收利息传票不是银行会计核算制度内的合法凭证为由向本院申请司法会计鉴定，因该申请与本案讼争问题不具有关联性，本院不予准许。

3. 缺少必要的鉴定基础材料，不具备鉴定条件

上诉人武孝明、王占东与被上诉人王占宝采矿权转让纠纷一案［案号：（2015）民一终字第74号］。

二审中，武孝明申请对其开采剥离的土石方量和单价以及投入的财产损失数额进行司法会计鉴定，王占东申请对武孝明的卖煤收入以及王占东转让前投入的矿山剥离费用进行司法会计鉴定。

最高人民法院认为：关于武孝明与王占东的开采投入问题，由于双方在《合作开采协议》中并未约定明确的坐标拐点，武孝明从王占东处接手案涉采区时亦无相应的交接数据记录，无法区分武孝明与王占东各自开采的土石方量并由此计算双方的矿山剥离成本。关于武孝明的卖煤收入问题，王占东虽提供了《正义关煤矿五采区二队武孝明等三个施工队吨煤销售价格确认书》以及《正义关煤矿五采区2队擅自外包的三个采段煤炭销售量确认表》，但该两份证据均为复印件，在五采区二队签字处并无签章确认，说明双方没有就此达成一致，且该两份证据系王占东在二审庭审结束后提交，未经依法质证，难以作为鉴定依据。另经向国马公司了解，该公司现存账目中只有王占宝整个采区的相关数据，没有其擅自外包的各个开采队的具体记载。王占东主张王占宝处有相关账目，但该账目并未作为证据向本院提交，且王占宝系本案当事人，与案件处理结果有利害关系，其提供的数据武孝明并不认可。故此，武孝明与王占东的司法鉴定申请，因缺少必要的鉴定基础材料，而不具备鉴定条件，本院不予准许。

(二）实施司法会计鉴定的机构

全国人民代表大会常务委员会于 2005 年 2 月 28 日通过的《关于司法鉴定管理问题的决定》第 7 条明确规定：侦查机关根据侦查工作的需要设立的鉴定机构，不得面向社会接受委托从事司法鉴定业务。人民法院和司法行政部门不得设立鉴定机构。为了适应司法改革中鉴定职能的独立化、鉴定机构的中立化和鉴定人资格的职业化，避免"自侦自鉴""自检自鉴""自审自鉴"的司法弊端，实现司法公正，原先由公、检、法内部开展的司法会计鉴定工作将逐渐从司法职能中剥离出来，由社会中介鉴定机构来承担。

在 1451 份裁判文书中，涉及的司法会计鉴定机构有多种，如会计师事务所、会计鉴定所、会计司法鉴定所、司法鉴定所、司法鉴定中心、司法会计中心以及司法会计鉴定中心等，其中以会计师事务所最有代表性，表 2-5 遂对这些鉴定机构分成两类做了统计。从统计中可以看出，随着《关于司法鉴定管理问题的决定》的出台，包括检察院在内的侦查机构内设鉴定机构不再面向社会承接鉴定业务，司法会计鉴定，特别是民事案件的司法会计鉴定，将主要由以会计师事务所为代表的社会鉴定机构来承担。

表 2-5 司法会计鉴定机构统计表[1]

司法会计鉴定机构种类	次数	比例（%）
会计师事务所	789	54.38
其他社会中介机构	662	45.62

在司法鉴定机构与司法机关分离前，司法会计鉴定由法院指派或委托内部的司法会计鉴定机构进行，其做出的鉴定意见当然具有证据资格，鉴

---

[1] 鉴于作为样本的 1822 份裁判文书中，包含着同一个案件一审、二审甚至再审的裁判文书，其鉴定机构并没有发生变化，为更能准确地说明鉴定机构的性质，本表将同一个案件的一审、二审、再审的裁判文书，作为一个样本，经过筛选，仅对其中的 1451 份裁判文书进行统计。

定意见不存在可采性问题，一般在庭审时直接被法官采信。但在鉴定机构与司法机关分离后，由独立的中介机构或人员（会计师事务所及注册会计师）出具的鉴定意见是否被法官采纳，缺乏科学、合理的判断标准或规则。

从性质上看，社会中介机构及其人员从事的司法会计鉴定是一项为诉讼提供技术支持的服务活动，不同于公、检、法、司内部履行司法行政职能的司法会计鉴定，两者在性质、资质、责任、收费和采信等诸方面存在本质差异，因此，司法会计鉴定相关制度的建立和完善就显得尤为重要。

(三) 会计鉴定意见的异议及鉴定人出庭

从表2-6中可以看出，约有近40%的会计鉴定意见被当事人提出异议，但仅有86份裁判文书表述有鉴定人曾出庭参与过质证。《民事诉讼法》第78条规定：当事人对鉴定意见有异议或者人民法院认为鉴定人有必要出庭的，鉴定人应当出庭作证。即只要当事人有异议，即使人民法院认为没有必要，鉴定人也应当出庭作证。但是，《民事诉讼法》第78条同时规定，经人民法院通知，鉴定人拒不出庭作证的，鉴定意见才不得作为认定事实的根据。因此，鉴定人出不出庭，鉴定意见能否作为认定案件事实的根据，不取决于当事人对鉴定意见是否有意义，而是取决于人民法院是否通知鉴定人出庭接受质询。

表2-6　会计鉴定意见的异议及鉴定人出庭情况统计表

是否有异议	数量	占比（%）	鉴定人出庭
无	1080	59.28	0
有	719	39.46	86
缺失❶	23	1.27	0

通过对样本裁判文书内容进行归纳分析，发现当事人对会计鉴定意见

---

❶ 对当事人是否对会计鉴定意见提出异议，裁判文书并未做出相应的表述。

提出的异议,主要集中在四个方面:①当事人对司法会计鉴定机构及鉴定人的鉴定资质持有异议;❶②当事人对司法会计鉴定人的专业背景持有异议;③当事人对司法会计鉴定确认的财务数据持有异议;④一方当事人单方委托鉴定并向法庭提供鉴定意见的。❷这四类情形中,法院是否需要通知鉴定人必须出庭,不能一概而论。

(1) 从鉴定机构及鉴定人的鉴定资质角度讲,目前国家司法鉴定管理法律,还没有把司法会计鉴定列入资质管理范畴,因而除根据地方性法规需要获得司法鉴定资质的情形外,鉴定机构、鉴定人是否具备司法行政部门批准的司法鉴定资质,并不影响其承担司法会计鉴定的任务。因此,对鉴定资质提出异议的情形也就无须鉴定人出庭做出说明。

(2) 从鉴定人的专业背景角度讲,司法会计鉴定人依法应当是"有专门知识的人"。鉴定人是否具备专门知识,与其专业背景有关,因而当事人如对司法会计鉴定人专业背景提出异议,鉴定人就应当出庭予以说明。如承担"科龙案件"司法会计鉴定的注册会计师出庭时,"法庭认为鉴定人对被告及辩护人的一些提问或听不明白,或者答非所问",这反映出鉴定人缺乏基本的从事司法会计鉴定的知识背景,最终导致法庭没有采纳鉴定意见。

(3) 从鉴定意见确认的财务数据角度讲,财务数据构成财务问题司法会计鉴定意见的主要内容,而财务数据是由鉴定人计算所得,其计算依据的资料是否适当、计算标准和过程是否科学等问题,只能由鉴定人亲自出庭才可能解释清楚,因而此类异议情形中法庭必须要求鉴定人出庭。

(4) 民事诉讼中当事人单方启动司法会计鉴定的情形,如果另一方当

---

❶ 如广西涉及司法会计鉴定的34例裁判文书,绝大部分司法会计鉴定意见都是由同一家司法鉴定中心做出的,但经过上网查询,该司法鉴定中心公示的业务范围为法医临床鉴定、文书鉴定和痕迹鉴定,没有关于司法会计鉴定业务的任何表述,而这也成为当事人提出异议的重要原因。
❷ 韩飞. 司法会计鉴定在我国的应用现状研究 [J]. 财会通讯, 2016 (10).

事人就鉴定程序、内容等提出异议，且提出重新鉴定申请的，法庭完全可以根据民事诉讼法律及相关司法解释不采信会计鉴定意见，因而鉴定人出庭也就失去了意义。

（四）会计鉴定意见的补充或重新鉴定

补充鉴定，是指诉讼机关为了弥补原鉴定意见缺陷或不足，组织做出原鉴定意见的鉴定人，在原鉴定意见基础上补充进行的司法会计鉴定。从诉讼程序角度讲，启动补充鉴定主要包括诉讼机关直接决定启动和当事人申请启动两种情形。

表 2-7　会计鉴定意见补充鉴定或重新鉴定统计表

当事人提出异议	补充鉴定		重新鉴定	
	当事人申请	法院准许	当事人申请	法院准许
719	186	47	365	76

重新鉴定，是指在同一案件诉讼中，就同一财务会计问题重新提起和组织原鉴定人以外的司法会计鉴定人进行的司法会计鉴定。重新鉴定的主要原因，是原鉴定意见存在或可能存在问题，不能作为定案的根据，或者存在需要补充鉴定的情形但无法补充鉴定的。与补充鉴定一样，从诉讼程序角度讲，启动重新鉴定也主要包括诉讼机关直接决定启动和当事人申请启动两种情形。❶

通过考察，当事人对会计鉴定意见提出异议的 719 例样本中，仅有 47 例进行了补充鉴定，76 例进行了重新鉴定，法院准许进行补充鉴定和重新鉴定的比例较低。

---

❶《最高人民法院关于民事诉讼证据的若干规定》第 27 条：当事人对人民法院委托的鉴定部门做出的鉴定结论有异议申请重新鉴定，提出证据证明存在下列情形之一的，人民法院应予准许：（一）鉴定机构或者鉴定人员不具备相关的鉴定资格的；（二）鉴定程序严重违法的；（三）鉴定结论明显依据不足的；（四）经过质证认定不能作为证据使用的其他情形。对有缺陷的鉴定结论，可以通过补充鉴定、重新质证或者补充质证等方法解决的，不予重新鉴定。

进一步分析样本，发现导致未进行补充鉴定、重新鉴定的原因是多方面的。

一是，当事人一方对司法会计鉴定的结果持有异议并提出补充鉴定或重新鉴定，另一方则拒绝提供所需检材，从而导致无法进行补充鉴定或重新鉴定。

徐州咪兰房地产开发有限公司、徐先超与曾宪明合资、合作开发房地产合同纠纷一案［案号：（2016）最高法民申363号］中，关于"是否存在对审理案件需要的主要证据，当事人因客观原因不能自行收集，书面申请人民法院调查收集，人民法院未调查收集的情形"。最高人民法院认为，在一审审理期间，经曾宪明申请，一审法院依法委托天衡会计师事务所徐州分所对咪兰公司开发的美兰花园小区房地产开发项目开发经营期间的利润进行鉴定，天衡会计师事务所徐州分所作出天衡徐专字（2014）0175号《司法会计鉴定报告书》。一审中，双方都对鉴定报告提出了异议，鉴定机构进行了答复，对于徐先超主张的鉴定报告依据的鉴定材料不足，存在诸多漏项问题，一审法院多次释明让徐先超及咪兰公司提供相关的鉴定检材，但其在规定期限内没有提交。徐先超作为咪兰公司的唯一股东、法定代表人，其对于公司的财务资料应当负有举证责任，咪兰公司、徐先超主张公司审计资料被曾宪明怂恿会计隐藏，又未提供充足证据予以佐证，一审法院未调查收集并无不当。二审期间，咪兰公司、徐先超再次提出鉴定报告不全面的问题，但仍无法提供完整的鉴定材料，也未提供充足证据证明因客观原因无法调取，二审法院未调查收集证据亦无不当。对咪兰公司、徐先超主张一、二审法院没有调取证据存在错误的再审申请理由，本院不予支持。

二是，审理法院认为司法会计鉴定结果符合客观情况，对提起补充鉴定或重新鉴定的意见不予采信。

青岛华商天瑞集团有限公司与青岛华裕置业集团有限公司项目转让合

同纠纷一案［案号：（2013）鲁民提字第41号］。山东省高级人民法院再审认为：华商公司申请称青岛振青会计师事务所做的鉴定意见，不能作为定案依据，并提供了立信税务师事务所的审核报告以证明原审鉴定意见依据不足，计算方法不合法，但立信税务师事务所的审核报告系其单方委托，且该审核报告无其他有效证据予以辅证，华裕公司对此亦不予认可，因此，该审核报告不足以否定原审法院委托的青岛振青会计师事务所做的鉴定意见的客观性、合法性，原审依据青岛振青会计师事务所做的鉴定意见作为本案判案依据并无不当。本院在（2013）鲁民再字第27号民事判决中虽对该案中华商公司负担的供热及燃气费部分进行变更，但该变更对华商公司在合作项目中应负担税费并不会产生不利影响，因此华商公司重新鉴定的申请本院不予支持。

　　三是，提出补充鉴定或重新鉴定的当事人由于鉴定成本过高、不具备鉴定条件等因素，主动放弃补充鉴定或重新鉴定。

　　山西瑞丰制药集团有限公司与杨仲合、第三人山西浑源瑞风煤业有限责任公司煤矿承包合同纠纷一案中［案号：（2015）晋民初字第62号］。山西省高级人民法院在判决书中表述：关于双方当事人是否存在损失、数额多少及如何处理。根据我国《合同法》规定："合同解除后，尚未履行的，终止履行；已经履行的，根据履行情况和合同性质，当事人可以要求恢复原状、采取其他补救措施，并有权要求赔偿损失。"本院重审时，对是否重新鉴定，征求了双方当事人意见，但双方都认为目前没有鉴定的条件，无法进行重新鉴定。因此本院将根据案件基本事实、合同解除的原因力、双方当事人的过错以及瑞丰制药集团收回煤矿控制权等情形，依法公平做出处理。

　　四是，有缺陷的鉴定结论，法院往往采取重新质证或者补充质证等方法予以解决，不再予以补充鉴定或重新鉴定。

　　陈达文与北京朝阳公园开发经营公司、北京明达房地产开发有限公司损害公司权益纠纷股东代表诉讼一案［案号：（2013）民二终字第30号］。

2007年4月，北京朝阳公园开发经营公司以陈达文为被告提起本案诉讼。2011年11月10日，经北京市高级人民法院随机摇号程序，确定北京中瑞诚联合会计师事务所为司法会计鉴定机构。

2012年7月31日，北京中瑞诚联合会计师事务所根据北京朝阳公园开发经营公司、陈达文、北京明达房地产开发有限公司送审的财务会计资料及相关证据，出具了《司法会计鉴定报告》。

2012年8月7日，北京市高级人民法院分别向北京朝阳公园开发经营公司、陈达文、北京明达房地产开发有限公司送达了《司法会计鉴定报告》。

2012年8月10日、2012年8月14日，北京朝阳公园开发经营公司、北京明达房地产开发有限公司分别向北京市高级人民法院提交了对《司法会计鉴定报告》的书面质询意见。2012年8月21日，陈达文向北京市高级人民法院提交了对《司法会计鉴定报告》的8项书面异议。

2012年8月30日，北京市高级人民法院就《司法鉴定报告》组织各方当事人及北京中瑞诚联合会计师事务所参加质询。北京朝阳公园开发经营公司的委托代理人、北京明达房地产开发有限公司的委托代理人到庭参加质询。北京朝阳公园开发经营公司当庭向北京中瑞诚联合会计师事务所提出质询，北京中瑞诚联合会计师事务所就北京朝阳公园开发经营公司的质询当庭进行了回答。北京明达房地产开发有限公司当庭未再向北京中瑞诚联合会计师事务所提出新的质询，但北京中瑞诚联合会计师事务所在法庭的支持下，对北京明达房地产开发有限公司之前的书面质询也进行了答复。经北京市高级人民法院传票传唤，陈达文及其委托代理人无正当理由，未参加北京市高级人民法院就《司法会计鉴定报告》组织的质询，但在北京市高级人民法院主持下，北京中瑞诚联合会计师事务所当庭回答了陈达文就《司法鉴定报告》提出的8项书面异议。

2012年9月14日，陈达文提出其找了另外几家审计公司进行咨询，请求北京市高级人民法院批准陈达文另外找的几家审计公司对北京明达房地产开发有限公司的账簿进行审查,重新进行鉴定。

北京市高级人民法院认为:陈达文提出其另找几家审计公司进行咨询,请求法院批准陈达文另找的几家审计公司对北京明达公司账簿重新进行审查,重新进行鉴定。但因陈达文该项请求不符合《最高人民法院关于民事诉讼证据的若干规定》第 27 条第 1 款规定的进行重新鉴定所列的任何一种情形,经中瑞诚会计所回答质询及异议,证明《司法鉴定报告》不存在缺陷,故根据《最高人民法院关于民事诉讼证据的若干规定》第 27 条第 2 款关于"对有缺陷的鉴定结论,可以通过补充鉴定、重新质证或者补充质证等方法解决的,不予重新鉴定"的规定,法院对陈达文该项请求不予接受。虽然陈达文及其原委托代理人无正当理由,均未参加 2012 年 8 月 30 日法院就《司法会计鉴定报告》组织各方当事人及北京中瑞诚联合会计师事务所参加的质询,但陈达文已于 2012 年 8 月 21 日向法院提交了对《司法会计鉴定报告》的 8 项书面异议,在法院主持下,北京中瑞诚联合会计师事务所注册会计师当庭回答了陈达文对《司法会计鉴定报告》提出的 8 项书面异议,应视为陈达文到庭参加了质询。法院依法切实充分地保障了陈达文享有的诉讼权利。

(五)会计鉴定意见的采信

证据的采信,亦称认证,是指法官在诉讼过程中,主要是在庭审时,就当事人举证、质证、法庭辩论过程中,涉及的与待证事实有关联的证据材料加以审查认定,以确认其证据能力上的可采性、证据力的大小与强弱,决定是否采信以及如何采信的诉讼行为与职能活动。

会计鉴定意见的采信,是指法官对提交到法庭上的会计鉴定意见进行审查判断,并决定是否采纳作为认定案件事实根据的活动。

会计鉴定意见的采信经历了举证、质证和认证三个阶段。其中,可采性介于举证与质证之间,它是一种筛选机制,在防止一些不可靠的证据进入诉讼程序的同时，保障会计鉴定意见能够真正发挥作用。会计鉴定意见的质证，则主要是指在庭审中，双方当事人就该鉴定意见以质疑、询问的方式，对其证据能力与证明力进行确认。

表 2-8 会计鉴定意见采信情况统计表

是否采信	数量	百分比（%）
采信	1064	83.45
部分采信	142	11.14
未采信	69	5.41
合计	1275❶	100

在全部 1275 例样本中，1064 例会计鉴定意见被审理法院采信，142 例会计鉴定意见部分被法院采信，69 例未被审理法院采信，会计鉴定意见的采信率高达 83.45% 以上，未采信的比例仅为 5.41%。较高的采信率，也与前文补充鉴定或重新鉴定比例较低，相互印证。

极高的采信率，一方面，是因为民事诉讼中的会计鉴定意见是由当事人双方协商确定或人民法院指定的具备鉴定资格的鉴定机构做出的，鉴定意见较少是因为鉴定机构不具备鉴定资质或鉴定人不具备鉴定资格而不被法院采信；另一方面，是因为近年来随着司法鉴定体制的不断改革和完善，司法会计鉴定人的业务素质不断提高，司法会计鉴定质量较高，法院的采信率也随之较高。但是，须引起人们注意的是，根据前文对鉴定意见异议及鉴定人出庭情况的统计分析，由于存在部分法院不重视鉴定意见的质证以及鉴定人出庭的情形，也就不能排除高采信率与法院盲目采信司法会计鉴定意见的关联。

根据对 69 例未被采信的裁判文书的分析，会计鉴定意见未被法院采信

---

❶ 1822 份裁判文书中，剔除一审、二审、再审审查、再审、申诉等程序中重复提到的会计鉴定意见，以及当事人虽提出司法会计鉴定的申请，但法院未予准许的情况，共涉及 1275 个会计鉴定意见。

第二章 会计鉴定意见民事司法适用的统计分析

的理由主要包括以下几个方面。

1. 会计鉴定意见属于一方当事人单方委托，鉴定材料为一方当事人单方提供，无法确定鉴定材料的真实性、合法性和完整性

郑根旺与安徽省池州市贵池区梅村镇人民政府企业租赁经营合同纠纷一案［案号：(2015) 民申字第491号］。

郑根旺申请再审称：二审判决对其资金投入损失认定错误，对于其委托司法会计鉴定证明其资金损失共计3 149 117.14元，应予认定。

梅村镇政府陈述意见称：郑根旺提交的《司法会计鉴定报告书》系其单方面委托，且鉴定机构无法确认鉴定材料真实性、合法性和完整性，终审判决认定郑根旺资金投入金额1 407 117.11元，是法院对双方举质证认证的结果。

最高人民法院审查认为：对于本案企业租赁合同导致的损失数额认定问题，郑根旺提交单方面委托的安徽九华司法鉴定所于2012年10月31日做出［2012］九鉴字第37号《司法会计鉴定报告书》，内容是根据企业有关总分类账、明细账、财务报表，得出鉴定结论是资金损失3 149 117.14元，另有4年利润损失。本案一审、二审法院对郑根旺提交的《司法会计鉴定报告书》所依据部分资料的真实性、有效性、合法性无法证明，不予采信。原审法院认定各项具体的投入数额，总额为1 407 117.11元，是根据当事人举证以及双方履行合同情况做的判断。根据本案案情，申请人没有证据证明其实际经营企业的3年多时间内，完全停止了对企业的经营和取得收入，原审判决查明承包期间各年度用电量情况及税费缴纳，可以佐证。郑根旺的再审申请及其理由不能成立。

但是，依据《最高人民法院关于民事诉讼证据的若干规定》第28条的规定："一方当事人自行委托有关部门做出的鉴定结论，另一方当事人有证据足以反驳并申请重新鉴定的，人民法院应予准许。"依据该条规定，一方当事人要想推翻另一方当事人自行委托的鉴定，须提供足以反驳的证

据，因此，样本裁判文书显示，会计鉴定意见虽是由一方当事人单方委托做出的，相当一部分法院仍予以采信，将其作为认定案件事实的依据。例如：王亚文、周毅璇与灵川八里街医院、石新希、范全兴承包合同纠纷一案［案号：(2015)桂民申字第 805 号］。广西壮族自治区高级人民法院再审审查认为：关于 514 147.36 元债务的认定问题。二审判决认定 514 147.36 元债务属于王亚文、周毅璇承包医院期间的对外债务，主要是依据（2012）会鉴字第 08 号《司法会计鉴定意见书》，该鉴定书虽由灵川八里街医院单方委托做出，但鉴定机构具备鉴定资质，鉴定程序合法，鉴定结论客观、真实，王亚文、周毅璇未能举证推翻该鉴定结论，原审据此认定灵川八里街医院在 2010 年至 2011 年间偿付了王亚文、周毅璇承包期间的各类债务 514 147.36 元，事实清楚，证据充分，并无不当。

2. 会计鉴定意见与法院审理查明的案件事实明显不符，不足以作为判案依据

饶静梅与杨秀柏、贵阳钦顺物业管理有限公司都匀云鼎居小区管理处、贵阳钦顺物业管理有限公司合同纠纷一案［案号：(2015)黔南民商终字第 98 号］。

贵州省黔南布依族苗族自治州中级人民法院认为：根据最高人民法院《关于贯彻执行〈中华人民共和国民法通则〉若干问题的意见》第 54 条："合伙人退伙时分割的合伙财产，应当包括合伙时投入的财产和合伙期间积累的财产，以及合伙期间的债权和债务"的规定，上诉人饶静梅诉请被上诉人杨秀柏、都匀云鼎居物管处、贵阳钦顺物管公司连带退还其财产份额和应分配利润 380 939.12 元，其负有证明该物管处在其经营期间有利润及利润的具体金额的举证责任。虽然一审审理时，饶静梅曾申请对双方共同经营期间的财产状况进行鉴定，但该鉴定机构做的鉴定结论并不确定，且该鉴定结论对双方经营物管处期间利润的认定数额与饶静梅所主张退出物管处管理时物管处所有的资金数额有矛盾，由于双方经营期间物管处的

债权尚未实现，双方对于合伙期间的投入及债权、债务也未进行清算，本案不能确定杨秀柏应退还饶静梅的财产数额，根据《中华人民共和国民事诉讼法》第64条"当事人对自己提出的主张，有责任提供证据"的规定，饶静梅未能提供充分证据证明其主张，对此应承担举证不力的后果，故对其上诉请求，本院不予支持。

3. 司法会计鉴定的依据不完整，从而影响了事实认定

宛克虎、宛克新、宛克政与戴清恩合伙协议纠纷一案［案号：（2014）邵中民一终字第470号］。

1996年4月，宛克新与戴清恩合伙承包了新宁县电化厂，期限为三年，聘请该厂原厂长刘某甲为会计。经营一段时间后，宛克新的同胞兄弟宛克虎、宛克政加入合伙。双方承包新宁县电化厂期满后，经多次清算均未就合伙经营收支库存情况达成一致。随后，宛克虎以发现有26笔销售产品未记收入为由，起诉至法院。

邵阳市南方司法鉴定所于2011年11月15日做出《司法鉴定意见书》，鉴定意见：①合伙期间新宁县电化厂销售产品共计129.795吨，已入账产品数为87.56吨，未入账产品数为42.235吨；②合伙期间新宁县电化厂已入账收入合计1 796 885.06元，未入账收入合计为834 770.5元（价税合计金额）。

重审期间，法院委托湖南大学司法鉴定中心进行鉴定，该中心于2014年1月13日做出湖大公函，认为"会计凭证和会计账簿应保存15年以上，我中心进行司法会计鉴定须以会计凭证及会计账簿为依据。本案中会计凭证和会计账簿已在原、被告双方同意的情况下烧毁，仅凭目前送检材料（抄录件、复印件、双方陈述等）不能完成贵院的委托事项，不能做出科学严谨、客观真实的鉴定意见，故无法进行鉴定"。

一审新宁县人民法院认为：南方司法鉴定所依据产品销售抄录件，在无原始账簿为事实根据的前提下，所作出的鉴定意见无客观事实依据。会

计师刘某甲数次清账核查,均未查出戴清恩隐瞒巨额销售款未入账的事实。因此,该司法鉴定意见有失客观真实,不予采信。对湖南大学司法鉴定中心公函的真实性、合法性、关联性予以认定,作为本案定案的依据。综上所述,宛克虎、宛克新、宛克政以南方司法鉴定所作出的鉴定意见,要求戴清恩返还合伙财产或赔偿合伙财产损失,缺乏事实根据,对其诉讼请求,不予支持。

宛克虎、宛克新、宛克政上诉称:邵阳市南方司法鉴定所作出的司法鉴定意见应当作为本案的定案依据,原审采信湖南大学司法鉴定中心公函意见错误,戴清恩应当返还合伙财产或者对合伙期间部分销售收入未入账造成其财产损失承担赔偿责任。请求撤销原判,改判支持其原审诉讼请求。

湖南省邵阳市中级人民法院认为:本案双方于承包期满后,曾多次进行清算,每次清算均聘请会计专业人员刘某甲建立账簿,清算总收入、总支出。宛克虎、宛克新、宛克政于结算后对结算结果提出异议,并以戴清恩部分销售产品未入账侵占合伙财产损害其合法权益为由,要求戴清恩返还合伙财产或者赔偿损失,但其提供的主要证据即邵阳市南方司法鉴定所做出的司法鉴定意见,据以做出的鉴定材料即宛克虎对产品销售、原材料数量以及1996年至2000年电化厂销售产品入账数等系抄录件,并非进行司法会计鉴定要求的会计凭证及会计账簿,故该鉴定意见不足以保证其科学严谨、客观真实的要求,本院不予采信。

4. 鉴定意见中包含法律判断、非财务会计事实等事项,超出了鉴定人的职责范围

陈达文与北京朝阳公园开发经营公司、北京明达房地产开发有限公司损害公司权益纠纷股东代表诉讼一案[案号:(2013)民二终字第30号]。

北京中瑞诚联合会计师事务所出具的《司法会计鉴定报告》,认为:①北京明达房地产开发有限公司股东已按公司章程认缴的出资额出资;

第二章 会计鉴定意见民事司法适用的统计分析

②截至 2001 年 4 月 28 日，北京明达房地产开发有限公司碧湖居一期房产共销售 183 套，形成销售收入人民币 341 907 042.85 元；③截至 2001 年 4 月 28 日，北京明达房地产开发有限公司债权人民币 201 356 825.45 元；应收股东京朝公司人民币 3 505 098.42 元；应收股东朝阳公司人民币 282 215.30 元；应收股东明达置业及万达意地产人民币 161 846 747.51 元；④北京明达代明达置业还款人民币 18 577 163.83 元；代明达置业还款金额即以房抵债少入账金额 2 238 212.51 美元，折合人民币 18 577 163.83 元。经鉴定，陈达文应偿付北京明达售房款、为明达置业还债等各项因素总计人民币 161 846 747.51 元（涉及美元折合人民币均按 1∶8.3 折合）。

北京市高级人民法院一审认为：经北京中瑞诚联合会计师事务所依法鉴定审计并出具的《司法会计鉴定报告》，可以作为本案的定案依据。根据《司法会计鉴定报告》的鉴定意见：陈达文应偿付北京明达售房款、为明达置业还债等各项因素总计人民币 16 184.674 751 万元。

陈达文不服一审判决，提起上诉，认为：①本案的决定性证据鉴定报告未经充分质证。在这个关键证据未经过质证之前就完成全部庭审程序，这样的程序安排难以保证审判结果的客观公正。②北京市高级人民法院委托北京中瑞诚联合会计师事务所鉴定的范围仅限于北京明达房地产开发有限公司的财务状况，并未委托北京中瑞诚联合会计师事务所对本案中承担责任的法律主体进行鉴定，鉴定机构认定陈达文为债务人超越了委托权限。

最高人民法院二审认为：陈达文关于《司法会计鉴定报告》未经质证的上诉意见与事实不符，但《司法鉴定报告》存在瑕疵。陈达文应否对北京明达房地产开发有限公司承担民事责任，属于法院的审理范围，不在北京市高级人民法院委托审计范围内，《司法会计鉴定报告》关于"陈达文应偿付北京明达售房款、为香港明达置业公司还债等各项因素总计 161 846 747.51 元"的鉴定意见不当。《包销合同》能否作为鉴定依据范围亦属于法院审理范围，《司法会计鉴定报告》直接将其排除亦不妥。《司法会计鉴定报告》的结论不应当作为认定本案事实的依据，北京市高级人民法院以该结论为依据确定陈达文的责任不当。

5. 会计鉴定意见不明确，不能客观地反映案件事实

王杰与汪海玲合伙协议纠纷一案［案号：(2013)宜秀民二初字第00187号］。

本案在第一次开庭审理过程中，原告王杰当庭申请对双方合作期间的经营盈亏进行司法会计鉴定。安徽省安庆市宜秀区人民法院依法委托安徽誉诚司法鉴定中心进行鉴定。该鉴定中心作出鉴定意见：温莎情缘家具店和英伦华庄家具店在合作经营期间（2012年12月19日至2013年6月18日）无争议的资金结余为335 939.54元，待确认资金收入37 390元，待确认资金支出291 274元。

鉴定人员出庭接受原、被告询问，并对鉴定意见做出说明：鉴定意见中无争议的资金结余以及待确认资金收入、待确认资金支出，并非会计学上所说的盈利，其中无争议资金结余是根据日记账、双方当事人在对方账本上签字确认的业务记录形成的资金结余，待确认资金收入37 390元和待确认资金支出291 274元，是双方产生矛盾后，均没有对方签字的资金形成的。

安徽省安庆市宜秀区人民法院认为：本院委托安徽誉诚司法鉴定中心对双方合伙期间的盈亏进行鉴定，但该鉴定意见依据的鉴材只是合伙期间经营的部分账目，部分鉴材依据不是双方均认可的，且根据鉴定人员做出的说明，该司法鉴定意见书中的利润，并非会计学上的盈亏，不能真实、客观地反映双方在合伙期间的盈亏，故该鉴定意见书不能作为双方合伙期间是否盈亏的依据，亦即不能作为本案定案的根据。

(六) 专家辅助人制度

《民事诉讼法》第79条表明当事人有权向法院申请具有专门知识

第二章 会计鉴定意见民事司法适用的统计分析

的人出庭，由此，在我国确立了专家辅助人制度。但可惜的是专家辅助人制度呈现出一种处于"纸面上法律"的状态。

1822份裁判文书中，仅有大连成员温泉山庄有限公司与广州番禺潮流水上乐园建造有限公司建设工程施工合同纠纷一案［案号：（2014）甘民初字第6115号］，有显示"专家辅助人"出庭的信息。

被告广州番禺潮流水上乐园建造有限公司在该案中申请专家辅助人出庭，对大连浩华会计师事务所有限公司出具的大浩会（审）【2016】第105号鉴定报告提出异议，但其质证意见并未得到法院的支持。大连市甘井子区人民法院认为：被告方聘请的专家辅助人员对该份鉴定报告的鉴定方法提出异议，认为该鉴定方法错误，不能认定原告遭受的实际损失。本院认为，鉴定方法应基于鉴定委托事项而具体确定，鉴定机构具有会计鉴定资质，对鉴定事项有专业性判断，有权选择以何种鉴定方法鉴定。被告不能以自认为正确的鉴定方法来否定鉴定机构选择的鉴定方法，故被告的该项辩解意见，本院不予支持。

我国司法实践中，当事人聘请专家辅助人的情况比较少，其主要原因有如下几个方面。

一是证据地位不明确。由于专家辅助人有别于证人，专家辅助人意见不能直接成为定案依据，而且专家辅助人出具的意见采纳到何种程度不明确，影响其质证功能的发挥。

二是专家辅助人在程序中的作用受到限制。专家辅助人参与诉讼的权利范围主要限定在鉴定意见所使用的方法与结果，特别是鉴定方法的准确性、鉴定结果的可检验性、反复鉴定的错误率等，主要是从证伪的角度对鉴定意见可能存在的瑕疵等问题提出质疑，目的是消除不可靠的鉴定意见作为定案根据。

三是对聘请专家辅助人的决定权规定不完整。依据有关规定，法庭只能依据申请做出是否同意的决定，而不能自行决定聘请专家辅助人。实践中，如果当事人由于财力限制而无法聘请专家辅助人，则无法保障当事人的对质权；当事人自行聘请的专家的中立性难以得到保障。

专家辅助人的介入对案件的意义不言而喻，但是我国司法实践中尚未有足够的重视，如何使其在会计鉴定意见民事司法适用中发挥作用，也是下文将进一步研究的内容。

四、会计鉴定意见民事司法适用的困惑

既然会计鉴定意见是一种鉴定意见，理应遵循鉴定意见的现行司法审查规则，但其在司法审查过程中，除遇到前述问题外，还存在下述困境。

（一）司法会计鉴定的法律地位不明确，实践操作无所适从

《关于司法鉴定管理问题的决定》明确将法医类鉴定、物证类鉴定和声像资料鉴定等三类鉴定业务纳入法律规范的范围，并对其实行登记管理制度，但是司法会计鉴定是否属于第四类鉴定事项，❶ 目前并未有相关法律、行政法规等规范性文件对此做出明确规定。

由于法律上的不明确，从事司法会计鉴定业务的鉴定人和鉴定机构是否实行登记管理制度，如何认定鉴定人是否"具备相关的资格"，人们存有争议和困惑，甚至有专家认为：司法会计鉴定机构及鉴定人，并不需要到司法行政部门进行登记。只要具备财务、会计相关专业知识，均可开展司法会计鉴定工作。❷ 司法实践中，部分法院自行编制了司法委托专业技术机构名册，诉讼中，法院一般从自行编制的名册中选择司法会计鉴定机

---

❶ 《关于司法鉴定管理问题的决定》第2条：国家对从事下列司法鉴定业务的鉴定人和鉴定机构实行登记管理制度：（一）法医类鉴定；（二）物证类鉴定；（三）声像资料鉴定；（四）根据诉讼需要由国务院司法行政部门商最高人民法院、最高人民检察院确定的其他应当对鉴定人和鉴定机构实行登记管理的鉴定事项。

❷ 武汉一会计师事务所被指出具"山寨"司法会计鉴定引出被鉴定单位法人代表10年牢狱之灾，但专家反驳称"注册会计师从事司法会计鉴定无须登记"。参见《中国会计报》2009年9月4日，第10版。

第二章　会计鉴定意见民事司法适用的统计分析

构，这些机构和人员，有的并未取得司法行政部门颁发的资格证书。

例如：铭丽实业有限公司与深圳华侨服务中心承包合同纠纷一案［案号：（2013）民抗字第58号］。一审中，经铭丽实业有限公司申请并经双方当事人同意，法院指定深圳市财安合伙会计师事务所进行审计。2003年8月7日，深圳市财安合伙会计师事务所出具了深财安（2003）特审字第023号专项审计报告。另查明：深圳市财安合伙会计师事务所既持有广东省司法厅颁发给"广东财安司法会计鉴定所"的《司法鉴定许可证》，又持有深圳市财政局颁发给"深圳财安会计师事务所"的《会计师事务所执业许可证》，还持有名为"深圳市财安合伙会计师事务所"的《合伙企业营业执照》。其出具本案审计报告，使用的是"深圳市财安合伙会计师事务所"的名义。

关于深圳市财安合伙会计师事务所做出的审计结论能否作为本案案件事实认定的依据问题，众说纷纭，莫衷一是。

铭丽实业有限公司上诉认为：因深圳市财安合伙会计师事务所没有司法鉴定资格，且未完成受托审计事项，故其审计报告不应作为认定案件事实的依据。

广东省高级人民法院二审认为：本案证据表明深圳市财安合伙会计师事务所确实不具有司法审计资格，但深圳市财安合伙会计师事务所是一审法院征得双方当事人同意后选定的，所委托的审计事项也是征得双方当事人同意后确定的。深圳市财安合伙会计师事务所审计报告做出后，双方当事人对报告内容提出了异议，深圳市财安合伙会计师事务所做出了答复并出庭接受了当事人质询。现铭丽实业有限公司未提供证据证明一审法院在委托审计时或深圳市财安合伙会计师事务所在审计过程中存在违法情形，因此，深圳市财安合伙会计师事务所审计报告依法应作为本案认定事实的依据之一。

铭丽实业有限公司申请再审认为：深圳市财安合伙会计师事务所审计

报告未全面体现深圳华侨服务中心承包经营的真实情况,不能作为定案依据。

广东省高级人民法院再审认为:一审法院征得双方当事人同意,选定深圳市财安合伙会计师事务所进行审计;审计报告送达后,双方提出异议,深圳市财安合伙会计师事务所也做出答复,并出庭接受双方质询。铭丽实业有限公司没有证据证明法院在委托审计时或深圳市财安合伙会计师事务所在审计过程中存在违法情形,故该审计报告应作为认定案件事实的依据之一。

最高人民检察院抗诉认为:深圳市财安合伙会计师事务所审计报告不应作为认定本案事实的依据。二审判决已认定"深圳市财安合伙会计师事务所确实不具有司法审计资格"。审计结论的几个利润数额均系账面利润。对于账面利润是否实际发生、董事会决议分配和支出的利润是否实际履行,没有进行审计,不能得出实际利润或承包金实际交纳数额的审计结论。

铭丽实业有限公司同意检察机关的抗诉意见,并且在庭审中提出,深圳市财安合伙会计师事务所使用"深圳市财安合伙会计师事务所"的名称出具审计报告,但其持有的广东省司法厅颁发的《司法鉴定许可证》上记载的名称却是"广东财安司法会计鉴定所",两者并不相符,故深圳市财安合伙会计师事务所不具有审计主体资格。

2014年7月1日,最高人民法院再审判决认为:深圳市中级人民法院一审审理本案时,《民事诉讼法》将"鉴定结论"规定为证据。对于会计审计结论,在司法实践中均认为其性质属于"鉴定结论"。但《民事诉讼法》并没有具体就会计审计主体资格问题做出明确规定,也没有要求会计审计机构必须在有关部门登记或取得许可证。全国人民代表大会常务委员会颁布的《关于司法鉴定管理问题的决定》自2005年10月1日起施行,此时本案一审判决已经做出,故《关于司法鉴定管理问题的决定》不适用

第二章 会计鉴定意见民事司法适用的统计分析

于本案，且《关于司法鉴定管理问题的决定》亦未要求会计审计机构必须登记或取得许可证。直到目前为止，也没有其他法律、法规规定会计审计机构必须登记或取得许可证。在本案中，深圳市财安合伙会计师事务所使用"深圳市财安合伙会计师事务所"的名称出具了审计报告，虽然其未持有相同名称的《司法鉴定许可证》，但不能据此认定其不具有会计审计主体资格。本案二审判决认定"深圳市财安合伙会计师事务所不具有司法审计资格"是错误的，广东省高级人民法院在再审本案的判决中对此也已进行了纠正。铭丽实业有限公司在本院再审期间再次提出深圳市财安合伙会计师事务所不具有审计主体资格的主张，本院不予支持。深圳市财安合伙会计师事务所的审计报告，应作为认定本案事实的证据使用。

再如，四川捷顺实业有限公司与安徽奇瑞汽车销售有限公司代销合同纠纷一案［案号：（2014）民申字第695号］。诉讼过程中，安徽平泰会计师事务所曾于2007年1月1日出具平泰会审字〔2007〕112号《司法会计鉴定报告》。关于安徽平泰会计师事务所是否具有法定鉴定资质以及鉴定人是否具有鉴定资格问题，四川捷顺实业有限公司申请再审称：做出平泰会审字〔2007〕112号鉴定报告的安徽平泰会计师事务所及鉴定人员没有资格，平泰会审字〔2007〕112号鉴定报告不能作为本案认定案件事实的根据。

安徽奇瑞汽车销售有限公司答辩称：安徽平泰会计师事务所具有从事注册会计师法定业务的执业证书，依法在安徽省芜湖市工商行政管理局登记注册，主要执业人员均有执业资格证书，是根据《人民法院对外委托司法鉴定管理规定》经审核批准并对外公告入册的鉴定机构，具有司法鉴定资质。

最高人民法院再审认为：安徽平泰会计师事务所系一审法院依法在人民法院鉴定人名册中选择确定。根据自2005年10月1日起施行的全国人民代表大会常务委员会《关于司法鉴定管理问题的决定》第2条规定，国家对从事法医类、物证类、声像资料司法鉴定业务的鉴定人和鉴定机构实行登记管理制度。本案鉴定为财务审计,不属于前述三类司法鉴定业务,四川捷顺实业有限公司以安徽平泰会计师事务所未在安徽省司法厅鉴定机构名册中为由否定其司法鉴定资格,其理由不能成立。

(二) 司法会计鉴定技术标准的缺失,导致相关法律虚置

依据《最高人民法院关于民事诉讼证据的若干规定》第 29 条的规定,❶ 鉴定人是否具备鉴定资格、鉴定的过程、鉴定的依据及使用的科学技术手段等均属于司法审查的内容之一。然而,目前尚无统一、科学的技术标准和操作流程来规范、引导司法会计鉴定业务,很多问题还无"法"可依,因此,会计鉴定意见的相关审查也就无从谈起,《最高人民法院关于民事诉讼证据的若干规定》第 29 条的规定形同虚置。

1822 份样本裁判文书,仅有 11 例裁判文书在本院认为部分对司法会计鉴定所使用的方法、技术等是否科学、合理的论述,甚至有的法院认为鉴定方法、鉴定技术等,不属于质证的范围,不属于人民法院审查的范围。例如:大连成员温泉山庄有限公司与广州番禺潮流水上乐园建造有限公司建设工程施工合同纠纷一案〔案号:(2014)甘民初字第 6115 号〕。大连市甘井子区人民法院认为:鉴定方法应基于鉴定委托事项而具体确定,鉴定机构具有会计鉴定资质,对鉴定事项有专业性判断,有权选择以何种鉴定方法鉴定。被告不能以自认为正确的鉴定方法来否定鉴定机构选择的鉴定方法。

实践中,注册会计师进行司法会计鉴定,通常会依据《中国注册会计师鉴证业务基本准则》❷,法院也往往依据《中国注册会计师鉴证业务基本

---

❶ 《最高人民法院关于民事诉讼证据的若干规定》第 29 条:审判人员对鉴定人出具的鉴定书,应当审查是否具有下列内容:(一)委托人姓名或者名称、委托鉴定的内容;(二)委托鉴定的材料;(三)鉴定的依据及使用的科学技术手段;(四)对鉴定过程的说明;(五)明确的鉴定结论;(六)对鉴定人鉴定资格的说明;(七)鉴定人员及鉴定机构签名盖章。

❷ 《中国注册会计师鉴证业务基本准则》第 58 条:注册会计师执行司法诉讼中涉及会计、审计、税务或其他事项的鉴定业务,除有特定要求者外,应当参照本准则办理。

第二章 会计鉴定意见民事司法适用的统计分析

准则》对司法会计鉴定的科学性进行审查,但是,司法会计鉴定虽然在工作对象及会计标准引用等方面与鉴证业务有一定的相似之处,但两者在工作目的、内容、遵循的方法、执行的程序、报告的形式等方面均存在较大差异。❶况且,《中国注册会计师鉴证业务基本准则》在许多方面也与民事诉讼证据规则存在冲突和矛盾。司法实践中,法官对于是否采信会计鉴定意见的判断标准不统一的问题相当突出,主要体现在以下几个方面。

1. 审计报告能否替代司法会计鉴定报告的问题

正如前文分析,司法会计鉴定活动与审计活动在主体、对象、标准、手段、结果等方面存在共性之处,因此,司法实践中人们往往将司法鉴定活动等同于审计活动,常常用审计报告代替司法会计鉴定报告作为认定案件事实的依据。

佛山市广大酒店(以下简称广大酒店)与何少安、陈国新、周武光合同纠纷一案[案号:(2014)佛中法民二终字第 722 号]。

广大酒店上诉提出:《专项审计报告》不能被采信。根据原审判决"2014 年 1 月 6 日,原告向本院提交了要求对……每月利润进行评估的申请",又根据司法部《司法鉴定执业分类规定(试行)》第 9 条及全国人民代表大会常务委员会《关于司法鉴定管理问题的决定》第 9 条、最高人民法院《关于贯彻落实〈全国人民代表大会常务委员会关于司法鉴定管理问题的决定〉做好过渡期相关工作的通知》要求,本案可以委托司法会计鉴定,而不是委托审计。司法会计鉴定和审计在资质、规程、对象等方面都有重大区别。诚安信南海分所未获得《司法鉴定许可证》,不具备司法会计鉴定机构资质,注册会计师周建平也不具备司法鉴定人资格。注册会计师马列群虽具有司法会计鉴定人资格,但其执业机构为广东诚安信司法会计鉴定所。

---

❶ 韩斌. 注册会计师司法会计鉴定证据规则探讨[J]. 财会通讯, 2011 (8).

广东省佛山市中级人民法院二审认为：关于利润损失的计算，广大酒店上诉对原审法院所依据的《专项审计报告》有异议。首先，原审法院在广东省高级人民法院确定的广东省各中级人民法院对外委托司法鉴定等中介机构名册中，以摇珠的方式确定委托具有会计审计鉴定资格的广东诚某信会计师事务所有限公司南海分所进行审计，程序合法，广东诚某信会计师事务所有限公司南海分所及鉴定人员均具有相关的鉴定资质。其次，对送审资料包括点菜单、收入统计表、支出证明单、收据、购原材料小票、现金日记账等，均为原件，且审计报告对上述资料相互之间能够印证的金额予以核算，对仅有现金日记账记录而未有其他资料印证的金额未予以审核，并对在收入统计表、现金日记账有记录，但在点菜单中未记录，也未发现对收款单据进行了列明，审计结果可信。故本院对《专项审计报告》予以确认。

但是，笔者认为，审计查账不等同于司法会计鉴定，审计报告不能替代司法会计鉴定报告，正如前文分析的，两者在概念、主体、操作程序及工作结果等方面存在着明显的差异，两者的逻辑思维方式也存在着较大的差异：审计的思维方式主要是通过查账来发现问题，是一个归纳推理过程。在归纳逻辑中，前提与结论之间的联系通常只是概然性、或然性的，前提为真时结论不一定为真，但可能为真。可见，归纳推理并不具有必然性的结果。司法会计鉴定的思维方式是先有问题后论证，属于演绎论证形式。司法会计鉴定排除涉案会计资料或然性的有效方法就是论证。通过账账之间、账证之间、账单之间、内部与外部之间等多渠道的涉案会计资料比对，能够有效印证涉案会计资料所载会计信息的真实性，从而达到确凿充分的诉讼证明标准。

2. 鉴定材料的选取与认定问题

上诉人广州进和饲料有限公司（以下简称进和公司）、黄晓民与被上诉人上海泽尼贸易有限公司（以下简称泽尼公司）进出口代理合同纠纷一

第二章 会计鉴定意见民事司法适用的统计分析

案［案号：（2013）沪高民二（商）终字第48号］。

　　本案由于单据众多，各方对单据的真实性、对应性、复印清晰程度等诸多方面各执一词，泽尼公司于2012年7月17日向原审上海市第二中级人民法院递交了司法审计申请书。为全面查清案情，原审法院2012年8月通过上海市高级人民法院随机选取方式委托司法会计鉴定部门上海复兴明方会计师事务所有限公司启动司法鉴定程序，鉴定内容为履约差价损失、进口代理费、关税、港口费、销售代理费、保险费等。

　　2013年8月，上海复兴明方会计师事务所有限公司出具了《关于上海泽尼贸易有限公司、广州进和饲料有限公司因履行纠纷涉及的履约差价损失、进口代理费、关税、港口费、销售代理费等的司法会计鉴定意见书》。对于《鉴定意见书》，原审法院根据法律规定，安排鉴定人员出庭陈述鉴定过程，并且接受了各方当事人的质证。泽尼公司对《鉴定意见书》无异议，而进和公司提出了多项质疑，包括对鉴定所用材料范围的质疑，对《鉴定意见书》中涉及的诸多法律认定提出的质疑，对保险费、港杂费、销售代理费等诸多事项单据是否能够相互对应的质疑。进和公司递交了对于《鉴定意见书》的书面意见，原审法院要求司法会计鉴定部门根据当事人的意见对《鉴定意见书》予以复核。2013年9月22日，司法会计鉴定部门书面回复原审法院称：经复核后无须修改《鉴定意见书》。

　　原审上海市第二中级人民法院认为：《鉴定意见书》中的许多法律认定，体现了鉴定单位专业人员的判断。对于这些法律认定，原审法院经审理后做出的分析和认定与《鉴定意见书》一致，故对进和公司反驳意见不予采纳。至于《鉴定意见书》所用材料范围，进和公司认为鉴定单位仅能使用本案中各方当事人所举证材料，案外材料不能使用。原审法院认为，本案中当事人所举证材料，已经全部提交给鉴定单位。但由于司法会计鉴定有其特殊性，采用的方法与法庭审理不完全一致，如果鉴定单位觉得本案中的材料不能够完全得出结论，完全可以要求泽尼公司提供其他相应材料如账册、原始凭证等予以辅助认定，这应当属于审计部门的职权范围和工作要求。因此，不能因为增加的材料就认为《鉴定意见书》存在错误。至于具体的单据单号能否对应、在财务账册中是否有记载，需要鉴定单位综合判断，进和公司仅仅提出了质疑，但并未提供强有力的证据推翻《鉴定意见书》，故其意见不予采纳。

一审判决后，进和公司、黄晓民均不服，向上海市高级人民法院提起上诉。

进和公司上诉称：①原审法院多次允许泽尼公司超过法定举证期限补充提交证据，严重违反民事诉讼法和最高人民法院相关司法解释的规定。泽尼公司在原审提交证据目录六、目录七时，原审法院没有安排质证，剥夺了进和公司的质证权利。②当泽尼公司提交的证据无法证明其主张时，原审法院假手会计师事务所，以严重违反程序的《鉴定意见书》作为判案依据。首先，原审法院委托会计师事务所进行司法鉴定没有必要。会计鉴定仅仅整理了泽尼公司提供的材料并核算其损失，泽尼公司完全有能力和义务证明其损失。泽尼公司在举证期限超过一年多后提出鉴定申请，违反了最高人民法院的相关规定。其次，《鉴定意见书》依据的是泽尼公司一审时提交的报关单，而根据泽尼公司二审提交的报关单可知，进口的货物与《鱼粉进口合同》项下的货物无关，故该《鉴定意见书》也与本案无关。再次，《鉴定意见书》并不完整，没有附上所依据的任何证据，原审庭审时，鉴定人直接携带《鉴定意见书》终稿及依据的材料，但未向当事人说明这些材料，变相剥夺了进和公司的质证权利。此外，《鉴定意见书》大量采用了泽尼公司没有作为证据提交的材料，剥夺了进和公司的质证权利。原审法院认为依据这些材料做出司法会计鉴定，是会计师事务所做会计鉴定的权利，但这明显混淆了司法会计鉴定和审计的区别。③原审法院不应采取推定方式，对案件做出主观、错误的认定。泽尼公司是否将《鱼粉进口合同》交进和公司确认是一个重要事实，但原审法院毫无依据地推

第二章　会计鉴定意见民事司法适用的统计分析

定进和公司不予回应即视为接受，并由此推定泽尼公司履行了《进口代理合同》。

泽尼公司针对进和公司、黄晓民的上诉，答辩称：①因本案材料众多，泽尼公司多次补充提交证据符合举证时限的规定。②原审充分保证了进和公司的质证权利，进和公司是在保留异议权利的情形下对泽尼公司提供的证据进行质证。③鉴定机构有权根据审计情况要求各方补充材料，并不违反法律规定。

上海市高级人民法院二审认为：关于《鉴定意见书》能否作为本案裁判依据的问题。进和公司认为，本案没有委托鉴定的必要，且鉴定依据材料不符合法律规定，《鉴定意见书》不能作为原审判决的依据。泽尼公司则认为，鉴定机构有权根据审计情况要求各方补充材料，并不违反法律规定。本院认为，鉴定是借助科学技术或者专门知识对专门性问题做出认识判断，需要运用鉴定人员的专业知识。由于本案单据众多，各方当事人对单据的真实性、对应性等均各执一词，原审法院为了核定泽尼公司履约差价损失、相关进口代理费、关税、港口费、销售代理费、保险费等问题，同意泽尼公司的鉴定申请，该做法并无不妥。鉴定机构在做出鉴定意见的过程中，根据其职权范围和鉴定需要，要求各方提供其他辅助材料，属于其职业判断。各方当事人在原审中对于《鉴定意见书》均发表了意见，鉴定人员出庭陈述鉴定过程，接受各方当事人的质证，并对进和公司的书面意见进行了复核。原审法院经审理后做出的分析、认定与《鉴定意见书》的结论一致，故《鉴定意见书》可予采信。

本案反映出以下几个需要人们进一步探讨的问题。

（1）鉴定机构是否有权自行收集鉴定资料，是否有权对鉴定资料进行取舍？

实践中，鉴定材料往往由鉴定机构自行收集和甄别，即便有些鉴定材料是由法院统一收集，法院也往往不加甄别地全部交给鉴定机构。对于需要甄别的鉴定材料，往往由鉴定机构自行通知当事人进行协商。对于当事人协商一致的，则按协议对鉴定材料取舍；对于当事人不能达成一致意见，又不属于需专业技术进行辨别的材料，则由鉴定机构则自行取舍采用。由于鉴定材料的取舍直接影响鉴定意见对哪一方更有利，当事人也往往因对鉴定机构对材料取舍不信服而提出异议和重复鉴定，严重影响了鉴定的稳定性和诉讼效率。因此，这里必然澄清一个问题，即鉴定机构作为受当事人委托或法院指定的对专业性问题进行鉴定的机构，是否有权对鉴定材料进行取舍？对鉴定材料的取舍究竟是技术行为还是法律行为？

（2）鉴定材料是否需要提交法院质证？

鉴定机构在出具鉴定意见后，往往将鉴定材料退还给材料提交人，而没有将鉴定材料连同鉴定意见一同移交法院，当事人在举证时也未将鉴定材料作为证据出具。而司法部门对鉴定材料的性质和作用也没有形成明确的认识，实践中，法官认定被鉴定的事实主要依靠鉴定意见，而没有将鉴定材料作为证据进行质证。由于仅有鉴定意见而无鉴定材料佐证，客观上造成了鉴定意见难以令人信服，由此引发重复鉴定、扯皮鉴定不断。同时，由于法院没有将鉴定材料进行固定封存，受鉴定材料自身属性及人为选择性等因素影响，前后两次鉴定所依据的鉴定材料是否具有同质性无法保证，客观上增加了重新鉴定与先前鉴定不完全一致的概率，这不仅激发了当事人重复鉴定的积极性，更影响了已经做出的裁判的稳定性，为无休止缠诉提供了存在的理由和空间，严重影响司法裁判的稳定性和权威性。因此，这里还需回答另外一个问题，即鉴定材料是否需要提交法院质证？

笔者认为，以上两个问题的回答依赖于一个问题的澄清，即鉴定材料的性质是什么？是否具有证据的属性？如果是证据，则其收集和甄别理应由法院进行，鉴定机构无权擅自对证据进行取舍；如果鉴定材料是证据，就应当提交法院质证。相反，如果鉴定材料不是证据而仅仅是技术意义上的材料，对其甄别则是技术问题，而不是法律问题，理应由鉴定机构自己

第二章 会计鉴定意见民事司法适用的统计分析

完成。同时，鉴定材料也无须提交法院质证。

从理论上讲，会计鉴定意见是鉴定人对当事人提交的财务、会计资料等案件事实有关的证据材料的科学、专业的评价。从本质上讲，鉴定材料是书证、物证、财务资料、会计资料、视听资料、勘验笔录等材料的概括性说法，与一般的证据的区别就在于这些证据材料本身具有复杂性，这种复杂性是法官和当事人无法凭自有知识进行判断的，而需要借助专业结构的鉴定。从这个意义上，鉴定材料本身也是证据，理应与鉴定意见一并提交法庭接受质证，对于在鉴定过程中需要对鉴定材料进行取舍的，应由法院进行甄别。笔者建议可由法院组织专门的法庭调查，对需要取舍的鉴定材料进行质证。在依法做出有法律效力的认定后，再由法院将取舍后的鉴定材料移交鉴定机构。对于未经法院认定而自行对材料进行取舍的鉴定意见，可按照程序严重违法进行处理。

从另一个角度分析，在我国的诉讼体制下，法官既要负责法律，又要负责事实认定，认定案件事实是法官职权和职责所在。司法鉴定机构作为法官辅助人，其作用仅限于对特定的事实提出专业性意见。对于鉴定的材料的取舍直接影响到判决的结果，影响到当事人实体权利的处分，该行为理当属于司法而非技术的范畴。因此，其甄别权应当专属于法院，而不应当由鉴定机构代为行使。同时，鉴定机构对特定事实的认识仅是技术性的意见，而非法律性结论。会计鉴定意见仅是认定事实的证据，而不是事实认定本身，其作用仅限于为认定事实提供参考，而不能取代法官对事实进行认定。因此，会计鉴定意见尤其是建议的合理性应当结合鉴定材料进行综合质证。

3.《会计鉴定意见书》能否对法律事项做出认定的问题

上诉人广州进和饲料有限公司（以下简称进和公司）、黄晓民与被上诉人上海泽尼贸易有限公司（以下简称泽尼公司）进出口代理合同纠纷一案［案号：（2013）沪高民二（商）终字第48号］，同时也提出一个问题，即《会计鉴定意见书》能否对法律事项进行认定。

司法鉴定应仅限于解决案件审理过程中的"事实问题",不应涉及法律适用的判断,这是大陆法系国家司法鉴定的传统规则,对此我国学者及实践工作者均予普遍接受。适用法律的权力专属于审判机关,其他任何主体都不得僭越。在审判实践中容易忽视的是,在委托鉴定时法院不确定鉴定依照的具体标准,导致鉴定机构及鉴定人按照自己的意思任意选定鉴定标准,影响了鉴定结论的正确性。例如:建设施工合同结算纠纷案件,当事人未约定工程价款,以何种定额标准计算工程价款,或者该合同无效应以何种标准计算损失赔偿金额,即为适用法律的问题,鉴定机构及鉴定人无权对该问题做出判断。

鉴定不得适用认定事实的裁判规则。认定事实的裁判规则主要有:举证责任分配规则、举证责任倒置规则、高度盖然性规则(非鉴定中使用的高度盖然性原理)、法律及事实推定规则等,以上规则只能由合议庭适用,不能由鉴定机构及鉴定人在鉴定中使用。例如:对共同修建房屋的纠纷案件,当事人双方未约定各自份额且不能证明各自份额的,应依法推定为等额共同财产,但对鉴定机构来说,如果能够鉴定出具体份额则应做出相应鉴定结论,如果不能鉴定出具体份额则应如实说明,而不能由其做出推定为等额共同财产的鉴定结论。

4. 作为年度报表审计方法的函证,是否可以作为司法会计鉴定的方法或辅助方法的问题

函证是指注册会计师为了获取影响财务报表或相关披露的项目信息,通过来自第三方对有关信息和现存状况的声明,获取和评价审计证据的过程。❶

样本裁判文书表述鉴定人通过函证的方式获取相关鉴定材料,并以此

---

❶ 《中国注册会计师审计准则》第 1312 号。

第二章　会计鉴定意见民事司法适用的统计分析

为依据做出会计鉴定意见的共有 22 份。如上诉人内蒙古良元装饰工程有限公司（以下简称良元公司）、王先良与上诉人内蒙古熙华房地产开发有限责任公司（以下简称熙华公司）、被上诉人贺福元、金梅、贺宝乐尔及原审第三人内蒙古润宇装饰城市场有限公司（以下简称润宇公司）合资合作开发房地产合同纠纷一案［案号：(2013) 民一终字第 187 号］。

诉讼过程中，良元公司、王先良于 2010 年 2 月 28 日向内蒙古高级人民法院递交委托审计申请书，申请对润宇国际家居中心项目 f 段、h3 段收入、成本、利润、费用、净利润进行审计。同日，提交评估申请书，请求对 h3 段装修费用进行评估。经征求各方当事人意见后，于 2010 年 4 月 30 日委托内蒙古高级人民法院司法辅助办对外委托司法鉴定。内蒙古天健会计师事务所有限责任公司（以下简称天健会计所）接受委托后，内蒙古高级人民法院于 2010 年 10 月 11 日组织各方当事人及鉴定机构对已查封的熙华公司全部账目进行了清点，并将保全账目移交鉴定机构进行审计鉴定。鉴定期间，又按照内蒙古高级人民法院司法辅助办及鉴定机构的要求向熙华公司提取了部分资料，并组织各方当事人进行质证。

良元公司和熙华公司对该鉴定报告均提出书面异议。2011 年 11 月 16 日，天健会计所分别对良元公司及熙华公司提出的疑问作出书面答复。天健会计所对良元公司提出的疑问答复如下：①关于 f 段和 h3 段工程造价存在造价嫌疑，已对五鑫公司进行了函证，五鑫公司也进行了答复。②关于爱思特的装修费用问题，已对爱思特公司进行了函证，爱思特公司也进行了答复。

作为年度报表审计方法的函证，是否可以作为司法会计鉴定的方法或辅助方法，不同学者有不同的认识。

有学者认为，司法会计中的函证涉及未决案件的会计法律事实，函证是鉴定机构及其指定鉴定人获取鉴定证据，确认司法会计事实的重要方法和手段之一：①从法理上看，司法机关委托鉴定的实质不仅是需要鉴定结论一个结果,更重要的是通过委托鉴定发生了司法调查权授权,将原本属于当事人或司法机关的调查取证权因司法人员对专门性问题的知识和能力的限制,赋予鉴定机构及鉴定人,实施必要的专业调查取证程序和方法,以得出全面、真实、合法的鉴定证据,并在此基础上推导出鉴定结论。尤其是司法会计鉴定,其结论所依据的鉴定证据种类多、数量大、专业性强,客观上需要调查权。②从司法实践看,无论是侦察起诉环节还是审判阶段,办案所获得的司法会计证据均是零散的、偶然的、片面的,数量上是极其有限的,仅仅依据这些证据得出的鉴定结论是不科学、不真实的。③从法律依据上看,虽然刑事诉讼法及行政诉讼法都没有明确规定,但1991年及2007年新修订的《民事诉讼法》在第72条第2款规定:"鉴定部门及其指定的鉴定人有权了解进行鉴定所需要的案件材料,必要时可以询问当事人、证人。"这充分说明司法会计调查权的渊源是司法调查,是司法职能因为专门性问题进行的再分配,相应地,函证在司法会计中的特殊性不容忽视。❶

但是,也有一些学者认为,询问、函证等方法所获取的言词证据可以作为定案的证据,但不能作为鉴定意见的证据,并进一步认为,主张将询问、函证方法作为辅助方法的观点,主要是基于将司法会计鉴定理解为诉讼中进行的审计活动,将司法会计鉴定方法视同为审计活动,进而将采用询问等方法形成的言词证据作为辅助证据用作司法会计鉴定意见的根据。❷

---

❶ 范伟红. 司法会计鉴定中函证程序的创新思考 [J]. 会计之友, 2008 (6).
❷ 于朝. 司法会计鉴定实务 [M]. 中国检察出版社, 2014: 59 - 60.

第三章 比较法视野中的鉴定意见司法适用制度

鉴定意见作为具有专门知识的专家出具的意见,英美法系国家称为专家证言,大陆法系国家一般称为鉴定书或鉴定意见。鉴定意见是所有国家民事司法不可缺少的一种证据种类,因而鉴定意见的采纳问题也是各国民事司法均需面临的问题。

专家证人或鉴定人的诉讼地位,不同国家的民事诉讼法对其定位不同,英美法系国家将其定位为诉讼双方辅助人,而大陆法系国家一般将其定位为法官辅助人,以及英美法系国家实行对抗制诉讼、陪审团审判,而大陆法系国家实行非对抗制诉讼、职业法官主导审判等原因,英美法系国家向来重视专家证人意见证据可采性的规范，自初步确立专家证人意见证据可采性规则的 1782 年的 Folkes v. Chadd 案以来，其立法与司法实践已有二百余年的历史，且目前仍处于不断发展之中；而大陆法系国家有关此问题的立法与理论则相对比较稀少。

通过这两大法系国家的相关制度的分析与比较，这些成熟的法典或经验规则能够为完善我国的会计鉴定意见民事司法适用制度提供有益的借鉴。

一、域外主要国家民事鉴定启动程序的考证

司法鉴定的启动制度不仅反映了一个国家司法鉴定制度的基本特征，也体现了一个国家诉讼制度设计的模式，更影响一个国家司法保障体系的配置结构。鉴定程序的启动问题既是诉讼程序问题，也是司法鉴定制度问题，更是借助于司法鉴定制度的功能来发现实体真实的司法公正问题。[1]

（一）英美法系国家民事鉴定的启动程序

1. 英国专家证人启动程序的考察

（1）当事人启动。

在英国，当事人和审判法官都可以启动专家证人程序，并且最常见的是由当事人来启动司法鉴定程序。只要当事人在诉讼过程中遇到难以解决的专门性问题就可以自行启动鉴定程序，而无须经过法官的批准。这种启动模式的优点有以下两个方面。

一方面，在庭审的过程中会出现两份专家证言，当事人及其专家可以就这两份专家证言展开辩论，法官也可以对双方当事人的专家进行发问，经过激烈的辩论之后就可以把案件事实充分地展现出来，法官和陪审团也可以避免偏听偏信。

---

[1] 杜志淳. 司法鉴定立法研究 [M]. 法律出版社，2011：108.

第三章 比较法视野中的鉴定意见司法适用制度

另一方面,双方当事人拥有平等的调查取证和质证的权利,调动了其参与诉讼的积极性,体现出普通法追求程序正义和平等对抗的传统。

但是,在这种情况下,专家证人所处的角色类似当事人的律师——接受当事人的报酬和委托,根据自己委托人的需要向法庭提供专家意见,尽可能地帮助自己的委托人赢得诉讼。这已经不是所谓的"科学证据",而是一份可以用金钱买来的谎言。学者 Langbein 甚至有一个将专家证人比作"萨克斯风"的著名比喻——律师演奏主旋律,并指挥专家证人这种乐器奏出令律师倍感和谐的曲调。沃尔夫勋爵(Lord Woolf)在"接近正义"的最终报告中指出了这种启动模式产生的危害。他认为专家提供的证言缺乏公正性,并导致民事诉讼效率极其低下。在此种模式下,许多专家不是根据案件事实出具专家意见,而是根据委托人给予的报酬出具专家意见,这种做法的代价就是阻碍了司法公正的实现。❶

(2)法官启动。

除当事人外,审判法官有时也会启动专家证人程序。根据英国以往的判例,当法官在审理案件的过程中遇到难以解决的专业性问题时就可以启动专家证人程序而无须当事人的申请,并且即使遭到一方当事人的强烈反对,也不妨碍法官行使这一职权。但是,由于在普通法中法官处于消极中立者的地位,一般不干涉当事人的诉讼活动,让其自由发挥,并按照无罪推定原则进行裁判,并且若法官指定自己的专家证人,那么这个专家证人的证言在法官眼里就是最可信的证言,其他当事人聘请的专家出具的专家意见将被无视。正如美国学者贾森诺夫所说:"法官不要指定自己的专家,因为一旦法官指定自己的专家,就意味着自己指定的专家的意见比其他专家的意见更客观、可信,法官消极中立者的角色也将被动摇。"❷ 因此,法

---

❶ 齐树洁. 英国证据法 [M]. 厦门大学出版社,2002:616.
❷ 杜志淳. 司法鉴定立法研究 [M]. 法律出版社,2011:109.

官们不太愿意使用这一职权,或者即使不得不使用时也会很谨慎,在以往的司法审判中很少见到由法官指定专家证人,法官启动鉴定程序的做法基本上成为当事人启动程序的补充。

(3)"单一的共同专家"(Single Joint Experts)制度。

鉴于上述模式的弊端,英国在民事诉讼领域就专家证人的启动程序开展了一场大变革。20世纪末,英国颁布了新的《民事诉讼规则》,这是英国民事诉讼领域几十年来里程碑式的大变革。

新的《民事诉讼规则》第35.7条改变了以前当事人聘请专家证人的传统。新的《民事诉讼规则》第35.7条第1款规定,当诉讼中就某一专门性问题需要进行鉴定时,并且双方或者多方当事人都要求聘请专家进行鉴定,此时法庭可指派一名专家就该事项进行鉴定;该条第2款规定,若双方当事人不能对专家的人选形成统一意见时,法院既可以从当事人拟定的名单中选任,也可以以自己的办法选任专家证人,此即为"单一的共同专家"制度。

这一制度在《专家证人指南》中得到了更加详细的说明。《专家证人指南》第9条规定:本指南提倡当事人使用单一的共同专家。无论是任何案件,当事人都要先就使用单一的共同专家进行协商,尤其是那些事实清楚、标的额小的案件。若某一案件牵涉多个学科,法院可以选任一名专家主持起草最终的鉴定意见。在案件审理初期,一般只使用一个专家处理鉴定事项的准备工作,尤其是当事人未对鉴定事项提出异议时,更应该只使用一个专家证人。该做法的目的就是为了缩小当事人之间的争议,促进问题的解决。

民事司法改革后的第三年,在所有聘请专家证人的民事案件中,聘请单一共同专家证人的比例已达到了46%。❶ 新的《民事诉讼规则》第35.7

---

❶ 齐树洁. 英国证据法(第二版). 厦门大学出版社,2014:353.

条没有强制当事人必须只选任一名专家,但这一规定的确促进了诉讼效率的提高,增加了专家证言的科学公正,也促进了诉讼双方地位的平等。当然有些案件的当事人不能就使用同一个专家达成协议,此时法院就可根据审理案件的需要,强制其使用单一的共同专家。英国单一共同专家制度的设立,集中体现了当下社会人们对诉讼经济效益的追求,两大法系诉讼模式的相互融合和相互借鉴。不过,法院在强迫当事人使用单一的共同专家时非常慎重,因为双方当事人可能会对法院指定的专家不信任,导致他们对法院判决的不满,以致影响法院的公信力。在民事诉讼中一般强调不告不理和意思自治原则,法院不应该过分干预当事人的诉讼活动。并且在使用单一专家证人时,若该专家的鉴定意见出现瑕疵,法院将无法做出公正的判决。

2. 美国专家证人启动程序的考察

(1) 当事人启动。

美国在专家证人的启动方面保持着英国的传统做法,由当事人自主决定是否启动鉴定程序,并且当事人对鉴定事项的决定和专家证人的选任方面也拥有同等的权利。在美国,当事人启动专家证人程序不是为了案件事实的查明,而是去寻找可以帮助自己赢得诉讼的专家。但是,在聘请合适的专家上,并不是所有的当事人及其律师都有同样的能力,他们大多是根据专家的证言是否对其有用来选择出庭作证的专家。[1]

(2) 法官启动。

法官也可依职权来启动鉴定程序,《美国联邦证据规则》第 706 条(a)"指定"规定:"法庭可以自行决定或根据当事人的申请,做出一项指令以说明为什么不能指定专家证人的原因,也可以要求当事人提名。法庭可以指定经当事人同意的任何专家证人,也可以根据自己的选择指定专家

---

[1] 郭华. 鉴定结论论 [M]. 中国人民公安大学出版社, 2007: 169.

证人。"该条属于法官选任专家证人的权限，而选任的专家证人角色类似于法院做出决定过程中提供意见的人。

法院一般不会启动专家证人程序，只有当出现如下三种情形时，法官才启动专家证人程序：一是当法官遇到不熟知的专业知识或法律法规时。二是如下三类案件：①需聘请医学专家对个人伤情进行鉴定时；②因案件涉及商业秘密，但又必须聘请工程专家进行鉴定时；③需要聘请会计专家进行鉴定的案件。三是当诉讼中遇到专门性问题需要启动专家证人程序，但一方当事人因经济原因而无力承担专家的鉴定费用时，而法官不愿仅凭另一方当事人的专家证言而做出判决，此时法官可启动专家证人程序以保障诉讼公平。

美国对法官选任专家证人，做出了一些限制，如被选任的专家可以拒绝，当事人也可以阻却。法院在具体案件中选任专家时，可以由当事人双方提出质疑，并提出法院不应当选任专家或不同意法院选任专家的意见和理由，法院应当根据《美国联邦证据规则》第703条"证据因有不公平的偏见，争点混淆，误导陪审团的危险或有其不当的延误、费时或多余证据不需要提出"的规定行使裁量权，斟酌驳回或同意当事人的意见。

法院在取得指定专家证人同意后，必须交付其一份经过当事人参与订立的书面责任通知书，其通知书包括以下三项内容：①确认指定专家证人的条件以及报酬数额、支付方式等内容；②明确指定专家证人与法官之间的关系范围；③明确案件涉及的法律与技术争点，专家所要研究的技术的争点范围，以及建立资讯整合、报告研究结果与当事人沟通方式。其目的在于明确专家、法官与当事人之间的地位，对于专家来说，有助于专家进入不熟悉的法律争议，进而了解自己本身的定位；对于当事人来说，有助于当事人与律师对案件争点以及程序的了解和接受；对于法官来说，有助于明确法官与专家的角色与界限。

美国对选任专家的时间做出了合理的安排，这样可以避免因选任专家而导致诉讼活动的迟延。根据《美国联邦证据规则》第706条的规定，由于需要大量的时间做一些准备工作，如举行听证会、制作专家证人责任通知书以及让当事人和专家进行研讨，因此法官须于诉讼活动开始前合理地确定专家证人的人选。

法官依职权选任专家证人会产生一些问题，即无论法官是选任自己认识的专家，还是从鉴定机构或当事人提供的名单中选专家，一旦法官确定了自己的专家，那么法官就会不自觉地只相信自己选任的专家出具的专家证言，这容易造成法官偏听偏信，不利于查明案件事实。

3. 加拿大专家证人启动程序的考察

加拿大在专家证人启动程序方面比英国、美国走得更远，法律赋予当事人启动专家证人程序和选任专家的绝对权。《加拿大证据法》第7条规定："在任何刑事的和民事的审判或其他程序中，若原告、被告或其他当事人依法或根据惯例意欲让专业人员或其他专家提供意见证据，无须法庭、法官或程序主持人准许，各方最多可邀请五位这样的证人参加。"

4. 英美法系国家专家证人制度启动程序的评析

当事人自主启动专家证人程序，符合英美法系的传统理念，具有以下优点。

（1）它比较侧重对当事人诉权的保护，侧重对其诉讼地位的平等保护，有利于查明案件事实和限制法官权力的滥用，促进程序正义的实现。

（2）它通过双方当事人及其专家对鉴定事项的激烈争论，可以促进案件事实多方面多角度地呈现出来，有利于案件事实的查明，避免法官及陪审团偏听偏信。

但是，英美专家证人制度并不是完美无缺的，在实务审判中仍存在许多问题。就像 Wigmore 指出的那样，美国专家证人制度把诉讼变成合法化的赌博，在这方面其弊端超过其他诉讼规则。[1] 具体表现在以下几个方面。

(1) 当事人为了赢得诉讼，找到能够做出对自己最有利的专家的证言往往不惜花费大量的金钱。并且许多所谓的专家，在重金之下也出卖了自己的职业操守和良知，导致科学理论被逐利之徒扭曲，案件事实被谎言蒙蔽。美国咨询委员会对《美国联邦证据规则》注释时指出"在实践中，当事人往往挑选对自己有利的专家证人，某些专家证人接受贿赂，许多名声卓著的专家不愿意卷入诉讼中"。

(2) 由于当事人对启动专家证人拥有完全的自主权，法院无法对其进行遏制，造成当事人启动专家证人的任意性。这不仅浪费司法资源，也导致案件迟迟无法结案，大大降低了诉讼效率。随着近年来专业化案件的精细，专家的报告也越来越臃肿，当然其准备报告的时间也越来越长，导致庭前专家证言开示的期限也不断延迟。

(3) 当事人自由地行使专家证言启动权，在很多情况下专家就扮演起"具有专门知识的辩护人"的角色。因为专家要接受聘请其出庭作证一方当事人的酬劳，专家就会有意或无意地为聘请其出庭的当事人作证。一旦专家接受了一方当事人的聘请，就算其无意偏袒自己的当事人，也会被指责做出了有利于这一方当事人的证言。专家证人由于倾向性或偏袒性而往往不被人们信任，同时由于专家证人缺乏中立性，证言的权威性或科学性受到怀疑。

(4) 当事人启动专家证人程序可以通过交叉询问程序予以纠正，但程序运行过程常被"科学的论战"硝烟蒙蔽。大多数情况下，专家和律师并肩作战来向对方当事人发起"进攻"，这样一来反而不利于案件事实的发现。

随着自由放任精神渐趋式微，人们也越来越难推定司法的目标可以通

---

[1] 沈达明. 英美证据法 [M]. 中信出版社，1998：251.

第三章　比较法视野中的鉴定意见司法适用制度

过允许诉讼当事人自行选择最符合其利益的形式来得到实现。这种趋势不仅明显体现在双方当事人都是自利的个人的案件中，也体现在诉讼一方是理应保护公共利益的政府官员的案件中。当事人自主启动专家证人带来的一系列问题，促使英美法系国家改革司法制度来改变专家证人启动程序的过度当事人化。

在英国，许多人主张由法官来确定何种事项需要启动鉴定程序，以此来改变专家证人启动的过度当事人化。英国沃尔夫勋爵在其所做的司法改革报告中提出一方当事人若没有经过法院的许可启动了专家证人程序，即使获得了诉讼的胜利，也不可以从对方当事人那里获得聘请专家证人的任何费用补偿。❶《英国民事诉讼规则》也在改变法官的消极角色，强化其对诉讼程序的控制权，法官地位的这种改变在专家证人制度中的体现没有经过法官的许可，当事人不可随意启动专家证人程序。已有的判例也说明，即便一方当事人强烈反对，也无法阻却法官对该项职权的行使。

在美国，法院也不断创设各种规定以遏制当事人对专家证人启动权的滥用。对于一方当事人因经济困难而无法委托专家出庭作证时，法官可以根据案件的情况选任专家证人，也可以选任双方当事人协商一致的专家证人或称为"单一联合专家证人"的专家。法院可以就专家证人的费用问题做出决定，不允许当事人给予专家证人过高的报酬，形成了法院指定专家证人的程序规则。《美国联邦证据规则》第706条规定："法庭可以指定经当事人各方同意的任何专家证人，并且也可以自己选定专家证人。"我国学者对此也做出评价，认为"部分解决当事人聘请的专家证人内在的偏袒性问题的办法就是回到历史上使用过的办法，即由法院指定的专家向法庭提供必要的意见。"❷

---

❶ 沈达明. 英美证据法 [M]. 中信出版社，1998：253.
❷ 程荣斌. 外国刑事诉讼法教程 [M]. 中国人民大学出版社，2002：142.

(二) 大陆法系国家民事鉴定的启动程序

1. 法国鉴定启动程序的考察

(1) 鉴定申请与启动程序。

在法国，只有在经过咨询或查证还不能查明事实真相的情况下，才有必要指令进行鉴定。❶ 法官应根据当事人的申请，或依职权决定是否进行鉴定。法官在收到当事人对某一事项的鉴定申请时，应在一个月内给予是否批准的答复。若同意，应做出允许其进行鉴定的决定；若不同意当事人申请鉴定的，应当裁定驳回并说明驳回的理由。虽然当事人的申请对法官没有当然的约束力，但是当法官驳回当事人的申请时须给出一个合理的理由，这在一定程度上可避免法官驳回的任意性或随意性。当法官驳回当事人的鉴定申请时，当事人可以向上诉法院的上诉审查庭提起上诉。《法国民事诉讼法典》第272条规定："如经证明有重大的合法理由，经上诉法院第一院长批准，对命令进行裁判的鉴定决定，得独立于实体判决，向上诉法院提出上诉。""欲提出此项上诉的当事人向第一院长提出上诉请求，第一院长依紧急程序做出裁判决定。"

(2) 鉴定人选任程序。

若当事人的鉴定申请被法官批准后，还存在一个问题，就是由谁来选任鉴定人。在法国，若当事人的鉴定申请被批准，法官可依职权选任鉴定人，而无须征询当事人的同意。法官对鉴定人人选的选择权不受当事人权利的制约，但受到法律规定的限制。鉴定人的人选一般是从最高法院或上诉法院制定的鉴定人名册中挑选，只有在例外情形下，法院才可以从未载入鉴定人名册的专家中选任鉴定人。在法国，比较追求诉讼成本的节约，若能在诉讼中通过辩论或咨询解决的问题，就不进行鉴定；若必须进行鉴定应明确什么情况下可以鉴定，并说明选任多名鉴定人的理由。

---

❶ 罗结珍. 法国新民事诉讼法典 [M]. 中国法制出版社, 1998: 52.

（3）鉴定过程。

在鉴定过程中，法官或当事人可以到鉴定地点监督鉴定人的工作。鉴定人也有义务向法官报告其鉴定活动的进展情况。如果在鉴定时法官在场，鉴定笔录须记录法官的见证、鉴定人的解释说明和诸当事人与第三人的声明，而且法官应在笔录上签字。❶ 双方当事人有配合鉴定人进行鉴定的义务，要把自己所掌握的全部材料提交给鉴定人。若某一方当事人未尽到此义务，法官可以对其处以罚款或者让鉴定人就已有材料做出鉴定。若鉴定人遇到无法完成鉴定任务或需调整鉴定事项的范围时，必须要向法官汇报。此时法官可允许延长鉴定期限。

2. 德国鉴定启动程序的考察

（1）鉴定申请与启动程序。

德国的鉴定程序在启动和选任上都有严格的规定，对鉴定人数、鉴定事项、种类和对当事人共同协商确定的鉴定人都做了细致的规定。由此可知，在德国的民事诉讼中，鉴定程序的启动主要还是由法官来掌控，当然鉴定人在一定条件下也可启动鉴定程序。在审判开始前，双方当事人都可以就解决专门性问题聘请鉴定人进行鉴定，但是在诉讼中鉴定人必须由主审官来选任。

（2）鉴定人选任程序。

《德国民事诉讼法典》规定了选任鉴定人的三种方式：一是法官主动决定；二是法官依职权要当事人选任；三是当事人协商确定。

《德国民事诉讼法典》第404条规定："（一）鉴定人的选定与其人数，均由受诉法院决定。受诉法院可以只任命一个鉴定人，也可以任命另一鉴定人以代替先任命的鉴定人。（二）在进行特定种类的鉴定工作时，除非在特殊情况下，若已有政府任命的鉴定人时，不得另行任命他人为鉴定

---

❶ 罗结珍. 法国新民事诉讼法典［M］. 中国法制出版社，1998：55.

人。(三) 法院可以要求当事人指定适于鉴定的人。(四) 当事人对鉴定人的人选达成一致时，法院应听从其一致意见；但在人数上法院可以对当事人的选定做出限制。"

根据以上规定，当事人可就鉴定人的人选进行协商，若无法协商一致，将由法官来确定；一些特殊的鉴定则由法官自主确定。无论是当事人协商确定，还是法官依职权选任，均由法官决定鉴定人的人数。

3. 大陆法系鉴定启动程序的评析

在大陆法系国家，鉴定人被视为帮助法官查明案件事实的"助手"，由法官来主导鉴定程序的启动权，并将这一权力视为法官调查取证的权力，即司法权的一部分。

这一权力被国家机关垄断存在一定的根源性。

(1) 大陆法系法官职权过重，由其来主导是否启动鉴定程序以及鉴定人的选任等。由法官来选任鉴定人可保证鉴定人的中立性，得出客观公正的鉴定结论。大陆法系国家的鉴定人一般都是司法机关登记在册的专家，其自身对法院有很大的依附性，所以得出的鉴定意见比较客观、公正。

(2) 大陆法系国家认为鉴定不是为当事人服务的，而是为法院服务的，鉴定人是法院的助手。何时需要助手帮助自己对某项事项进行鉴定，由法官自由把握，认为这一权力是法官应有的职权。这样一来就能使鉴定人不受当事人的影响，保证其鉴定工作的中立性。

(3) 因为大陆法系缺乏庭审时当事人的交叉询问，若再由鉴定人自主掌握鉴定程序的启动权，反而不利于案件事实的查明。

(4) 由法官来主导鉴定程序的启动权，可以避免当事人因反复鉴定而引起的司法资源的浪费，并可以提高诉讼效率。

(5) 大陆法系国家之所以由法官来主导鉴定是因为司法机关有较高的公信力，因此由其主持进行的鉴定可以使当事人信服。

但是，大陆法系的此种模式也存在一些问题。

第三章 比较法视野中的鉴定意见司法适用制度

（1）容易造成法官的专断，完全依靠鉴定人的鉴定结论做出判决，无视法庭的举证、质证程序，不利于案件真相的查明。

（2）由法官指定的鉴定人做出的鉴定意见，在法官眼里是最科学可信的，其他鉴定意见都是"废话"，这违背了证据法学的原理，一旦鉴定意见出现瑕疵，易造成误判。

（3）由于缺乏鉴定人之间的对抗，鉴定人丧失了应有的责任心，不利于鉴定意见质量的提高。

（4）由法官垄断鉴定程序的启动权，不利于证据程序规则的形成，使立法上只注重证据的种类。鉴定人被大陆法系国家视为帮助法官查明案件真相的"助手"，也是产生上述设计缺点和实践运行弊端的原因之一。因此，可以通过审判改革对法官的职权进行弱化，并强化当事人的对抗性，实行交叉询问，来弥补这些弊端。

(三) 两种司法鉴定启动模式的变化趋势

近年来，世界各国在鉴定的决定权方面，出现了相互吸收和融合的趋势。两大法系国家对现行司法鉴定启动程序的弊端的认识逐渐清晰，为适应社会的发展，均进行了一系列的改革。改革的主要趋势是逐渐限制当事人随意启动鉴定程序，使司法鉴定启动权部分收归法官行使。

1. 英美法系国家的改革趋势

在英国，民事诉讼改革取得了重大成就，在司法鉴定启动程序方面也有显著变化，主要表现在以下两个方面。

（1）对专家证据运用的限制，非必要情形不得使用专家证据，专家证据仅在解决诉讼程序必要的情形下使用，即专家证据的运用需争得法官同意。

（2）当事人不得自行让聘请的专家证人随意出现在法庭上，专家证人的出庭须向法官申请且经法官同意后方可出庭，未经法官同意，鉴定意见也不得作为证据使用。

上述两点充分体现了法官对鉴定启动程序的控制作用。新的《民事诉讼规则》对专家证人的功能和地位也做了一些修改：强化专家证人的公正性、正义性，削弱专家证人隶属一方当事人的倾向；法院可以运用共同专家，鼓励专家之间的合作，促使专家证言更符合科学技术，更符合真实情况。

在美国，当事人聘请专家证人的目的是为其服务，需要鉴定哪些事项由当事人确定，鉴定人具有一定的倾向性，此种情况下有失鉴定证据的公正性和客观性，随意性的鉴定启动模式越来越受到人们的怀疑，开始借鉴由法官享有鉴定启动权的模式。1943年的《模范专家证据法》第9条规定："民事或刑事诉讼进行中，无论何时遇有争执之发生，法院认为需要有专家证据时，得依职权或于刑事程序中经公诉人或被告人之请求，或于民事程序中经任何一方当事人之请求，指定鉴定人一人或数人证述之。"❶对当事人向法院申请指定专家证人，若不同意，法庭需要说明其不能指定专家证人的原因；对需要指定的专家证人，法院允许当事人自己提名。事实审理者对是否使用专家证据有决定权。在审理过程中，若事实审理者认为专家证据对查明案件的事实无用或意义不大，则可以直接摒弃排除专家证据。这样一来就有效地对当事人自行启动鉴定程序进行了控制。在实际审理中，法官是很少运用鉴定程序启动权的。

2. 大陆法系国家改革趋势

大陆法系国家的职权主义鉴定模式也在变革，主要体现在对英美法系当事人主义鉴定启动程序的引入。总体上仍然保持司法机关启动制，同时又吸收了英美法系中追求民主、诉讼公正的价值目标。改革主要体现在充分尊重当事人的建议权。大陆法系的许多国家都规定，如果诉讼当事人共

---

❶ 李学灯. 证据法之基本问题 [M]. 世界书局，2002：136.

第三章　比较法视野中的鉴定意见司法适用制度

同申请或建议某一人为鉴定人时，除非有特殊情况，司法机关应当指定该人为鉴定人。如德国允许被告人在不妨碍官方鉴定人的情况下聘请自己的鉴定人参与案件的鉴定活动；为减少中立鉴定制度的错判危险，法国一般以双重鉴定为原则，除极为简单的鉴定事项外，法官都应聘请两名以上的鉴定人对同一事项进行鉴定。

日本在民事诉讼方面首先出现了以当事人申请启动为主，法官依职权启动为辅的鉴定启动模式。除一些例外情况外，"日本鉴定程序的启动原则上依赖于当事人的申请，法院不能对案件实施做出鉴定的命令"。其他大陆法系国家也相继对司法鉴定启动程序做出了改革。

两大法系大多数国家在鉴定启动问题上改革的主要趋势是：法官控制鉴定启动是前提，赋予双方当事人平等的鉴定请求权，确保双方当事人在举证形式上的平等性。

3. 两大法系均引入"技术顾问制度"

为适应现代诉讼制度发展，提高诉讼效率，两大法系均引入了技术顾问制度，但其具体运用的目的却不同。技术顾问制度的目的根据服务对象不同分为：为法院服务的技术顾问制度（也称技术陪审员）与为当事人服务的技术顾问制度。

英美法系国家为限制当事人随意聘请专家证人启动鉴定程序而引入了为法院服务的技术陪审员，其身份不再隶属于一方当事人。技术陪审员以法官的助手形象出现，其职责应该是完全忠实于法院，忠实于科学。他们凭借其专业知识辅助法院处理特定的专业问题。如英国新的《民事诉讼规则》第35.15条规定：法院可以委任一名技术陪审员。但法院在委任技术陪审员的21日前，要将提名的技术陪审员的名单，以书面的形式通知双方当事人，当事人对此技术陪审员名单可以提出反对意见。技术陪审员直接受命于法官，其参与诉讼的方式由法官决定。法官可以指令其参与部分诉讼程序，就有关专业性问题向法官提出建议，也可不直接参与到诉讼程序中,不接受交叉询问和讯问。技术陪审员的适用规则同专家证人,但不同当事人直接发生联系。

大陆法系引入的技术顾问制度服务于当事人。以意大利为例,1988年修订的意大利《刑事诉讼法》第225条规定:在决定进行鉴定后,公诉人和当事人有权任命自己的技术顾问;在国家司法救助规定的情况和条件下,当事人有权获得国家公费提供的技术顾问协助。若法院还未作出鉴定决定,双方当事人均可选任自己的技术顾问,人数不超过2人。意大利《刑事诉讼法》第230条规定了技术顾问的权利:参加聘任鉴定人的活动并向法官提出要求、评论和保留性意见;参加鉴定工作,向鉴定人提议进行具体的调查工作,发表评论和保留性意见等。

意大利技术顾问制度的建立,在控制鉴定启动的模式下,一方面增强了双方当事人在鉴定过程中的作用,另一方面强化了诉讼过程中双方当事人的对抗性,两方面的作用在一定程度上克服了传统的大陆法系鉴定启动制度的弊端。

(四) 我国台湾地区:建构了"改良的当事人主义"

我国台湾地区现存的鉴定启动程序反映出其诉讼制度和证据制度既存在英美法系的传统,也存在大陆法系的血缘。确实是因为社会生活的复杂性、行业领域的专业性,造成诉讼中需要专家对某些事项进行鉴定,于是就增加了对鉴定重视的倾向。我国台湾地区的鉴定启动程序采取任意制,不强制进行鉴定,因此对鉴定程序仍由法官来主导。但理论界和实务界并未这样做,由法官来主导鉴定程序的一切问题,通过理论上的探讨和司法审判中的判例凸显出启动鉴定程序的类型,从而指导司法实践。[1]

我国台湾地区法官王梅英、学者林钰雄认为证据事实有没有鉴定的必

---

[1] 郭华. 台湾地区法院鉴定裁量权范围之研究——兼论我国法院指定或聘请鉴定的范围问题[J]. 台湾法研究, 2004 (4).

第三章 比较法视野中的鉴定意见司法适用制度

要,主要在于鉴定与调查范围的关系,可分为两个层次说明:一是待证事实是否属于法院主动或被动调查的范围。若是有证据关联性、调查必要性与调查可能性的待证事实,则法院须本着职权主动或依申请被动的原则进行调查。二是虽然该待证事实具备调查的必要性及可能性,但是必须具有特殊的专业知识才能判定,而法官并不具有这种专业知识,则法官无法进行自由裁量,"必须"启动鉴定程序,否则无法完成其调查范围内的澄清义务,此即具有"鉴定之必要性"。审判实务中以下情况归为"有无鉴定之必要性"的条件。

(1) 法院要先判定该事项是否是"专门性问题",这也是"有无鉴定之必要性"的前提或基础。对于"专门性问题"可通过三个层次来理解:一是它属于需要鉴定的事项;二是它是要通过具备专门知识的人或通过特殊的设备才能认定的事项;三是不属于能凭借生活常识可以判定的领域。

(2) 法院只有在用尽了调查或咨询等方式仍不能查明案件事实时才可启动鉴定程序。因为鉴定涉及鉴定的费用和鉴定活动的耗费成本问题,同时也涉及诉讼时间的延迟问题,从诉讼经费和效率来考虑,法院应当遵循这一原则,能够通过其他调查证据方法解决的问题,就不应当启动鉴定程序。

(3) 法院自由裁量启动鉴定程序进行鉴定的事项须是对认定案件事实起主要或关键作用的事实或问题。对认定案件起主要作用的事实关系到案件性质的认定,是处理案件必不可少的案件事实或证据事实。如果其他证据能够完成证明案件事实的任务,其争议的事实即使涉及专门性问题,也无须启动鉴定程序,以免出现像日本学者谷口安平所说的,"即使只是脚被踩到的案件,因为不是专家就不知道疼痛到什么程度,所以也要鉴定"的泛鉴定问题。[1]

---

[1] [日]谷口安平. 程序的正义与诉讼 [M]. 王亚新等,译. 中国政法大学出版社,1996: 261.

我国台湾地区的司法实务将法院的鉴定启动程序范围划为三种类型，即必须启动鉴定程序、非必须启动鉴定程序和不得启动鉴定程序。

1. 必须启动鉴定程序

必须启动鉴定程序包括以下几种情形：一是物证属性无法观察与勘验，即无法通过一般生活常识和经验法则判断时，应当启动鉴定程序。二是需要法定机构来进行鉴定的特殊证物。这种特殊的证物需要具备专业知识的人才能鉴定，而法官不具备这种知识，此时应委托鉴定机构进行鉴定。三是属于需要特殊专业知识进行判断的证据事实。

2. 非必须启动鉴定程序

非必须启动鉴定程序情形包括以下几类：一是文书、印章、印文真伪的问题。对这些事项的判断，法官可以凭借其生活常识和其他证据来判断，而无须提交鉴定机构进行鉴定，且只要可以认定案件事实的，并不认为违法。二是车祸的过失责任问题。若根据处理事故的交警的现场笔录就可以认定事故责任，则没必要启动鉴定程序。三是指纹的对比问题。许多国家对指纹的鉴定都须通过专业的鉴定机构进行鉴定，否则不能够认定真伪。但台湾司法实务坚持认为指纹可以通过庭审现场对比进行鉴定，而无须经过特别的程序。四是核对笔记问题。大多数的书证都可以通过简单对比来进行判定，即法官无须启动鉴定程序而凭其心证进行判决。五是行为能力问题。这是对行为人行为能力的判断问题。对于此问题启动鉴定程序与否，法官有自由裁量权。

3. 不得启动鉴定程序

不得启动鉴定程序的情形包括：一是法官通过自己的五官感觉就可以发现区别的事项，不必启动鉴定程序。二是非法程序收集的证物不得启动鉴定程序。三是涉及被告人以外的第三人的，非经过第三人同意，不得启动鉴定程序。

二、域外主要国家鉴定意见质证程序的考证

鉴定意见的质证是指在诉讼程序中,当事人及其诉讼代理人(控辩双方)围绕鉴定意见的证明能力和证明力问题进行询问、质疑、说明、解释咨询等,从而确定其证据能力的有无、证明力的大小或强弱,最终使法官形成确信的心证而决定采纳和采信与否的诉讼活动。[1] 鉴定意见虽然具有一定的科学性、客观性,但是其本身并不能代替法官的裁决,也并没有不被质证的豁免权,这不仅是程序正义的要求,也是实体正义的要求。对鉴定意见的质证能使事实的裁判者兼听则明,形成自己的内心确信,从而做出正确的裁决。因此,无论在英美法系还是大陆法系的国家,对鉴定意见进行公开质证已成为一种普遍的趋势。当然,由于两大法系国家在诉讼文化、司法传统、诉讼模式等方面的差异,鉴定意见的质证程序在具体运作中也并非一致,但是通过鉴定意见的质证保证程序正义及实体正义的实现已经成为两大法系国家的共识。[2]

(一)大陆法系鉴定意见质证程序的考察与分析

大陆法系国家由于采取职权诉讼模式,"鉴定人"被视为法官的助手,并将鉴定人的出庭作为对国家所尽的一项义务,同时规定鉴定人的宣誓、回避制度,"专家意见"类型化为一种独立的证据种类,即"鉴定意见"。在鉴定意见的质证程序上一般采用"以法官为主、以当事人为辅"的职权主义质证模式,但大陆法系各国因立法与观念上的差异,质证程序也存在一些细微的差别。

---

[1] 樊崇义,郭华. 鉴定结论质证问题研究(上)[J]. 中国司法鉴定, 2005 (1).
[2] 杜志淳. 司法鉴定法立法研究[M]. 法律出版社, 2011: 172.

1. 法国鉴定意见的质证程序

(1) 鉴定意见的获悉或展示程序。

在民事诉讼程序中，法国的审前程序包括当事人之间相互传递书证、交换书证的庭前准备程序。在鉴定意见提交之后并未对鉴定工作与鉴定意见提出任何批评的当事人，很难在审判法庭再行提出此类的批评意见。即使在其提出充分论据，使提出的意见能够被接受的情况下，这些论据对于审判法官来说已经部分失去了说服力。《法国民事诉讼法》第 783 条规定："在终结审前准备的裁定做出之后，不得再行提交任何陈述准备书，也不得再行提交任何供辩论的文书、字据，否则，依职权宣告不予受理。"

鉴定意见的获悉或展示的目的主要是考察当事人对于鉴定意见是否提出异议，是否提出重新鉴定的申请，以免庭审时突然提出意见而影响科学技术的权威性、法院庭审的神圣性以及拖延诉讼而浪费时间。

(2) 鉴定意见的质证程序。

法国虽然存在直接言词审理原则，但是因对鉴定人资格诉前存在较为严格的确认，以及法官决定鉴定而造就鉴定人法官助手的角色，诉前的复杂规则致使其没有像英美法系国家那样建构相对完备的交叉询问程序规则。

在鉴定意见的质证程序，鉴定人应当出庭参与辩论。审判长可以依职权或根据检察院、当事人或律师的要求，向鉴定人提出任何委托其进行鉴定范围内的问题。在宣誓完毕后，鉴定人应参与辩论，除非审判长准予其退庭。在主审法院的审判庭上，如果某证人或提供情况者做出与鉴定意见相反的证言或情况，或者提出新的技术方面的观点，审判长应在必要时，要求民事当事人提供他们的意见。主审法院应以附理由的决定，宣布继续辩论，或者另择日期重新开庭审判。《法国民事诉讼法》第 283 条规定，如法官依据鉴定报告不能充分查明真相，得听取鉴定人的说明，各方当事人应到场，或者传唤他们到场。法国的鉴定意见质证程序并不引起当事人与鉴定人的直接对话，通常是通过法官来进行，有时只能通过法官安排，鉴定意见问题的对质才有可能发生。

2. 德国鉴定意见的质证程序

德国的诉讼程序存有浓厚的职权主义色彩，"遗留"封建等级制度的"余毒"，法官在质证程序中具有指挥、引导和控制质证程序的广泛权力，质证突出了法官的主体地位和主动的作用。《德国刑事诉讼法》第244条规定："为了调查事实真相，法院应当依职权将证据调查延伸到所有的对裁判具有意义的事实、证据上。"《德国民事诉讼法》第296条规定，在作为判决基础的言词辩论终结后，不得再提出攻击与防御方法。

(1) 鉴定人的出庭作证。

根据《德国刑事诉讼法》第222条的规定，被告人应该向法庭审判长申请要求传唤鉴定人参加法庭审判，如果法庭具有相关的专业知识或之前的鉴定已表明主张不成立的，法院可以拒绝关于启动询问鉴定人的申请，而法庭决定批准传唤鉴定人的，应向检察人员做出通知。当审判长拒绝当事人的传唤申请时，被告人也有直接传唤的权利。除此之外，当事人也可以跳过申请步骤对鉴定人直接传唤。法院、检察院和被告人在传唤鉴定人出庭时有及时告知的义务，告知的内容包括所传唤鉴定人的姓名以及住所或居所。

《德国刑事诉讼法》的相关规定还表明，鉴定人基于职业原因或个人原因享有拒绝作证权，鉴定人不到庭作证的情形包括以下几点。首先，鉴定人死亡，患有精神病或居所不明；其次，鉴定人因为虚弱，患有疾病等无法排除的障碍，在不特定或较长时间内无法参加庭审；再次，综合考虑鉴定人的证词价值后，认为路途遥远，不应要求其到庭作证；最后，被告人、辩护人、检察官同意宣读鉴定意见。除以上的情形外，鉴定人在被告知其出庭义务后仍漠视法庭的传唤，无正当理由而不到庭的，应当被处以罚款并承担由此造成的费用。再次传唤后仍不到庭的，可再次处罚。

而《德国民事诉讼法》第380条也做出规定，经合法传唤而不到场的证人，可以不经申请而命其负担不到场而产生的费用，同时可以对他进行违警罚款，证人拒绝缴纳罚款的，可以对他进行违警拘留。如证人再次不到场，可以再次对其进行违警制裁或拘传其强制作证。

（2）鉴定意见的质询。

根据《德国刑事诉讼法》第72条和第402条的规定，对鉴定人的询问适用证人的询问程序。在审判长批准询问申请后，检察人员和辩护人应按照以下顺序对鉴定人进行询问：检察人员和被告人对自己提名的鉴定人享有首先询问的权利，共同享有询问权的人由审判长、检察人员、被告人、辩护人和陪审法官组成。对于滥用询问权的行为，法官应制止并剥夺其对鉴定人的询问权利。

在交叉询问结束后，审判长享有对鉴定人进行和案件事实有关问题的进一步提问的职权。接受完询问后的鉴定人应当听取检察人员和被告人的提问直至审判长允许其离开法庭。在被告人、辩护人和检察人员的一致同意下，可以选择代替询问鉴定人的程序，即宣读被指控人陈述或另一次询问笔录。直接宣读鉴定意见只有在鉴定人死亡或因其他原因短时间内不能询问的情况下才能进行。

（3）鉴定人出庭作证的例外。

在德国，证人在特定情况下不需要出庭接受质证，鉴定人也是如此。但是，证人不出庭主要是出于特殊的信任关系等考虑因素不同，鉴定人不出庭，除了基于信任外，还出于对于诉讼效率的考虑。鉴定人不到庭的例外情形主要有：①鉴定人已经死亡、发生精神病或者居所不明的；②因患病、虚弱或者其他不能排除的障碍，鉴定人在较长时间或者不特定时间内不能参加法庭审判的；③因路途十分遥远，考虑到其证词意义，认为不能要求鉴定人到庭的；④检察官、辩护人和被告人同意宣读的。

3. 日本鉴定意见的质证程序

关于鉴定意见是否必须经过当事人质证的问题，日本的学界存在两种

第三章　比较法视野中的鉴定意见司法适用制度

不同的观点,第一种观点认为鉴定意见无须经过当事人质证,只要在法庭上出示即可成为证据。另一种观点则截然相反,认为鉴定意见必须经过双方当事人的口头辩论,才能成为判决的基础。❶

根据《日本民事诉讼法》的规定,一般情况下,鉴定人有义务进行出庭陈述,原则上,对鉴定证据的调查适用证人询问的方式。日本鉴定意见的质证程序包括以下方面。

(1) 鉴定意见的展示制度。

针对起诉书一本主义的弊端,日本设立了证据的展示制度,并且最高法院也存在指挥展示证据的相关判例。但由于缺乏关于审前整理的法律规定,这种证据开示带有不可避免的局限性。因此法律又设定了整理证据的程序,法官将根据需要,进行鉴定意见的展示。

(2) 鉴定人出庭作证。

根据《日本民事诉讼法》的规定,就关于因特殊经验学识所得的事实进行询问时,应按照有关询问证人的规定进行。同时该法律第194条还做出规定,证人无正当理由而不出庭时,法院可对证人进行罚款并命其承担由此而产生的诉讼费用。除此之外,《日本刑法典》也对鉴定人的义务做出以下规定:鉴定人违反到场义务将被处以10万日元以下罚款;鉴定人拒绝到场将受到10万日元以下罚金或拘留处罚;拒绝宣誓或证言的,鉴定人将被处以10万日元以下罚款并承担由此产生的诉讼费用的处罚。

(3) 鉴定意见的询问。

日本作为大陆法系国家,拥有职权主义诉讼模式的制度基础,而在这种背景下所引入的交叉询问规则颇具特色,更有学者认为这种引用的成功堪称奇迹。这种交叉询问主要按以下顺序进行:当事人提出询问申请后进行主询问,对方当事人进行反询问后,提出申请的当事人再进行主询问,

---

❶ [日] 高桥宏志. 重点讲义民事诉讼法 [M]. 张卫平译. 法律出版社, 2007: 99.

然后对方当事人在审判长许可后再次反询问,最后是审判长的询问。[1] 但日本诉讼程序中鉴定意见的证据调查只是在原则上适用证人询问的方式。鉴定意见到底采取口头形式还是书面形式由法官决定。当法院传唤鉴定人出庭并进行口头质询时,这种补充性的质询不需要按照交叉询问的程序进行,而由法官自由裁量其能否作为定案依据。

4. 大陆法系国家鉴定意见质证程序的简要评析

大陆法系国家鉴定意见质证程序存在一些突出特点,以德国与法国为例,法国和德国认为鉴定人是以专业知识协助法官就证据问题加以判断,或法官向这些人提出具体问题要求他们帮助就某些疑点查明真实情况。所以在鉴定人的聘请上,大多数由预审法官或法官指定,鉴定人在预审法官的监督下进行工作,有义务将鉴定意见向各方当事人以及他们的律师通报,并强调鉴定结果与意见提交对席辩论。

德国对鉴定人询问主要由法官进行,在询问顺序上一般由法官首先进行,当事人的事后询问只是起辅助或补充作用。对于鉴定人的宣誓由法官自由裁量,而非强制宣誓。法国、德国更倾向于强调对鉴定内容、过程及结论的质证主要由法官进行,充分发挥鉴定人承担法官助手的功能。在立法上又规定允许当事人及其律师对鉴定人像对证人那样进行询问,但法官在必要时可以依职权随时阻止、限制和制止当事人对鉴定人的询问,体现了较强的职权主义的思想。

通过以上三个具有代表性的大陆法系国家鉴定意见质证程序的研究,我们可以看出,在实行职权主义诉讼模式的大陆法系国家,鉴定人拥有像法官一样的中立地位,并且拥有比英美法系国家专家证人更多的权利。对于需要质证的鉴定意见,一般适用证人的质证规则,鉴定人要出庭接受控辩双方和法官的询问,当法官认为鉴定人只需做出书面意见无须出庭时,

---

[1] [日] 松冈正义. 民事证据论 [M]. 张知本译. 中国政法大学出版社,2004:327.

为了让鉴定人有机会对其做出的结论的结果和过程进行解释说明，也应当批准当事人及其律师要求鉴定人出庭的请求。

(二) 英美法系国家专家证言质证程序的考察与分析

英美法系国家的质证程序起源于英国。英国有关专家证言的原理、规则和判例相当发达，并成为继受其传统发展起来的英美法系国家专家证言理论和实践的源头。英美法系国家在对待专家证言的质证规则上虽然存在共适性的原则，因在发现真实以及保障人权等方面的重视程度不同，导致在专家证言的质证程序中存在一些细微的差异。因此，有必要对主要英美法系国家的立法或判例进行考察，从中探寻个因，为架构我国鉴定意见的质证程序提供可鉴之资料。

1. 英国专家证言的质证程序

英国作为典型的当事人主义国家，在漫长的发展过程中，英国的专家证据制度通过法律的修改得到不断完善。根据英国民事诉讼规则的相关规定，未经法院的许可，专家证言不得作为证据，英国的专家证据大多采取书面的形式，其具体的质证程序包括以下几个方面。[1]

(1) 专家证言的开示和查阅。

为了防止一方当事人遭到专家证据的突袭而没有充分机会应对，英国质证程序一改审判质证的传统，设立了庭前专家证据的开示程序。《1998 民事诉讼规则》第 35.13 条规定："未开示专家报告的当事人，在开庭审理时不得使用未开示的专家报告，也不得传唤专家证人以言词方式作证，除非获得法院的允许。"其目的是限制使用口头专家证据和庭审质证的突袭、审判的拖延和高额费用出现。

英国庭前开示提供的专家证据应当采用书面的报告。英国的成文法或判例法规定鉴定活动结束后，一般都应开示书面的专家证言，且不享有无

---

[1] 樊崇义，郭华. 鉴定结论质证问题研究 [J]. 中国司法鉴定，2005 (1).

须开示的保密特权。一方当事人开示了专家证言的，任何其他方当事人可以在开庭审理中使用该专家证言作为证据。同时，法律还赋予当事人可以查阅书面的专家报告。根据《诉讼引导》的规定，书面专家报告的内容包括专家的资格，制作专家报告时所依据的任何文献或其他资料，概述专家报告涉及的事项的各种不同观点，并为自己的观点阐述理由，概述得出的结论，表明专家证人理解其对法院所负的义务，以及他已经遵守了有关义务。对于专家证据载明的照片、计划、勘验报告以及其他文书，应当在开示时一并向他方当事人提供。

当事人对于另一方当事人指任的专家证人以书面形式提出的专家报告，在专家报告送达后 28 日之内，可以提出书面问题，一般只能提出一次。专家证人对提出的问题应当回答，其回答内容视为专家证据的组成部分。如果一方当事人依法向另一方当事人委托的专家证人提出书面问题，该专家证人回答时，法院则可以向委托该专家证人的当事人签发不得依赖于该专家证人提供的证据的命令，并且该委托方当事人不得向其他方当事人收取应支付给该专家证人的费用。同时，对于是传唤专家证人出庭作证，还是采纳书面的专家证言作为证据应当经过法院同意。但当事人采取快捷审理形式提起诉讼，在不违反司法利益的前提下，法院可以不传唤专家证人出庭作证。

当事人开示专家证据后，专家证人对其重大事项改变意见的，应当将改变的意见告知他方当事人，也应当适时地告知法院。

（2）专家证人出庭作证。

英国存在一般鉴定人和科学专家之分，法律要求一般鉴定人要出庭作证；对于内政部确认或同行公认的有权威的科学专家可以不出庭，仅提供书面鉴定意见。鉴定人出庭费用由法院支付。

专家证人不仅在专家证言的书面报告最后载清其声明，而且出庭作证的专家证人还应当做出事实声明确认。其内容为："我相信，我在鉴定意见中陈述的事实全为真实，在鉴定意见中表达的观点是正确的。"否则，其专家证言法院不予认可。

（3）交叉询问程序。

在英国专家证据通过庭前开示，对于其没有异议的，专家证人仅依书面的报告作证。对于专家证据有异议，而通过书面回答仍存在争议的，或法官同意专家证人出庭作证的，专家证人应当出庭作证。

直接询问也称为主询问，是传唤方当事人对自己传唤的专家证人进行的询问。直接询问主要是为了证明提供的专家证人适合和专家证据对于案件争议的事实具有的证明力。交叉询问是一方当事人对他方当事人传唤的专家证人进行的询问。由于专家证据依赖学识和临床经验而取得基本信念，并受年龄、性别以及道德背景影响，故对专家证人进行交叉询问的目的在于揭示专家的偏见。这种交叉询问主要针对专家证言证明力的有无、大小进行质证，同时允许诱导性询问和对专家的资格或品格予以质疑。英国法固守自由主义的遗风，视诉讼纯粹是私人的事，由当事人的意思表示决定，审判法官在诉讼中处于完全超然的第三者地位。在对于专家证人的问题上虽然由对当事人"负责"改为对法院优先履行职责，但仍然没有像美国那样规定法院可以依职权指定鉴定人。

2. 美国专家证言的质证程序

美国在承继英国的质证程序的同时，强调"程序正当"性，将审判程序设计为典型的"对抗制"，并通过交叉询问或反询问规则来充分保障当事人自由的质证权利。这种质证程序被给予"基于查明案件事实真相而创就的最大法律运作机制"的地位或被誉为"是有史以来所发明的发现事实真相的最强大的法律武器"。

由于美国的事实认定委任给陪审团（尽管诉讼很少用陪审团，但其历史传统的影响仍然根深蒂固），而频繁召集陪审的困难和成本增加，使其审理程序分为"审前程序"（pretrial）和"开庭审判程序"（trial）。根据美国成文法和判例的有关规定，专家证言的质证程序如下。

(1) 审前程序。

美国作为庭前开示证据的主要发源地，经历了民事诉讼到刑事诉讼逐渐推开的渐进过程。其审前程序也可以称为专家证言质证的准备程序，一般要经过两大阶段：一是专家证言的开示程序，通过出示专家意见报告书的形式来完成；二是审前会议程序，针对当事人质证中专家证言的部分实质性问题通过预演的方式确定案件事实争执点，从而达到明确、限制和缩小举证范围的目的。

专家证言的开示程序是指一方当事人在进入法庭审理阶段之前用口头询问或者书面质问对方当事人或专家证人以取得证言的程序。《美国联邦民事诉讼规则》第 26 条专门对专家证言的开示做出了规定。该条第 2 款（B）规定：除非双方当事人有其他的约定或法院做出其他的指示，该种出示应当附有在案件中被聘请或专门雇用的证人或者虽然是由当事人雇用但其业务通常包含提供专家证言的证人所准备并签名的书面报告书。该报告书应当包括表达的所有观点、根据和理由；专家证人形成其观点所考虑的数据或其他信息；被用来作为观点、概要或用来证明观点所考虑的数据或其他信息；被用来作为观点、概要或用来证明观点的所有证物；专家证人的资格证明，包括在前十年内专家证人所有著作作品清单；为该研究和作证所需支付的补偿；在前四年内该专家证人作为专家证人在法庭上或通过庭外证言为其他案件提供证言的清单。除此之外，当事人还可以对那些在法庭上发表意见的专家证人进行庭外取证。当事人通过这一程序对具有专门性知识的专家进行了解，为法庭上对专家证言进行有效的质证奠定基础，也使证据的准备内容达到适合连续、集中开庭审理的要求。

美国立法虽然对于专家证人的资格没有明确的规定，认为只要在特定的领域具有充分的技能和经验，即使是专业汽车修理工、为地价作证的银行业者或者地产业者都可以作为专家证人。但是，专家证人在作证之前，

第三章 比较法视野中的鉴定意见司法适用制度

必须经过"审查证人"程序,由法官对所谓的专家证人的教育、训练或经验等作必要的询问,确认其能否以专家证人的资格作证。法官在此程序中对于准备作为专家的证人主要从以下几个方面进行审查:特殊的技能和知识;训练和教育;经验;熟悉参照标准或该领域的权威;专业组织或协会的成员等。

(2) 交叉询问程序。

交叉询问程序是美国质证程序的代表性符号,也是美国诉讼程序最为精彩耀眼的部分。其询问专家证人的顺序为直接询问、交叉询问、再次询问和再次交叉询问。

美国的专家证人一般由当事人聘请或委托,属于当事人的证人,但专家证人应当在被明确警告作虚假陈述将受到严厉的刑事制裁之后,经宣誓、郑重陈述或庄严声明的情形下做出证言。

直接询问是指对提供专家证人的当事人进行的询问,即由一方当事人传唤证人出庭就对其有利的方面作证,从该证人处得出的证言与事实争执点具有关联性且能够使案情朝着有利于询问者的方向发展。但提供专家证人的当事人不得进行诱导性询问,即不得采用对发问人所需的目标回答加以暗示或对争执的事实通过虚构而引导证人。其目的就在于避免当事人借助诉讼技巧通过专家证人来扭曲案件事实,以降低当事人利用专家证人对陪审团的干扰。但是,如果法官认为通过诱导询问有助于有效完成直接询问,且于对方无害时,可以酌情决定允许对由己方提供的专家证人进行诱导询问。

提供专家证人的当事人也不得对于做出对自己不利证言的专家证人提出质疑,不得对自己的专家证人的品格进行攻击。因为专家证人"如基于阐述事实受到传唤的证人,被传唤一方自己质疑或者引用其他证据来证明他是一个说谎的人,这同传唤证人的基本原则是相矛盾的,也可能导向荒谬"[1]。

---

[1] 樊崇义,郭华. 鉴定结论质证问题研究(上)[J]. 中国司法鉴定,2005(1).

"交叉询问"是由对方当事人就专门性问题对专家证人进行的质疑。对专家证人的交叉询问包括以下三个方面的内容。

第一，专家证人应当接受当事人的交叉询问，这是专家证人的义务。《美国联邦证据规则》规定，法庭或任何一方当事人均可传唤专家证人出庭作证。该专家证人应当接受包括传唤其作证的一方当事人在内的每一方当事人的交叉询问。

第二，专家证人除接受与普通证人同等程度的交叉询问外，还要接受意见证据本身问题的询问。美国《加州证据法典》第721条规定："（a）按照b款，专家可以和其他证人在同等程度被交叉询问，此外，他还可以就下列问题被充分询问：①他的资格，②他的鉴定结论涉及的问题，以及③他的意见所基于的事实理由。"其目的是使专家证言的证明力达到可靠性的标准。

第三，专家证人不得交叉询问的范围。《美国联邦证据规则》第705条关于"公开专家意见所依据的事实和数据"规定，专家可以意见或推理的方式作证并提出相关理由，除法庭另有要求外，不需要事先公开该意见所依据的事实或数据。美国《加州证据法典》第721条还规定："如果证人作证是以专家的身份出具意见，他不能就任何科学的、技术的或专业的文本、论文、杂志或类似出版物的内容或要点被交叉询问，除非①证人在得出或构成其意见时引用了或考虑到或依赖于该出版物，或者②该出版物在证据中被采用。"

另外，对方当事人在交叉询问程序中不仅可以对对方提供的专家证人进行诱导性询问，而且还可以对专家证人的品格进行攻击。如果一方当事人对于对自己不利的专家证言不进行交叉询问，就可能视为他接受了专家证言。

"再次直接询问"是指在对专家证人的交叉询问之后，由直接询问者再对自己选任提供给法庭的专家证人进行的询问。因为交叉询问多为诱导性询问，且专家证人只需回答"是"或"不是"，对交叉询问中提出的问题没有机会进行补充或解释，通过再次直接询问提供补充或解释的机会，但未经法官允许，不得提出新的事项。

"再次交叉询问"是指对方当事人在对专家证人再次询问之后由交叉询问者对专家证人进行的询问。主要是削弱或破坏再次直接询问中有关专家证言的可靠性。但不得重复对方询问的事项。

3. 英美法系专家证言质证程序的简要评析

以英国、美国为代表的英美法系国家，专家证言的质证程序虽是一脉相承，但由于习俗影响、传统力量以及政治、经济等因素的作用，也逐渐产生了一些差异。英美法系国家在对鉴定人的询问中划分为主询问和交叉询问两种方式，实际上是为双方当事人就鉴定事项确立的一种对抗制机制，即借助对鉴定事项的攻击与反攻击，使专家证言的证据力最终映现出来。而专家证人是由当事人选任的，报酬也是由当事人支付的，因此专家证人就容易被当事人化，提供的意见也将不可避免地为当事人服务，这种倾向性虽然经过了交叉询问予以质疑，但常常就会使出庭的专家证人陷入"科学之战"的争执中，这样不仅易造成诉讼拖延，而且也会使法官或陪审员对各执一词、相互矛盾的专家证言更加难以作出判断。英国法坚守自由主义的遗风，视诉讼纯粹是私人的事，因此诉讼按照当事人的表示来决定，而法官则处于完全超然的第三者地位。虽然在对专家证人的问题上由该专家证人对当事人负责改为对法院优先履行职责，但仍没有改变在专家证人问题上的当事人主义做法。

美国则在意识到这种选任专家证人的弊端后进行了改革，即除了当事人自己雇用专家证人外，法院认为需要专家证据时，得依职权，或于刑事程序中经公诉人或被告人请求，指定鉴定人一人或数人进行鉴定，且法院选任的鉴定人有权请求法院确定给付的报酬数额。只是在实践中，美国对法院指定专家证人较为消极，且在说明不指定的理由上非常的活跃。所以，较之与英国坚守的单一当事人选任专家证人的方式，美国选任专家证人的变革，法院指定专家证人的政策和不指定的原因解释都体现了一定的进步意义。

此外，美国承继英国质证程序的同时，引入了"正当程序"的概念，将审判程序设计为典型的"对抗制"，并通过交叉询问规则来充分保障当事人自由的质证权利，使陪审团能够准确判断专家证言证明力的有无和大小。这种质证程序被誉为是有史以来所发明的发现事实真相的最强大法律武器。而且交叉询问程序中，美国的刑事诉讼法中还存在反对复合式及其他混乱性问题的规则，也反对假定未经证明之事实的问题。

通过对上述国家专家证言的考察，我们可以总结出，英美法系国家采用的是当事人主义的诉讼模式，由于诉讼当事人聘请的专家证人的诉讼地位与证人相同，适用传闻证据排除规则，为了保证双方当事人的平等权利，法律赋予当事人对专家证人进行交叉询问的权利，通过对专家证人的反复询问，实现对专家证言进行攻击和反攻击的目的，最终使专家证言的证据力自动显现。在这种对抗制的诉讼模式下，专家证人的出庭作证制度得到了彻底的贯彻。

(三) 两大法系鉴定意见质证程序的比较与启示

两大法系国家鉴定意见的称谓不同、形式不同，而质证程序也有很大区别，这种区别主要有以下几点。

首先，是否要进行交叉询问。在英美法系国家，专家证言只有在法庭上经过双方当事人的交叉询问后，才能成为定案的根据。为保证专家证言的可信性和完整性，专家证人必须要出庭作证，接受交叉询问。而除日本以外的大多数大陆法系国家并没有像英美法系国家那样完整的交叉询问规则，在鉴定人出庭接受质证问题上也没有严格的规定，更有甚者，在民事诉讼中，只有在法官认为有必要的情况下才会传唤鉴定人出庭接受询问或对鉴定意见进行解释，大部分情况下，鉴定人并不出庭，只是由"案件中的证人站在证人席上宣读一份很长而且有时是杂乱无章的关于其所知案情的陈述"，就更谈不上什么交叉询问了。

其次，对鉴定人询问的集中程度不同。为了便于对方律师预见那些会使陪审团听到不具可采性证据的问题，以做出反应避免证人提供不利于己方的证言，英美法系国家对专家证人采取集中的询问方式，询问按照"主询问——反询问——再主询问——再反询问……"的顺序进行，专家证人必须对此进行集中的回答。反观大陆法系国家，对鉴定人的询问并不会按照主询问、反询问的方式集中进行，而是穿插在法庭辩论的过程中，对于被动问答的方式，取而代之的是鉴定人主动展示自己的鉴定成果。只有在审判长提出后，当事人才能要求鉴定人针对某些疑难问题做出说明或解释。

再次，质证程序的严格程度不同。英美法系国家对专家证人的交叉询问要严格遵守一系列规则，例如：除非有证明该专家怀有恶意的证据，否则当事人不能够质疑己方的专家；主询问方在一般情况下不能采取诱导性的询问方式；当事人不得提出"复合式问题"等使专家证人误解的问题。相比之下，在大陆法系国家对于鉴定人的询问就要简单得多，不会受到诸多规则的限制，这当然与大陆法系国家追求客观真实的法律理念有关。

最后，两大法系国家对于鉴定意见的质证内容也不尽相同。大陆法系国家对鉴定人的询问不涉及鉴定人资格、鉴定的过程、鉴定的方法等问题，而只限于鉴定意见本身的内容。反观英美法系国家，对专家证人的询问非常的彻底，其技术性明显要高于大陆法系国家。

之所以会产生这样的差别，主要有以下几个原因。

首先，在英美法系国家专家证人完全由当事人自己聘任并支付其报酬，带有难以避免的倾向性，其工作目标并不是为了辅助法官查明事实真相，而是为了自身利益的实现，因此，需要对专家证言进行彻底的交叉询问才能保证其客观性。

其次，英美法系国家拥有完备的专家证言开示制度，在庭审前当事人对对方的专家意见拥有较为全面的了解，从而为保证质证质量做好了准备，而在大陆法系国家，相比于鉴定意见的开示，更多的是鉴定意见的获悉，当事人在庭审前没有接触鉴定人的机会，仅仅得到鉴定意见的"通知"，无法要求鉴定人对其疑问进行解释，基于这样的原因，当事人对鉴定人的询问也就不存在实质性的价值。

最后，在法庭审判中，两大法系国家对于鉴定人或专家证人的询问占有不同的地位，在大陆法系国家，职权主义诉讼模式的影响使得鉴定人大多由司法机关选任，鉴定意见也由司法机构做出，司法机关会事先审查鉴定人的资格、鉴定意见的相关性问题，无须再进行口头上的证实，而在英美法系国家，对于专家证人的交叉询问被称为是"对抗寻求真理的基石"。因为在不进行交叉询问的情况下，专家的适格性和专家证言的相关性均无法得到保障，专家证人会沦为掌握金钱或其他资源的强势群体谋求自己利益的工具，并最终影响法庭的判决。

近年来，两大法系质证程序呈现了相互融合的趋势，大陆法系国家开始反思法官质询制度的缺点，通过司法改革吸收交叉询问的长处，日本就是其中的佼佼者，同时，英美法系国家也开始积极地借鉴大陆法系国家质证程序的优秀经验，促进法官职能作用的加强。通过借鉴两大法系鉴定意见质证程序的相互融合，我们可以得到以下启示。

首先，鉴定意见的开示制度是鉴定意见质证程序必不可少的环节。证据的公开是程序正义的客观要求，鉴定意见提前进行开示，可以让当事人得以充分全面地了解鉴定证据，并适时提出质疑，这种做法不仅能够保障庭审时鉴定意见得到充分有效的质证，还能够有效地避免重复鉴定，提高诉讼效率，避免诉讼程序中的"突然袭击"。

其次，完善鉴定人出庭作证制度并促进鉴定人责任的加强是鉴定意见得以充分质证的保障。正如前文所述，鉴定意见作为一种鉴别物证、书证及视听资料等证据的方式,具有其他证据不可代替的作用,但它通常是在法官缺少相关专业知识的前提下做出的,其是否能得到充分质证更显得尤为重要。想要使鉴定意见得到充分质证,鉴定人必须出庭接受询问,否则就要承担相应的法律后果。除此之外,仅靠道德去约束的鉴定制度所得出的鉴定意见的可靠性是无法得到保证的,因此,两大法系纷纷加强了鉴定人的责任,对于鉴定人虚假陈述不仅要对其进行证据上的排除,同时要规定相应的法律责任,这样才能有助于客观鉴定意见的做出,并最终促进法律公正的实现。

三、域外主要国家鉴定意见的审核与判断

鉴定意见的审核与判断是指法官等事实的裁判者,依据双方当事人对鉴定意见质证的结果或根据自己的认识,对案件形成自己的判断以做出裁决的活动。鉴定意见的证据价值伴随着科学的日益发展而兴起,并且在诉讼中起着越来越大的作用。但是,正如科学是一柄"双刃剑"一样,鉴定意见也同样具有"双刃剑"的秉性。它既可帮助事实的审理者客观地发现案件的真实情况,避免取证的不法行为,防止错案的发生,同时也会对法官的判断和审核形成桎梏。因此,如何进行借鉴、构建、完善鉴定意见判断和审核制度,是一个值得深思的问题。

(一) 英美法系国家专家证言的审核与判断

1. 美国专家证言的审核与判断

证人只能就亲身感知的案件事实作证,这是一条源自中世纪的古老规则。如英国著名大法官柯克在 1622 年的一个判决中指出:"证人不应该用他'认为'或者'自己相信'这样的字眼。"[1] 但对于专家证人,却是一

---

[1] [美] 约翰·W. 斯特龙. 麦考密克论证据 [M]. 汤维建等,译. 中国政法大学出版社,2004:26.

个例外。在需要特殊技术或技能的领域，那些通过学习或实践获得该领域专业知识的证人，他们提供的意见证据具有可采性。如曼斯菲尔德勋爵在1782年的福克斯案中认为："科学人员在其科学领域内，可以根据已被证明的事实提供意见；凡是有关科学的问题，不能传唤其他证人。"❶ 由于历史渊源的原因，美国在专家证人意见证据态度上，在很长时间内采取了类似于英国普通法的做法，只要涉及超出法官或陪审团知识能力范围的事项，一般都需要取得专家证人的意见。

在1923年之前，美国的法院没有就专家证言的可采性标准做出特别规定，不过这一做法随着弗赖伊规则的出台而被改变。美国关于科学证据之可采性标准经历了一个渐进的发展过程，即弗赖伊标准→1975年《美国联邦证据规则》→道伯特规则→"锦湖轮胎"案→2000年《美国联邦证据规则》。

(1) 弗赖伊标准。

专家证人意见证据进入法庭，在帮助陪审团准确认定案件事实的同时，也带来一种错误采信专家证人意见证据，进而错误认定案件事实的风险：一些专家意见证据在陪审团面前呈现一种绝对确定的光环，而外行的陪审团成员却缺乏刺破此光环的方法。尤其是在面对新科学领域的专家证人意见证据时，这种风险更大。另外，由于专家证人往往是由诉讼双方所聘请，"既然是一方当事人挑选和准备，而且又是由该当事人支付费用的，其为该方当事人作证也就在所难免了"❷，缺乏科学依据的专家证人意见证据也因此备受质疑，如美国学者彼得·哈伯就曾认为：那些被法庭常规性认可具有可采性的专家意见，坦率地讲，实际是一些极其缺乏可信性的假

---

❶ [英] 理查德·梅. 刑事证据 [M]. 王丽, 李贵方等, 译. 法律出版社, 2007: 196.
❷ [美] 米尔健·R. 达马斯卡. 漂移的证据法 [M]. 李学军等, 译. 中国政法大学出版社, 2003: 106.

第三章 比较法视野中的鉴定意见司法适用制度

话。[1]可以说,司法实践迫切需要一种合理过滤专家证人意见证据的机制,正是在这种情况下,弗赖伊标准应运而生,即"普遍接受标准":科学证据只有被相关的科学领域普遍接受,才具有可采性。

该标准并非美国联邦最高法院的杰作,而是华盛顿哥伦比亚特区上诉法院在1923年弗赖伊案中(Frye v. United States)确立。弗赖伊案是一起刑事案件,基本案情是:在哥伦比亚特区联邦地方法院审理的一起刑事案件中,弗赖伊被指控犯二级谋杀罪,其辩护律师向法庭提供了被告的收缩压测谎试验结果以证明其无罪,控方反对将该测试结果作为证据使用,一审法院支持了控方的动议,判决被告有罪。被告不服,提起上诉。哥伦比亚特区联邦上诉法院以收缩压测谎技术尚未得到生理学家和心理学家的普遍认同为由,拒绝将收缩压测试结果采纳为证据,驳回了上诉。该上诉法院的裁决书指出:"仅仅当科学原理或发现在实验与论证阶段之间相交成线时难以给出解释。在这昏暗地带的某些地方,必须认识到该科学原理的证据力量,而当法院将采取主动去承认从那些已得到普遍认可的科学原理或发现演绎出来的专家证明时,必须有足够的事实证明供演绎用的科学原理或发现在其所属的特殊领域里获得了普遍的承认。"由此,为科学证据的可采性设立了"普遍接受"的标准,即科学证据只有当其得到相关领域的普遍接受时,才具有可采性。

根据该标准,专家证人意见证据要具有可采性,除了要求具有相关性和有助于陪审团认定争议事实外,还要求该意见证据依据的科学原理与技术必须获得所在特定领域的普遍接受性。为了确定某个专家意见证据是否具有可采性,法庭必须解决两个问题:一是确定该专家证人意见所属科学领域;二是确定该专家证人意见所依据的科学原理是否获得该领域的普遍接受性。但这两个问题的解决并非易事。首先,很多科学技术并不能划入

---

[1] 樊崇义. 鉴定意见的审查与运用规则[J]. 中国刑事法杂志, 2013(5).

某单一学科或专业领域,选择恰当的评价领域很成问题,而且也直接影响到其可接受性的评价;其次,普遍接受性是一个模糊概念,它面临一个如何进行准确判断的问题:多少相关专家同意了才算具有普遍接受性?在实践中,对于后一问题,一般可通过检查科学出版物、司法裁决与实际应用,或者通过其他科学家出庭作证来证明。另外,该标准要求所涉及科学原理或技术必须在相关领域具有普遍接受性,这也就意味着那些具有可信性,但却基于新科学技术的专家意见证据难以具备可采性。这是很不合理的,在一些涉及新科学技术领域的案件中,有可能导致剥夺被告人的辩护权。对此,著名证据法专家麦考密克教授就曾评论:普遍接受性是一个很高的标准,将其作为司法认知的条件是恰当的,但作为证据可采性标准却不恰当。❶

也正是因为这些问题,虽然该标准出来以后就被很多联邦与州法院所采纳,但也有不少联邦与州法院并不采用弗赖伊标准,而采取其他标准。如有的采用相关性标准,即将以新科学技术为依据的专家证人意见证据作为其他证据看待,如果具有相关性,且不会导致损害公正、误导陪审团与造成诉讼迟延,该专家证人意见证据就具有可采性。另外还有人提出,应当通过建立专家特别法庭来决定新科学专家意见证据的有效性与可信性。❷

(2) 1975年美国联邦国会制定《联邦证据规则》。

1975年美国联邦国会制定《联邦证据规则》,该规则第702条规定:"如果科学、技术或其他专业知识有助于事实裁判者理解证据或决定争议事实,一个因知识、技能、经验、训练或教育而具备专家资格的证人,就可以以意见形式作证,否则就不能够。"根据该规定,专家证人意见证据

---

❶ 樊崇义. 鉴定意见的审查与运用规则 [J]. 中国刑事法杂志, 2013 (5).
❷ 同上注。

第三章　比较法视野中的鉴定意见司法适用制度

只要具备以下三个条件，就具有可采性：一是据以做出意见证据的依据必须是科学、技术与专业知识；二是该意见证据有助于事实裁判者理解证据或决定争议事实；三是专家必须具有这些知识且属于合格的专家。该规则对专家证人意见证据的可采性要求显然不同于弗赖伊标准，它似乎支持的是一种相关性标准。通过此标准的专家证人意见证据虽然还有可能因为其证明价值超过它可能导致的不公正、误导或迷惑陪审团的危险，因而不符合该规则第403条而被排除，但其可采性要求明显低于弗赖标准。根据美国联邦最高法院咨询委员会对该条规定的解释，这种放低标准的目的在于扩大陪审团的信息来源。

　　由于联邦证据规则确定的可采性标准不同于弗赖伊标准，会不可避免地产生一些问题：联邦证据规则标准与弗赖伊标准是何种关系？是取代了弗赖伊标准，还是融合了弗赖伊标准？这些问题对各州法院也许没有太大影响，由于不受联邦证据规则的拘束，它们完全可自由选择一种可采性标准，但对联邦法院系统来说，由于受联邦证据规则的拘束，它们不得不在其中选择一个立场。为此，有些联邦法院以联邦证据规则并非所有普通法证据规则的法典化，因而未在其中明确规定的应当继续有效为由，主张弗赖伊标准未被联邦证据规则新标准取代；有些联邦法院则以联邦证据规则未明确要求专家证人意见证据具有普遍接受性为由，认为弗赖伊标准已被联邦证据规则新标准所取代。这种争议导致各联邦法院与各州法院在决定专家证人意见证据是否具有可采性时，标准不一。如联邦第三巡回法院在1985年道因案中就拒绝采用弗赖伊标准，而坚持采用一种可信性进路分析专家证人意见证据的可采性，并宣称这是一种介于广泛自由与保守之间的意见证据分析方式。按此进路，在决定专家证人意见证据是否具有可采性时，应当考虑三个因素：一是所采用流程或技术的稳固性与可靠性；二是采用该证据所具有的侵越、混淆与误导陪审团的可能性；三是所提供科学技术或检验结果与案件争议事实之间的联系。

(3) 道伯特（DAUBERT）规则。

1993 年，美国联邦最高法院在道伯特诉美里尔·道药品公司案中推翻了应用长达 70 年的弗赖伊标准，对科学证据做出了具有里程碑意义的判决。在该案中，法庭认为联邦法院应改变评估科学、证据科学性的弗赖伊标准，并根据联邦证据规则第 702 条创立了采纳科学证据的新规则，即道伯特标准。该标准为：科学技术和其他专门知识只要具有相关性和可靠性，就具有可采性，并不一定要得到相关领域的普遍接受。

道伯特案是一起民事案件，基本案情是：原告加森·道伯特和埃里克·斯库勒是道伯特夫妻的两个儿子。由于这两个孩子天生残疾，道伯特太太便怀疑是自己在怀孕期间服用了防孕妇呕吐的药物本涤汀所致。道伯特夫妇作为两个孩子的监护人，代理他们向联邦地方法院提起了民事诉讼，要求药物生产商承担侵权责任。围绕着该药物与两个孩子的先天残疾之间是否存在必然的因果关系，原告、被告双方都聘请了强大的专家阵容出庭作证。一审法院根据判断科学证据的弗赖伊标准，认为原告方的专家证言没有以流行病学界普遍承认的研究方法和理论为基础，在本质上不是科学证据，相反，被告方提供的专家证言是以流行病学界普遍承认的方法和学理为基础的，属于典型的科学证据，一审法院据此判决原告败诉。原告不服，向联邦巡回上诉法院提出上诉。上诉法院再次认定原告方专家提供的证据并没有得到相关科学领域的普遍接受，因此，不符合弗赖伊标准的要求，不属于科学证据，肯定了下级法院的判决。上诉人对此依然不服，向联邦最高法院提出法律上诉，要求联邦最高法院审查弗赖伊标准是否存在违反现行联邦法律的问题。联邦最高法院认为，根据美国《联邦证据规则》授权立法的背景资料和该规则中第 402 条和第 702 条，有关科学证据的基础必须是相关学界"普遍承认"的方法、技术或理论的表述根本就没有出现于行文中。因此，那种认为《联邦证据规则》条文中已经暗含了弗赖伊标准的观点和判断在法律上是不可接受的。实际上，美国《联邦证据规则》中有关科学证据的规定已经取代了弗赖伊标准,理由有三:一是联邦证据规则第702条已经明确了科学证据的要求,但并未将普遍接受性作为可采性条件;二是从联邦证据规则的立法过程来看,并未提及弗赖标准;三是弗赖标准的普遍接受性要求与联邦证据规则体现的自由要旨不相符,因为后者的总体目标是允许更多意见证据进入法庭。

该案在否定弗赖伊标准后,提出了一种专家证人意见证据可采性的新标准,即相关性与可信性标准。为确保这种相关性与可信性,该案要求事实审法官应当承担一种守门人的职责,即在该证据被提交陪审团之前,事实审法官应当对该专家证人意见证据的论证与方法是否具有科学的正确性、该论证与方法能否正确适用于争议事实进行一个初步评估。法官进行这些评估时,首先要决定该专家证人是否具有足够的专家证人资格,其次是决定专家证人意见证据所依据的科学原理与研究是否具有可信性。该案要求地区法院在决定此可信性时,应当综合考虑以下因素,但不能将其任一因素予以绝对化:一是该科学知识能否被检验或已经被检验;二是该理论或技术是否已经受同行审查与发表;三是该技术是否具有已知或潜在的可错率,该可错率是否在可接受范围内;四是该科学技术是否具有普遍接受性。

将道伯特标准与《联邦证据规则》第702条相比较,可发现该标准实际只解决了以科学知识为基础的专家证人意见证据的可采性问题,而对于第702条规定的以技术或其他专门知识为基础的专家证人意见证据的可采性问题,并未提供明确答案。大法官伦奎斯特在道伯特案的不同意见中也认为,道伯特标准是否适用于以技术或其他专门知识为基础的意见证据,是存在疑问的。这也导致下级法院在是否将此标准适用于其他专家证人意见证据时存在困惑。另外,道伯特标准要求地区法院承担起专家证人意见证据可采性的守门人职责,但地区法院在此问题上到底有多大自由裁量权,却未见明确规范,因而也影响了上诉法院对地区法院有关专家证人意见证据裁判的审查尺度。

(4)"锦湖轮胎"案。

由于道伯特判例中的专家作证是关于科学知识的,联邦最高法院在道伯特裁决中没有明确指出道伯特标准只适用于科学知识,还是同时适用于技术和其他特殊知识,致使许多法庭对该问题的裁决大相径庭。这个问题也成为美国司法界和理论界争论颇为激烈的问题。面对激烈争论,联邦最高法院于1999年在"锦湖轮胎"案中表明了自己的态度,从而结束了这场争论。

"锦湖轮胎"案是一起民事案件,基本案情是:原告Carmichael在驾驶汽车时由于轮胎爆裂而翻车,并造成一人死亡多人重伤,遂以轮胎质量不合格为由将"锦湖"轮胎公司告上法庭。原告的专家证人从技术的角度论证轮胎的爆裂完全是由于轮胎质量不合格而非轮胎本身老化所致。地方法院以原告方提出的专家证言不能满足道伯特规则的四个要件为由驳回了诉讼。原告不服,上诉到第十一巡回上诉法院。该院认为,道伯特规则应适用于涉及科学方法的专家证言,而不适用于技术方面的专家证言,撤销了地方法院的裁判。后案件又上诉到联邦最高法院。联邦最高法院认为,《联邦证据规则》第702条规定催生了道伯特规则,因此道伯特规则在适用范围上应当与第702条的规定保持一致。而准确地区分专家证言是建立在科学的方法之上还是建立在技术之上或经验之上是非常困难的,也几乎无法操作。因此,道伯特规则不仅适用于以科学知识为基础的专家证言,而且也适用于以技术和其他专门知识为基础的专家证言。因此联邦最高法院裁定,道伯特标准同样适用于技术和其他特殊知识的作证,从而完善了道伯特规则,使该规则适用于联邦证据规则第702条覆盖的所有以科学、技术和其他特殊知识为基础的专家作证。但是,由于技术和特殊知识与科学知识不同,要用道伯特标准的四个方面去衡量其可采性是困难的,比如,很多技术作证所凭借的是经验,没有公开发表过,也没有同行评议,更没有错误率。最高法院为避免出现用一个标准来判断不同类型的专家作证的情况，强调法官在判断这些证据的可采性时，主要应关注该证据是否可靠，只要其具有可靠性，就满足了道伯特第一个阶段的检验。而对这类证据可靠性的判断，可以参考其同行使用的方法。

(5) 2000年《美国联邦证据规则》。

正如一些美国学者所说，弗赖伊标准与道伯特标准之争，实际就是一个应当由谁来决定专家证人意见证据可采性的问题：是由不懂科学的法官，还是由不懂法律的专家？弗赖伊标准要求依据科学原理或技术在特定领域具有普遍接受性，实际就是将专家证人意见证据是否具有可信性的最终决定权赋予了特定领域最有资格胜任此职责的专家。从弗赖伊标准转向道伯特标准，实际也就是将专家证人意见证据可采性的决定权从专家之手转移到法官之手。根据道伯特标准，专家证人意见证据依据的科学、技术与其他专门知识具有普遍接受性，仅仅是判断该意见证据是否具有可信性的一个选择因素。如果这些意见证据的基础符合其他可信性因素，即使不具有普遍接受性，该意见证据也具有可采性。这明显扩大了具有可采性专家证人意见证据的范围。同时，法官并不精通专家证人意见证据涉及的科学知识，道伯特标准赋予法官相当的自由裁量权，势必会造成一些不具有可信性的专家证人意见证据进入法庭。如美国联邦最高法院咨询委员会在第702条的法条注释中指出，在道伯特案后，采纳专家证人意见证据成为一种原则，而拒绝专家证人意见证据则成为一种例外。

由于道伯特标准实际是以联邦证据规则第702条为基础的，为避免上述问题严重化，美国联邦在2000年对联邦证据规则第702条进行了修改，对专家证人意见证据的可采性作了一些较为严格的限制。修改后的第702条规定："如果科学、技术或其他专业知识将有助于事实审判者理解证据或确定争议事实，凭其知识、技能、经验、训练或者教育具备专家资格的证人，可以通过意见或其他方式作证，如果：①证言基于充分的事实或数据；②证言是可靠原理与方法的结果；③证人忠实地将该原理与方法运用于案件事实。"2011年，美国联邦又对此条款进行了修改，但实质性内容未有改变。

比较修改前后的联邦证据规则第702条可发现，修改前的第702条实际只关注两点：一是有关科学、技术或其他专业知识本身是否有助于事实裁判者；二是提供意见证据的专家证人是否属于具备这些知识的合格专家。至于专家证人意见证据依据的事实是否充分，专家证人是否恰当地将专业知识运用于案件事实，则未给予应有规范。这实际是建立在此前提假设基础上的：合格的专家证人会忠实地运用有效的专业知识分析案件事实。这是一种人性善的人性假设。但现实情况却并非如此，而是"专家证人是一种被雇佣的枪手"，提供意见证据极具偏向性。为避免这种道德风险，修正后的第702条从意见证据依据事实以及专家证人运用专业知识分析案件事实的过程两个方面强化了意见证据的可信性保障。目前，根据第702条及其他相关条文，刑事案件的专家证人意见证据只有具备以下条件时，才具有可采性：一是作证对象方面，根据修正后第704条规定，专家证人意见证据不能针对被告人是否符合被指控犯罪构成要件要素的精神状态或条件，这些事项只能由事实裁判者认定；二是相关性方面，专家证人的科学、技术或其他专业知识有助于事实裁判者理解证据或确定争议事实，且根据第403条，该专家证人意见证据的证明价值未被其可能造成的公正损害、混淆争点、误导陪审团、不当拖延等严重超过；三是可信性方面，除须该专家证人依据的原理和方法具有可靠性，且该专家证人因知识、技能、经验、训练或教育而具备相关领域的专家资格外，还须该意见证据基于充分的事实或数据，是专家证人将科学原理和方法可靠地运用于这些事实或数据的结果。

正如某些批评家所说，专家证人意见证据的采纳，有可能成为传闻证据渗入法庭的"后门"，因而有可能影响到联邦宪法保障的被告人对质权。

第三章 比较法视野中的鉴定意见司法适用制度

但是，专家证人意见证据的可采性问题，毕竟不是美国联邦宪法直接关注的问题。为此，虽然美国联邦最高法院已通过道伯特案、库欧姆案等对此问题做了明确规定，但这些规范与联邦证据规则一样，它只能约束联邦法院系统，而对各州法院不具有约束力。正因为如此，直到目前，虽然已有很多州参照联邦证据规则第 705 条，通过立法对专家证人意见证据的可采性问题进行了明确规定，也有很多州法院采纳了道伯特标准，但是仍然有不少州拒绝采用道伯特标准，而是继续使用弗赖伊标准或其他标准。据统计，截至 2011 年，在某种程度上采用道伯特标准的有 31 个州，在某种程度上继续使用弗赖伊标准的则有哥伦比亚特区与 14 个州，佐治亚、犹他、威斯康星与弗吉尼亚 4 个州则使用其他标准。[1]

美国科学证据可采性标准的演变是一个从注重可操作性到可操作性与公正性并重的过程。采用弗赖伊标准时，法院认为，对法官等非科技专业人员而言，对科学证据可采性的判断非常困难，因此，把这个困难的任务交给专家证人，由其证明某一科学证据使用的科学技术已得到相关领域的普遍接受后，该证据即具有可采性，这种做法减轻了法官的工作负担。但弗赖伊标准将科学证据可采性的判断问题交给了专家证人，使法官对科学证据无所适从，既违背了法官工作的本质特征，又不利于查明案件的事实，实现司法公正。后来替代弗赖伊标准的道伯特规则不再采用"普遍接受"标准，而认为科学技术和其他专门知识只要具有相关性和可靠性，就具有可采性。该规则将对科学证据可采性判断的权力交回到法官手中，注重的是公正性。为了使该规则具有可操作性，DAUBERT 判例又确定了四项考察科学证据可靠性的具体标准，后来的判例和立法都是对 DAUBERT 规则的完善。

美国在科学证据可采性判断标准上仍采用程序优先主义，但有弱化的

---

[1] 樊崇义. 鉴定意见的审查与运用规则 [J]. 中国刑事法杂志, 2013 (5).

趋势。倡导程序优先是美国诉讼的基本特点。就科学证据可采性的判断标准而言，仍然如此。最初的弗赖伊标准强调的是该科学原理或科学方法只要被该领域"普遍接受"就视为是可采的，而不去实质性地考虑该科学原理或科学方法是否真的科学，这显然体现了程序优先的理念。在实施道伯特规则后，开始强调对科学原理或方法的科学性进行实质性审查，但是在进行审查时，只要该专家意见所依据的科学原理或方法是合理的，即使得出的结论有争议，该科学证据仍具可采性，这显然也体现了程序优先的理念，只不过有弱化的趋势。

《美国联邦证据规则》第702条关于专家证人资格的规定相当宽泛。只要他的意见或推论证言可以帮助法官或陪审员对案件中的事实有所了解或有利于对争议事实的决定，都可以允许他作为专家证人，而不管他是否有高等教育背景或高级职称之类的外在条件，即本条规定的"知识、技术、经验、训练或者教育"。

2. 英国专家证言的审核与判断

英国作为英美法系国家专家证人制度的发源地，经过几百年无数判例的积累和发展，鉴定意见的可采性标准已形成一整套系统、具体和完备的规则，如专家适格性规则、有用性规则、终极问题规则和普通知识规则等。

（1）专家适格性规则。

在英美法系国家，由于不是实行大陆法系国家的鉴定人名册制度，英美法系国家更为重视对专家证人实际能力的审查。在英国，在专家证人资格问题上，英国法律没有什么具体要求，专家证人的实际专业技能是法庭认定其合格与否的决定性因素。

在诉讼中，专家证人不仅需要证明其在提供鉴定意见的领域中是真正具有专门知识和经验的，还需要叙述做出鉴定意见的依据。在实际案件中，法庭主要从以下两个方面对专家资格做出审查。

第三章　比较法视野中的鉴定意见司法适用制度

第一，在专门性问题上是否具有专业知识和经验。英国法律中没有具体、明确的规定专业知识和经验应该通过什么途径获得。因此，只要是具有某个领域的专门知识和经验，就可以成为该领域的专家证人。

第二，其专业知识和经验是否能够解决专门性问题。在英国，法官不会纠结于法庭中某个专家的知识获取的途径，即不管是通过正规教育或培训获得的专业知识和经验，还是通过自身的工作经验或实践而获得的专业知识和经验，"只要他对案件中的某个问题具有专门的知识和经验而且法官认为他或经验和知识对法庭有帮助"[1]，就可以作为专家证人在法庭中出现。

（2）有用性规则。

有用性规则，即鉴定意见能否为法庭解决专门性问题提供帮助。在著名判例 Turner 一案中，被告人说其是激情杀人，并提供了精神病方面的鉴定意见，但审理该案的劳顿大法官认为被告人提供的这一方面鉴定意见不具有可采性，他认为被告人是否属于激情杀人，属于常识判断，不需要精神病专家的帮助，这样的证据对陪审团判断案件的事实没有任何帮助作用。如果司法人员能凭借自身的知识和经验对案件的事实做出判断并形成自己的结论，那就不需要专家证人的帮助。因此，该鉴定意见不具有可采性。

（3）普通知识审查规则。

普通知识审查规则规定：证人对于属于法官或陪审团知识范围之内、并且法官或陪审团不需要借助别人的帮助就完全有能力做出正确判断的事物发表的意见不具有可采性。据此，只要属于法官能够通过普通知识就能做出判断的问题，即不属于专门性问题，那么，针对这种普通知识和经验就能解决的问题而做出的鉴定意见，就不具有可采性，而不管鉴定意见是

---

[1] 樊崇义. 鉴定意见的审查与运用规则 [J]. 中国刑事法杂志，2013（5）.

否有道理、是否对法庭有帮助。但是，问题在于如何判断鉴定意见是否属于普通知识。由于每个人的知识和经验不同，对普通知识的理解也不一致。于是，是否适用该规则最终取决于法官的自由裁量权，但在具体案件中，法官更关注的是鉴定意见是否对认定案件事实有帮助，所以法官更多的情况是偏向于考虑有用性规则，而很少对普通知识规则进行审查。

(4) 终极问题规则。

终极问题是指应由事实审理者最终做出决定的事实问题。在案件的终极问题上，专家证人不能发表意见，只能由事实审理者最终做出决定。有关事实的鉴定意见不具有可采性，该规则主要是为了确保法院的职权，防止鉴定意见取代事实审理者的自由裁量权。

3. 加拿大专家证言的判断与审核

在加拿大，关于专家证人意见证据的可采性，并没有一个统一审查标准。一般来说，对于这种意见证据，法庭首先是运用传统的排除规则与专家意见规则，然后根据特定的政策原因决定其是否具有可采性。在司法实践中，专家证人意见证据只要具备以下条件，就具有可采性：一是与争议事实具有相关性；二是该专家证人具有相应的资格；三是采纳专家证人意见证据具有必要性，即相关信息似乎超出了法官或陪审员的经验与知识范围；四是不存在排除规则适用的情形。美国弗赖伊标准要求的普遍接受性，虽然可作为评估某个专家证人意见证据的科学依据是否具有可信性时的一个因素，但并非专家意见证据具有可采性的前提条件。

(二) 大陆法系国家鉴定意见的判断与审核

大陆法系与英美法系不同，实行的是职权主义模式，一般都将鉴定人视为科学的助手，当案件涉及专门问题时，往往聘请或者指派具有专门知识的鉴定人来做出判断，以此来弥补法官专业知识的不足，鉴定意见往往也作为法定证据之一加以规定。在证据制度方面，与英美法系专家证人相对应的概念是鉴定人，与专家证言相对应的是鉴定意见，与专家证言可采性相对应的是鉴定意见的证据能力。大陆法系有关鉴定意见的规定分散在实体法或程序法中，主要涉及鉴定主体的适格性、鉴定材料的可靠性、鉴定程序的合法性方面。

1. 德国鉴定意见的判断与审核

德国与英美法系国家相比，更加注重事实真相的发现，但这并不是说就不保护公民的其他合法权益了。比如：德国法律明确规定的"证据禁止"制度和法定的证据调查程序，就是为了保护公民的宪法性权利和其他重大权利而设置的。

（1）鉴定主体的适格性。

在德国，鉴定机构的设置和鉴定人任用有明确的规定，通过公益性来保证鉴定机构的中立化，通过设置较高的准入门槛来保证鉴定人的适格性。如法医方面，鉴定人既要有深厚的医学教育背景，又要有较强的实践培训经历。对法医解剖、临床病理解剖、复杂法医学书面鉴定、有关法医心理病理学问题的书面鉴定、复杂问题因果关系书面鉴定等有具体的数量规定，对出庭作证经验也有严格要求，再通过口头考试，方能够获法医学医师证书。在鉴定意见可采性方面，实行鉴定人资格的标准化和严格的证明程序。

（2）鉴定材料的可靠性。

从对个人权益的保障出发，法律对认定事实的材料做了明确的限制性规定，对是否可以采纳设定限制性条件，禁止采用非法方式收集证据或者禁止使用某些违反禁止性规定取得的证据并预先规定对某些不具有事实认定根据的法律资格的证据材料予以排除，这就是"证据禁止"规则。证据禁止包括证据取得禁止和证据使用禁止两个方面：取得禁止指收集、取得程序和方式上的禁止性规范，其目的是限制侦查人员的侦查活动。违反证据取得禁止的证据是否具有可采性，由法官依据利益权衡原则进行裁量。

使用禁止是规定何种证据不得作为法官裁决的依据。法官应当排除那些侵犯了公民的宪法性权利的证据和严重违反法定禁止性规范所取得的证据。鉴定意见作为证据的一种,自然就应该适用证据禁止规则。

(3) 鉴定程序的合法性。

证据方法的程序主要包括两个方面:一是应当符合共通程序规则,二是应当符合该证据方法的特殊程序。司法鉴定作为法定的证据之一,应当符合法定的程序,如果法院在未经过严格证明的情况下,将鉴定意见用作裁判的根据,不但会对实体真实的发现造成影响,而且对于被告人在法治程序下行使防御权也造成了损害。在鉴定的共通程序方面,根据证据审查规则中直接言词规则的要求,鉴定人应当依法出庭作证,并就鉴定的相关问题接受法庭的询问和质证,否则,鉴定意见不具有可采性。在鉴定的特殊程序方面,根据程序正义的要求,对鉴定人实行回避制度、对鉴定意见文书进行统一规范等,鉴定程序不合法的鉴定意见应该被排除在法庭之外。

由此可以看出,德国主要是通过提高鉴定人的准入门槛和确定鉴定机构的中立地位来保证鉴定技术的科学可靠性和鉴定意见的客观中立性,通过鉴定资料的合法性和鉴定程序的法定性来保障鉴定意见的真实性和合法性。另外,在德国如证据禁止这样的证据排除规则,也在某种程度上完善了鉴定意见可采性规则体系,对法官自由裁量权也是一定程度上的制约。

2. 法国鉴定意见的判断与审核

在法国,尽管鉴定人被赋予方便条件可以听取受审查人的陈述,接受第三人提出的任何有益声明,并且可以让人查清附带的技术问题,但是鉴定人不是代理预审法官。鉴定人仅仅是应当做出努力,尽可能全面地就其任务范围的各项问题查明真相。但是,基于司法鉴定结论的科学性以及权威性,法官受其知识广度和深度所限,在对司法鉴定结论的审查过程中,往往依赖鉴定专家的权威,而这会对司法最终裁决的权威性造成比较大的

第三章　比较法视野中的鉴定意见司法适用制度

影响。

法国作为典型的大陆法系代表国家，在鉴定意见的判断审核中严格遵循"自由心证"原则。法国在证据（包括鉴定意见）的可采性上只有一项原则性的规定：不符合合法程序并损害了抗辩方权利的证据不可采。根据这一原则，只有在法庭审理中经过控辩双方质证的证据方可被采纳。除例外情况，鉴定意见不通过双方质证就不具备可采性，也就不具备证据能力。当然，在法国的司法实践中，运用上述原则有很大的模糊性并存在大量例外，在这方面主要靠判例，特别是最高法院的判决来调整。❶

3. 我国台湾地区的情况

我国台湾地区证据制度的基础是以大陆法系职权主义的审问式诉讼模式为主，同时在2003年修正的"刑事诉讼法"中吸收了英美法系当事人主义的因素，构建了"改良的当事人主义"，但"本次修法将鉴定采法官保留"原则。修改后的"刑事诉讼法"第198条规定："鉴定人可由审判长、受命法官或检察官就下列之人任选一人或数人充之：一、就鉴定事项有特别知识经验者。二、经政府机构委任有鉴定职务者。"第210条规定："鉴定证人为依特别知识得知以往事实之人，其讯问适用关于人证之规定。"可见在鉴定人的选任方面，台湾地区与大陆法系国家一样由司法机关选任，对鉴定有较好的控制，当事人只能提出鉴定的申请，无权决定启动鉴定。在鉴定意见的审查上，适用的是与英美法系国家相同的对抗式的证人证言的审查方式。这里有一个问题，这种"当事人主义"的对抗，由于建立在"职权主义"法庭任命鉴定人的模式上，理论上就变成了只有一方的对抗。在司法实务中"法官、检察官除了鉴定报告出现明显之矛盾谬误外，甚少过问鉴定基础之科学技术或专门知识，亦甚少了解其实验或判断所援用之原则及方法是否在该领域内被普遍采用"，有流于"不重视鉴

---

❶ 杜志淳. 司法鉴定法立法研究［M］. 法律出版社，2011：196－197.

定过程只重视鉴定结果之倾向"。在刑事诉讼实务中"鲜见检察官或被告以鉴定人之专业知识不足或其实验方法及理论基础有误而声请另行鉴定者"❶。

中国台湾地区既有英美法系的法庭对抗，又保留了司法机关对鉴定过程的控制，除却由于鉴定体制单一，当事人无权启动鉴定造成的遗憾外，从理论上看应当是一种比较好的模式。但是在实践中大部分司法人员依然是上述"拿来"式的应用，未有触及实质性内容的审查。实际上这种模式还忽视了一个最关键的问题：法官自由心证得来的基础。因此在调查评价鉴定证据时依然摆脱不了困境。用蔡墩铭先生的话"然科学采证虽由专家或专业人士为之，但最终认定判断者仍系法律人，因此，在从事此项判断时，倘无此方面知识，必难为正确之判断"。如同该地区高等法院检察署的检察官所说："在判断一般社会现象，法院固可援引酌定，唯对于非属一般社会人情风俗现象，非赖医事专业人员或科技设备辅助难以判断者，法院如何判断鉴定报告之证明力即属重要。此类鉴定，法院既因缺乏专业知识技术而必须委以专家鉴定，对于鉴定报告却又因自由心证而加以全盘或部分否认，或于先后有不同意见之鉴定报告，得选择其一而排除其他，其在专业上之考量为何如未详加说明，仅以抽象之经验法则或论理法则为依据，难免予人擅断或无法信服之感。"❷

(三) 域外鉴定意见判断与审核标准的评析

在英美法系国家，专家证人基本上由当事人聘请，专家证人被当作当事人的辅助者，专家证人意见的范围和内容也是由当事人及其专家自行决定的。大陆法国家的鉴定人一般都由法官选任或聘任，鉴定人与当事人没有任何利害关系，对鉴定人、鉴定意见的审查也都是由法官主导的，鉴定

---

❶ 朱富美. 科学鉴定与刑事侦查 [M]. 中国民主法制出版社，2006：35.
❷ 朱富美. 科学鉴定与刑事侦查 [M]. 中国民主法制出版社，2006：27.

第三章 比较法视野中的鉴定意见司法适用制度

人也具有高于一般证人的诉讼地位。这种鉴定人和专家证人的地位差异以及两大法系审判模式的差异，导致两大法系在鉴定意见专家证言可采性标准方面也存在较大的不同。

1. 两大法系鉴定意见判断与审核标准的差异

（1）对鉴定人资格要求的不同。

英美法系国家对专家证人资格的关注与鉴定意见的可采性密切相关，英美法系的专家证人只要具备相应的知识并对法庭认定事实有帮助即可。而在大陆法系国家，法官在审查鉴定人资格时不仅要求鉴定人具有相应的科学知识，还关注鉴定人是否具有相应的学历、职称等。大陆法系国家鉴定人的范围要小于英美法系专家证人的范围。大陆法系国家大都采用鉴定人统一管理的模式，统一的鉴定人登记名册使得鉴定人的选任和聘请都以名册为标准。

（2）鉴定意见可采性审查的基础不同。

英美法系国家以鉴定意见为基础，而大陆法系国家在审查鉴定意见的可采性时是以鉴定人为基础的；英美法系国家在审查鉴定意见是否具有可采性时注重审查鉴定意见与案件事实的关联性以及该鉴定意见对认定案件事实是否具有实质性的帮助性，即使是对专家证人资格的审查，其最终的落脚点都是鉴定意见的关联性与可靠性。而大陆法系国家的鉴定人制度首要关心的问题就是鉴定人是否具有相应的资格，是否具有相应的权威，法官在判断鉴定意见是否具有可采性时最为关注的就是鉴定人本身的资质问题，因此鉴定人的权威性和可靠性就是鉴定意见具有可采性的重要前提。

（3）鉴定意见可采性标准的完备程度不同。

英美法系国家的鉴定意见可采性规则非常系统完备，法官或陪审团依据这些规则可以对鉴定意见是否具有可采性做出判断。而在大陆法系国家，出于对法官的高度信任，鉴定人也得到了高度的信任，对于鉴定意见

125

是否具有可采性并没有具体的规定，能够指引法官做出判断的规则少之又少。大陆法系国家认为不需要设定种种严格的规则来约束法官和鉴定人，只要鉴定人具有相应的资格和权威，那鉴定意见就是具有可采性的。

(4) 法官的自由裁量权不同。

英美法系国家由于先例的制约以及规则本身的制约，法官的自由裁量权是受到很大的限制的。而在大陆法系，法官的自由裁量权不受各种复杂规则的制约，法官被高度信任，而鉴定人又被认为是补充法官专业知识的"助手"，因此法官对鉴定意见具有很强的依赖性，因此其自由裁量权很少被限制。

2. 两大法系鉴定意见判断与审核标准差异的原因分析

(1) 专家证人或鉴定人的地位不同。

在英美法系国家，专家证人基本上是由当事人聘请的，仅在极少数特殊情况下，法院才指定专家证人，专家证人被当作当事人的辅助者，专家证人意见的范围和内容也是由当事人及其专家自行决定的，专家证人的启动、报酬等都是与当事人直接相关的，有关专家证人的一切法律后果、法律风险基本上都是由当事人自行承担的。专家证人的地位基本上等同一般证人，并且经常被定位为代表一方当事人利益的证人，而不是中立客观的象征。专家证人的此种地位保证了当事人的诉讼权利，保证了诉讼程序的公正性和当事人的对抗性，但是其弊端和缺陷也是显而易见的：专家证人的证言往往带有很强的倾向性和片面性，专家证人无法做到完全客观中立，利益的驱动经常会使专家证人偏袒己方当事人，甚至故意隐瞒有利于对方当事人的专家意见，很多时候，专家证人不过是律师手中的枪罢了。近年来，英美法系虽然也极力强调专家证人的中立性，并为之做了很多改革尝试，但由于鉴定意见整个制度设计的特点，专家证人仍然很难保证绝对的中立和客观。

大陆法国家则将鉴定人看成是"法官的助手"，甚至行使着"准司法

第三章 比较法视野中的鉴定意见司法适用制度

官"的职能。大陆法国家的鉴定人一般都由法官选任或聘任,对鉴定人、鉴定意见的审查也都是由法官主导的,可以说鉴定人的服务对象就是法院,鉴定人也具有高于一般证人的诉讼地位。相比较英美法系的专家证人而言,由于鉴定人与当事人没有任何利害关系,鉴定人的中立性可以得到很好的保障,并且整个鉴定制度的设计都能保证鉴定意见的客观公正。由于法官对鉴定人的高度信任以及鉴定人的中立性,使得在鉴定意见的可采性问题上可以不需要设定过于复杂严格的审查标准,法庭在对鉴定意见进行审查时预设的前提就是该鉴定意见是客观公正的,审查的重点只是鉴定意见是否有瑕疵,是否能证明案件事实。

(2)审判模式的不同。

首先,在英美法系国家,法庭审判的基础包括由普通公民组成的陪审团进行事实审,以及由职业法官进行法律审两部分组成。达马斯卡曾经说过:"只有当审判法庭分裂为专业和非专业两部分时,技术性的证据法才有了存在的空间。众多被广泛采用的证据规则只有放置于二分式法庭背景下才能获得生机。"❶ 也就是说二分式的法庭为鉴定意见可采性规则的产生和发展起到了至关重要的作用,由于负责事实审理的陪审团对法律不精通,个人素质不齐,因此为了保证审判的公正,法庭必须运用鉴定意见可采性对即将提交给陪审团的鉴定意见进行严格的审查。大陆法系的审判模式是一元的,陪审员通常要受制于法官,法官才是庭审的主导因素,法官既是事实审理者又是法律裁判者。

其次,英美法系国家的当事人诉讼主要采用口头辩论的方式,庭审中的辩论直接影响诉讼的结果,竞技主义色彩非常浓厚,当庭辩论的结果即为最终的审判结果,且事后再无法对诉讼结果进行审查,这就要求通过在

---

❶ [美]米尔健·R. 达马斯卡. 漂移的证据法[M]. 李学军等,译. 中国政法大学出版社,2003:251.

庭审中对鉴定意见进行严格的审查，通过对专家证人的询问和交叉询问以确保鉴定意见的可采性。大陆法系的审判模式注重事后对判决结果的审查，强调保存书面证据，即使庭审结束后，法官仍可以依据书面材料审查判决结果，这就导致法官在庭审中不像英美法系国家那样对鉴定意见进行严格的审查，也不会采用很多可采性规则制约鉴定意见的可采性。大陆法系国家在审判模式上与英美法系国家的明显不同决定了其在鉴定意见的可采性问题上也同样保持着不同的态度和关注着不同的重点。

3. 两大法系鉴定意见判断与审核标准的评价

由于两大法系审判模式的不同，大陆法系国家和英美法系国家在证据制度方面形成了不同的司法传统。在英美法系国家，当事人承担着举证责任，法官和陪审团根据当事人提出的证据进行事实认定，进而做出最终裁判。但是，这样的方式增加了不必要的诉讼成本，降低了诉讼效率，容易造成诉讼过程过分冗长，且专家证人的倾向性和片面性往往会给法官和陪审团的事实认定带来更多的困难。法官必须对某项证据材料是否具有资格进入诉讼程序进行判断，并通过判例形成了大量的可采性规则。而在大陆法系国家，由于鉴定人中立、客观的法律地位使得鉴定意见在最大限度上保证了其客观真实性，同时建立了完全排斥证据规则的自由心证制度，法院依职权自行调查证据，并且通过自由心证来判断证据的价值。

总体来说，这两种鉴定意见制度，各有利弊，我们应该从这两种截然不同的制度中，去发现适合我国司法制度的部分，为我国会计鉴定意见民事司法适用制度的建立和完善提供借鉴。

第四章　会计鉴定意见民事司法适用制度的完善

一、会计鉴定意见民事司法适用原则的确立

会计鉴定意见在民事诉讼中的适用原则主要是指会计鉴定意见在适用过程中，结合其自身特点应当遵守的准则，从而保障其证据作用的发挥。除一些普遍性的原则外，笔者认为，在会计鉴定意见的民事司法适用中应遵循以下特有的原则。

（一）公正原则

公正原则是会计鉴定意见在适用中首先要遵守的原

则。如果一份会计鉴定意见是不公正的，那么它就失去了作为证据的资格。公正是司法会计鉴定的灵魂。首先，在会计鉴定意见的形成过程中要遵守程序公正的原则，从委托到受理，从检验到形成鉴定意见，严格依照法律规定的程序完成；其次，会计鉴定意见的民事司法适用还要做到实体公正。当事人之所以申请司法会计鉴定，其最终目的就是想要通过这份鉴定意见，最大限度地还原案件事实，以维护自己的实体权利。如果会计鉴定意见的内容偏离了客观事实，有失偏颇，不仅有损当事人利益，更不能彰显司法公正。只有会计鉴定意见是公正的，那么其在民事诉讼中的适用才能有意义。

（二）程序正当

程序的首要价值是公正，作为实体公正的实现路径，公正的程序赋予裁判以正当性和合理性。作为人类理性的结晶，诉讼的目的是解决纠纷、实现公平正义，司法鉴定制度进入诉讼正是因其对案件事实的客观揭示及对正义的促进，因此，司法鉴定必须符合人类对公平正义的价值追求。程序参与是程序正当的重要内容，通过双方当事人为实现自身利益最大化而积极、全方位参与诉讼，能充分化解当事人的不满，消解利益冲突，促使裁判结果的实现。因此，会计鉴定意见的运用在民事诉讼中需树立程序正当理念。

（三）中立原则

会计鉴定的中立原则主要指会计鉴定的活动应当服从客观真理，不被其他人或组织干涉。司法会计鉴定的中立要求鉴定机构中立、鉴定人中立。鉴定机构中立要求实行审鉴、诉鉴的分离。只有这样鉴定机构才可能中立，否则，会受到机构自身利益的影响，鉴定的公正性和科学性会受到质疑。鉴定人的中立是鉴定公正的重要保证。鉴定的科学性要求鉴定人在主观上对从事的具体鉴定工作抱以科学的态度，即本着实事求是的精神，客观地对待检验事项和检验结果，不掺杂任何个人情感上的好恶或者受本人或他人的预断与偏见的影响。如果鉴定人没有主观上的中立态度，就无从奢谈鉴定行为的科学性。因此，会计鉴定人要保持中立，如此才能不受主观因素的干扰，从而做出更具客观性的鉴定意见。

(四) 科学原则

科学性是会计鉴定意见的特点之一。科学原则有以下几点要求。

首先，鉴定人员具有科学的知识、科学的工作态度；

其次，会计鉴定委托人提供的鉴定材料必须客观真实，因为虚假的鉴定材料必然产生虚假的鉴定意见。鉴定材料的客观性和真实性直接关系到最后的鉴定意见科学与否；

再次，鉴定活动、鉴定技术也要"与时俱进"，如果在科技发展的前提下，仍然固守原来的鉴定技术所得的鉴定意见必然不具有科学性。因此，如何在科技迅猛发展的今天保有鉴定技术的科学性，是会计鉴定机构所要不懈追求的；

最后，鉴定意见的科学性必须要经过法庭质证，经得起庭审质证程序的检验，才能保证其科学性的本质。

(五) 效率原则

司法会计鉴定是一种科学活动，但其最终是要为诉讼活动服务。效率作为民事诉讼追求的目标之一，也是会计鉴定意见在适用中要遵循的原则，民事诉讼法中对期限的规定也体现了这一点。因此，在民事诉讼中适用会计鉴定意见也要遵循这一原则，如果一份会计鉴定意见的出具需要经历较长的时间，那么则不利于诉讼的进行，这在本质上也有损当事人的利益，使会计鉴定意见的功效有所折损。因此，必须要强调适用会计鉴定意见的效率原则。

二、会计鉴定意见民事司法审查规则的构建

依据客观存在的财务会计资料做出的会计鉴定意见虽具有科学性、唯一性,[1] 但毕竟是一种主观判断,必然或多或少掺杂着鉴定人的主观意识,不可避免地存在瑕疵。因此,法官将会计鉴定意见作为证据认定案件事实时,必须首先要进行审查判断,尤其是在当前司法会计鉴定缺乏应有法律规制的特定背景下。

对会计鉴定意见的审查主要是对其"准入资格"进行审查,以确定其是否具有适格性,然后再对适格的会计鉴定意见能够在多大程度上证明案件待证事实进行判断。会计鉴定意见的证据能力和证明力构成了民事司法审查的核心内容。

(一) 司法会计鉴定的确定

1. 司法会计鉴定必要性的审查

所谓司法会计鉴定的必要性,是指具体诉讼案件中是否需要组织实施司法会计鉴定的问题。司法会计鉴定的必要性是专家证据可采性的标准——相关性和有用性的体现。[2]

相关性是指司法会计鉴定的内容和结论与案件中所需要解决的争议问题有关联,并且这种关联是一目了然的。相关性要求,即申请鉴定的问题与案件处理结果之间具有关联性,鉴定要解决的问题应当对法院最终做出判决结果有实质性影响。这是由于当事人申请鉴定所要解决的问题,一般是最大限度地服务于其诉讼目的,而法院的功能则是适用法律公平地平衡双方利益,因而当事人要求的鉴定不一定对法院做出判决有诉讼上的实际意义。这也是在实际中出现个别鉴定结论本身并无问题,而最终却不被采

---

[1] 于朝. 司法会计鉴定实务 [M]. 中国检察出版社,2014:159-160.
[2] 杨书怀. 法务会计鉴定的采信机制研究 [M]. 经济科学出版社,2014:231.

第四章 会计鉴定意见民事司法适用制度的完善

用的原因。

有用性是指专家证据——会计鉴定意见能否对法官判断案件中的争议问题提供实质性的帮助。如果法官不需要司法会计鉴定的帮助就可能凭借自己的知识、能力、经验和常识对案件中的财务会计事实做出判断，那就没有使用司法会计鉴定的必要，所提供的会计鉴定意见也就不具有可采性。此外，如果法官根据诉讼双方当事人提供的证据已经可以对财务会计问题做出准确的判断，则也没有使用司法会计鉴定的必要。在司法实践中，很多当事人为了自己的利益（最大化或最小化）单方委托的司法会计鉴定因为没有必要，而被法官不作为证据使用。

2. 司法会计鉴定可行性的审查

司法会计鉴定的可行性，是指具体诉讼中是否具备进行司法会计鉴定的客观条件，即案件涉及的财务会计问题能否通过司法会计鉴定解决。

对司法会计鉴定可行性的考察重点是本案是否具备进行司法会计鉴定需要的鉴定材料。主要有两个考察途径：一是根据司法会计鉴定的常识和诉讼经验，直接判明本案已经获取或能够获取的检材能否满足司法会计鉴定的需要；二是通过咨询司法会计师或拟聘请的鉴定人，考察确定本案司法会计鉴定的可行性。

例如，上诉人广西壮族自治区燃料总公司贵阳公司（以下简称广西燃料公司）与上诉人贵州华林贸易有限责任公司（以下简称华林公司）委托合同纠纷一案［案号：（2014）黔高民再终字第2号］。

广西燃料公司在本案一审过程中，向法院提交了《司法会计鉴定申请书》，请求对双方的会计账簿、记账凭证及附件进行司法会计鉴定，以明确双方对发运煤炭的实际购买情况及双方交易的数量、金额、结算情况，以证明1996年3月1日《协议》内容的成立，同时该公司陈述其财务账是依据增值税发票进行做账。

华林公司不同意进行司法会计鉴定，也不同意提交财务账簿，理由是广西燃料公司做账凭证即购买的增值税发票是虚假的，不是真实交易的增值税发票，按照广西燃料公司财务账簿做出的司法会计鉴定不客观；主张该公司已经提交证据证明发运煤炭的所有权，无鉴定必要，华林公司同时陈述其财务账是依据磅单进行做账；并向法院申请按照广西燃料公司与广西收货单位的结算价格对其发运煤炭垫付款进行鉴定，广西燃料公司不同意按照其结算价格鉴定。双方对各自做账的财务凭证真实性及关联性等均有异议，不予认可。

贵州省贵阳市中级人民法院审理认为：关于广西燃料公司申请对双方财务账簿进行司法会计鉴定，是否能客观反映本案煤炭实际购买情况，及本案是否具备司法会计鉴定条件的问题。公司财务账簿应是公司经营活动的客观真实反映，财务账簿中的财务报表是依据财务账，财务账是依据记账凭证，记账凭证是依据发票进行做账。增值税发票应是原始凭证的反映，如增值税发票与原始凭证有冲突，应以原始凭证作为财务做账调账的最终依据。本案中，广西燃料公司虽然陈述其按照增值税发票做账的财务账是完整的，但该公司购买的大部分煤炭与其另行购买的增值税发票没有对应交易关系，其另行购买发票是为了完成财务做账及抵税的手续，并不能反映当时的真实性交易情况。因此，根据广西燃料公司不能真实反映当时交易情况的财务账簿，进行司法会计鉴定不具有客观性；同时华林公司不同意对双方财务账簿进行司法会计鉴定。故本案不具备司法会计鉴定条件，不同意广西燃料公司的司法会计鉴定申请。另华林公司申请按照广西燃料公司与广西收货单位的结算价格对其发运煤炭垫付款进行鉴定。因广西燃料公司不同意按照其结算价格进行鉴定，且华林公司又不提供该公司财务账簿进行垫付价格鉴定，故不同意华林公司的鉴定申请。

（二）会计鉴定意见证据能力的审查

1. 鉴定人的资格审查

英美法系国家的鉴定主体称为专家证人，对专家证人的资格采用"无

第四章 会计鉴定意见民事司法适用制度的完善

固定资格原则"的鉴定人主义,即对专家证人的内涵及执业资格没有明确的、严格的法律界定,只要他对案件中的某个专门问题具有一般人不具有的专门知识或经验就可以作为专家证人。在这种模式下,虽然双方当事人选择专家证人的范围较广,法官通过双方论辩更能直接判断主体的能力适格性,但是专家证人往往成为律师演奏的"萨克斯风"❶,其中立性受到威胁,法庭上对其资格的确认将会增加诉讼时间和成本,影响司法公正与效率。大陆法系国家的鉴定主体称为鉴定人,对鉴定人的资格采用"固定资格原则"的鉴定权主义,即以成文法的形式强制规定鉴定人的资格条件。这种模式可以保证鉴定人符合鉴定能力方面的要求,并能做出独立、客观、公正的鉴定结论。

我国法律属于大陆法系,对于司法鉴定主体资格施行的是固定资格原则,这与我国国情和鉴定业务发展的现状是相适应的。当前,司法会计鉴定人主要由两部分构成:公安机关、检察机关内部的司法会计鉴定人;中介机构的司法会计鉴定人。依据《关于司法鉴定管理问题的决定》第7条的规定,侦查机关内部设立的鉴定机构,不得面向社会接受委托从事司法鉴定业务,且这一规定在司法实践中已得到贯彻实施。

上诉人英大泰和财产保险股份有限公司河北分公司因责任保险合同纠纷一案[案号:(2014)唐民二终字第1340号]。上诉人二审期间提供唐山市公安局物证鉴定做出的冀唐公物鉴痕检字(2013)0213号鉴定文书,证明冀B×××××黑色轿车仅前杠右侧与墙体有两次以上接触,该车其他破损部分不是此次事故造成的。河北省唐山市中级人民法院认为:根据全国人民代表大会常务委员会《关于司法鉴定管理问题的决定》第7条规定,"侦查机关根据侦查工作的需要设立的鉴定机构不得面向社会接受委

---

❶ 美国证据法学家 Langbein 将专家证人比喻为"萨克斯风",律师演奏主旋律,指挥专家证人这种乐器奏出令律师备感和谐的曲调。当事人委托专家证人并支付报酬,其提供的意见一般都对委托人有利。

135

托从事司法鉴定业务"，上诉人提供的唐山市公安局刑事科学技术研究所做出的鉴定文书程序上不符合法律规定，故本院不予采纳。

鉴于《关于司法鉴定管理问题的决定》第7条的规定，民事诉讼中司法会计鉴定工作主要由中介机构的鉴定人员来完成。司法会计鉴定的实践性和理论性都很强，是一项复杂且责任心强的工作。作为司法会计主体的鉴定人主导着鉴定的整个过程，其知识结构和业务水平影响着鉴定意见的质量，因此，应当建立一套完善的司法会计鉴定人员认证制度，司法会计鉴定作为一类特殊的司法鉴定，应纳入《关于司法鉴定管理问题的决定》规范的范畴，应实行登记管理制度。可喜的是，山东省已经将司法会计鉴定纳入登记管理的范畴，《山东省司法鉴定条例》在第3条明确规定：本条例所称司法鉴定，是指司法鉴定机构和司法鉴定人运用科学技术或者专门知识对诉讼涉及的专门性问题进行检验、鉴别和判断并提供鉴定意见的活动，包括法医类、物证类、声像资料类鉴定以及诉讼需要的会计、知识产权、建设工程、产品质量、海事、交通、电子数据等其他类鉴定。因此，针对后一类鉴定人的资格审查，应坚持以下标准。

一是鉴定人所在的鉴定机构已取得省级司法行政机关颁发的《司法鉴定许可证》；

二是鉴定人拥有省级司法行政机关颁发的《司法鉴定人执业证》，且执业类别为"司法会计鉴定"；

三是《司法鉴定许可证》《司法鉴定人执业证》均通过年检和注册。

2. 鉴定意见书的形式审查

（1）鉴定人的签名或者盖章。

申请再审人周太均与被申请人四川省隆昌乾亨建筑工程有限公司（简称乾亨公司）建设工程施工合同纠纷一案［案号：（2014）川民提字第143号］。

本案一审审理过程中，一审法院给乾亨公司指定的举证期限为2012年

第四章 会计鉴定意见民事司法适用制度的完善

1月26日前。2012年1月15日乾亨公司向一审法院提交鉴定申请,申请对周太均已做工程的工程量及造价进行鉴定,一审法院于2012年4月委托鉴定机构进行鉴定,并对本案依法中止审理。

周太均不服一审判决,向四川省攀枝花市中级人民法院提起上诉称:乾亨公司没有在举证期限内提出鉴定申请和预交鉴定费,不符合相关法律规定,丧失了鉴定的合法性。因双方争议的是劳务费,劳务费不属于鉴定范畴。周太均在一审中向法院提供了证明自己完成工程量的证据,该证据上有乾亨公司代表的现场签字,本案的工程量应以双方约定验方收方为准。同时,本案所涉鉴定报告没有鉴定人员签名,不具备法律效力。

四川省攀枝花市中级人民法院二审法院判决认为:乾亨公司与周太均签订的《劳务协议》明确约定了周太均完成协议约定的工程,承包单价为每平方米266元,作为工程款人工工资的款项。面积计算,严格按照施工图的面积为准。在一审审理过程中,乾亨公司在举证期限内提出了鉴定申请。因乾亨公司与周太均之间就本案所涉工程的工程量发生争议,一审法院对乾亨公司要求对本案所涉工程量、价款进行司法鉴定的申请予以准许,没有违反最高人民法院《关于民事诉讼证据的若干规定》的规定。另外,周太均虽对本案所涉鉴定报告有异议,但没有举出足以反驳的证据,故对周太均上诉称一审法院审判程序违法的主张不予支持。

周太均申请再审称:一审法院在审理程序上存在错误。①乾亨公司申请鉴定的时间不符合法律规定,且在举证期限内没有预交鉴定费用,也没有向法庭提供相关材料,不具有鉴定的合法性。②鉴定机构出具的《鉴定报告》中没有鉴定人员的签名,不符合法律规定。③一审法院在没有通知当事人的情况下委托鉴定机构予以鉴定,且没有给周太均提供鉴定的补充说明以及提出异议的期限,其程序有误。

四川省高级人民法院再审审查认为:关于乾亨公司申请司法鉴定的时间和程序是否符合法律规定的问题。本案所涉工程完工后,因乾亨公司与周太均在结算工程款项时,对施工的工程量有异议,且乾亨公司是以周太均多次借支方式支付的工程款,乾亨公司在结算时发现周太均多领取了工程款而提起诉讼。一审法院受理后,于2011年12月26日向乾亨公司发出的(2012)仁和民初字第119号举证通知书,已明确告知申请鉴定应在举证期限内,其举证期限为2012年1月26日前,而乾亨公司申请一审法院鉴定的时间为2012年1月15日,故乾亨公司申请鉴定在其举证期限内,一审法院准许鉴定其程序合法。

一审法院委托四川天宇工程项目管理咨询有限公司对本案所涉工程做出鉴定,因鉴定机构工作上的疏忽,鉴定人员未签名,其存在一定瑕疵,但在该《鉴定报告》中附有该鉴定机构在工商部门颁发的营业执照、乙级工程造价咨询企业资质证书以及本案所涉工程的鉴定师邓邑、周利萍执业资格证书。同时,该鉴定机构于2012年9月6日向一审法院做出相关鉴定人员未签名的情况说明,已承认系工作疏忽而造成。对此,虽《鉴定报告》在形式要件上存在一定的瑕疵,但并不影响其鉴定意见的客观真实性,一审、二审法院采信鉴定结论并无不当。

依据《司法鉴定程序通则》的规定,鉴定意见应具有两名以上鉴定人的签名盖章,同时还要加盖鉴定人所在鉴定机构的公章;《最高人民法院关于民事诉讼证据的若干规定》第29条也将"鉴定人员及鉴定机构签名盖章"作为人民法院审查的范围。但是,《关于司法鉴定管理问题的决定》及《民事诉讼法》等法律仅要求鉴定人在鉴定书上签名或盖章,且并未对鉴定人数提出明确要求。

笔者认为,我国实行鉴定人负责制,鉴定意见只表示鉴定人的个人意见,不应当理解为鉴定人代表其所在单位或机构出具的结论性意见。[1] 鉴定意见一般应当有具体鉴定人的签名盖章,而加盖鉴定机构公章只是为表

---

[1] 于朝. 司法会计概论 [M]. 中国检察出版社, 2014: 335.

明鉴定人所属机构,进而证明其资格和身份的依据。关于人数的问题,依据《关于司法鉴定管理问题的决定》第 10 条的规定,法律并不禁止一人独立实施司法会计鉴定。因此,仅有鉴定机构公章而鉴定人未签名盖章的鉴定意见,法院应当令其补签,否则,不具有证据能力;仅有鉴定人签名盖章而没有鉴定机构公章的鉴定意见,即使是一人实施的,只要鉴定人具备法定资格、委托授权合法,也不影响其证据能力。

(2) 鉴定意见的类型。

鉴定意见依据不同的分类标准,可分为不同的类型。

按意见依据的不同,可分为鉴定意见、分析意见和咨询意见。鉴定意见,是指司法会计鉴定人依据充分的检验结果和规范的鉴定标准做出的会计鉴定意见;分析意见,是指司法会计鉴定人依据不够充分的检验结果和规范的鉴定标准做出的会计鉴定意见;咨询意见,是指司法会计鉴定人依据相关方提出的特别假定事项及相应检验结果、鉴定标准做出的会计鉴定意见。

按意见程度的不同,可分为确定性鉴定意见和限定性鉴定意见。确定性鉴定意见,是指结论内容完全确定,不附带判定条件的会计鉴定意见;限定性鉴定意见,是指附带一定判定条件的会计鉴定意见。如上诉人曾宪明与上诉人徐州咪兰房地产开发有限公司、上诉人徐先超合资、合作开发房地产合同纠纷一案,天衡会计师事务所徐州分所做出天衡徐专字[2014] 0175 号《司法会计鉴定报告书》,鉴定意见为:①如土地成本按 300 万元确认,则咪兰公司开发的美兰花园小区项目净利润为 1755.055 万元;②如土地成本按 700 万元确认,则咪兰公司开发的美兰花园小区项目净利润为 1455.055 万元。此鉴定意见即为限定性鉴定意见。

按照意见方向的不同,可分为肯定性鉴定意见和否定性鉴定意见。肯定性鉴定意见,是指确认某一财务会计事实的发生和存在状况的会计鉴定意见;否定性鉴定意见,是指确认某一财务会计事实的未发生或不存在的会计鉴定意见。

司法实践中还有一种情形是或然性意见,也称倾向性意见,是指司法会计鉴定人做出的既不肯定也不否定或只确认某种可能性的意见。这种情形产生与鉴定证据不充分或检材质量太差有关。

法官在诉讼过程中,应注意审查该鉴定意见是鉴定意见、分析意见还是咨询意见,是确定性意见还是限定性意见,是肯定性鉴定意见还是否定性鉴定意见,以判断鉴定意见的可靠程度。其中,对于鉴定意见,应审查其是否回答了提请鉴定的财务会计问题,有无遗漏鉴定事项或超范围鉴定问题,意见表述是否清晰、明确;对于分析意见,应当注意其证据缺陷;对于咨询意见,应当搞清特别假定事项的含义;对于限定性意见,应当明确附加判定条件的含义。限定性鉴定意见因其含有附带的判定条件,因此除须审查鉴定意见的科学性外,还须考虑与附加判定条件有关的其他相关证据的采信与否,决定是否将其作为定案的依据。

(3) 鉴定的事项。

司法会计鉴定要解决的是财务会计问题,能够成为鉴定事项的应当是涉案的资产价值、资产结存及结存差异、财务往来事项、财务收支及收支差额、投资或经营损益等财务问题,以及财务处理结果涉及的会计问题。❶鉴定事项的审查,应注意以下几个方面的问题。

1) 鉴定目的不能等同于鉴定事项。

司法会计鉴定目的,是指案件调查部门采用司法会计鉴定所要查明的案情。目前无论理论上还是实践中,把鉴定目的当作鉴定事项提出来的情形还比较普遍。

在司法实践中,应当避免出现将司法会计鉴定的目的作为鉴定事项向鉴定人提出的情形。两者之间虽存在一定的联系,但是也存在明显的区

---

❶ 白岱恩,于朝. 司法会计简明教程 [M]. 法律出版社,2017:134-16.

别,不可混淆,它既涉及理论上对司法会计鉴定范围的研究,也涉及司法实践中如何提出鉴定事项的问题。

第一,会计鉴定事项来自会计鉴定目的,诉讼中存在需要查明财务会计事实的案情,才会提出会计鉴定事项;而会计鉴定事项的实现为证实鉴定目的所指案情提供证据——会计鉴定意见。

第二,相同的鉴定目的可能涉及不同的鉴定事项,而相同的鉴定事项可能是为了查明不同的案情。

第三,诉讼过程中,同一鉴定目的可能涉及多项鉴定事项,而同一鉴定事项也可以实现多项鉴定目的。

第四,一些具体鉴定目的的实现会涉及包括司法会计鉴定在内的各种调查手段的运用的结果,因而即使相关鉴定事项得到了解决,也未必能够实现鉴定的目的。

2) 鉴定事项之间的包容关系。

鉴定事项之间的包容关系,是指鉴定事项之间存在的包容被包容关系。如利润问题通常包容了收入鉴定和成本费用鉴定这两项鉴定事项,鉴定人必须先进行这两项鉴定并得出鉴定意见,才能最终完成利润鉴定。

司法实践中,当一项鉴定事项包容了相关鉴定事项,通常不再就被包容的鉴定事项单独提出鉴定事项(有特殊需要的除外),鉴定人必须对被包容的鉴定事项分别实施鉴定并得出相应的鉴定意见,但并不需要在最终提出的鉴定意见中单独列示被包容鉴定事项的鉴定意见,但这些被包容鉴定事项的鉴定意见应当在鉴定文书相关部分中进行表达。

3) 超出司法会计鉴定范围的问题。

超出司法会计鉴定范围的问题,是指诉讼中与财务会计业务有关但不能属于司法会计鉴定对象的各种问题。与涉案财务会计业务有关的法律问题、通过司法会计检查(或检验)已经解决或能够解决的财务会计问题、财务凭证内容真实性的识别问题、财务会计错误责任人的确认问题等不属于司法会计鉴定的对象。

3. 鉴定材料的审查

鉴定材料，就是委托人委托鉴定人鉴定需要的财产账目、簿册、报表、单据等。鉴定材料是鉴定的基础，其来源和质量直接影响到鉴定意见的科学性和可靠性。具体而言，应从以下方面审查鉴定材料。

第一，审查鉴定材料来源的合法性。鉴定材料应是委托人依法定程序收集或审查形成的，鉴定人无权自行收集。依据《民事诉讼法》第77条的规定，鉴定人根据鉴定的需要，可以询问当事人、证人，当事人的陈述、证人证言虽能够说明案件涉及的财务会计业务内容，但是这些言词证据不能作为司法会计鉴定的根据。

第二，审查鉴定材料的可靠性。鉴定材料作为一种客观存在，应是真实、充分的，对需要确认的财务会计事项应形成完整的记录，要做到账证、账账、账表能够相互核对和相互印证。除非双方当事人对鉴定材料均无异议，否则，鉴定材料应经过质证，未经质证，不能作为鉴定的根据。

4. 鉴定程序的审查

作为一项诉讼活动，鉴定应当按照法律和有关规定进行。依据《最高人民法院关于民事诉讼证据的若干规定》第27条的规定，"鉴定程序严重违法"的鉴定意见不具有证据能力。鉴定程序合法性的审查，应主要关注以下几个方面。

(1) 鉴定程序的启动。

鉴定程序可以因当事人申请，也可以因人民法院依职权启动，但是，鉴于我国职权主义类型的诉讼结构，是否需要进行司法会计鉴定，最终是由人民法院决定的。例如，广州进和饲料有限公司、黄晓民与上海泽尼贸易有限公司进出口代理合同纠纷一案中，上诉人广州进和饲料有限公司认为，本案没有委托鉴定的必要。但上海市高级人民法院答复，鉴定是借助科学技术或者专门知识对专门性问题做出认识判断，需要运用鉴定人员的专业知识。由于本案单据众多，各方当事人对单据的真实性、对应性等均各执一词，原审法院为了核定上海泽尼贸易有限公司履约差价损失、相关进口代理费、关税、港口费、销售代理费、保险费等问题，同意上海泽尼贸易有限公司的鉴定申请，该做法并无不妥。

一方当事人自行委托具备资格的鉴定人进行司法会计鉴定，我国现行法律虽没有禁止，但由于是否进行鉴定、选择哪个鉴定机构及鉴定人、提供哪些鉴定材料、如何对鉴定过程进行监督等，均由当事人单方决定，因此，只要对方当事人提出异议且申请重新鉴定的，应否认"自行鉴定"的证据能力；对方当事人提出异议，即使没有提出重新鉴定的申请，法院也应对鉴定意见是否具有证明力以及证明力的大小进行全面的审查和判断，不可想当然地予以采信。

(2) 鉴定人的选任。

当事人提出鉴定申请，经人民法院审查同意后，鉴定人的选任有当事人协商确定和人民法院指定两种方式，即先由当事人协商后经人民法院认可，协商不成的再由人民法院指定。人民法院依职权启动鉴定的，《最高人民法院关于适用〈中华人民共和国民事诉讼法〉的解释》第121条规定，此种情况下由法院指定鉴定人，但须事先询问当事人的意见。

(3) 鉴定人的回避。

根据民事诉讼法和相关规定，作为诉讼参与人的鉴定人员应当遵守法律有关回避的规定，以确保鉴定人的中立地位，确保做出的鉴定意见的可靠性。如果鉴定人存在《民事诉讼法》第44条规定的情形，应当回避而未回避的，其做出的鉴定意见不得作为定案的根据。

(4) 重新鉴定。

在司法实践中，许多案件存在多次补充鉴定或重新鉴定的现象，但是，涉案财务会计专门性问题并非经过多次补充鉴定或重新鉴定就能得到解决的，且多份鉴定意见之间也不存在预定的证明力等级，因此，必须依照《最高人民法院关于民事诉讼证据的若干规定》第 27 条的规定,对当事人重新鉴定的申请进行严格审查,慎用重新鉴定制度,尽量避免多次鉴定、重复鉴定现象的发生。

(三) 会计鉴定意见证明力的判断

证明力主要由法官自由心证完成,原则上禁止法律对其做出硬性规定,但司法公正的理念仍然需要一定的证明力规则对法官予以制约和规范。

1. 鉴定过程规范性的审查

鉴定过程,是指鉴定人受理鉴定后至鉴定文书做出这一过程,即鉴定实施的过程。❶ 鉴定的实施是否具有明确的内部操作规范,鉴定步骤是否科学、完整,鉴定过程是否设有监督环节、是否采取了具体的监督措施,是保证鉴定意见得以正确做出的关键环节。这个关键的环节包括鉴定方案的拟定、鉴定的具体步骤、鉴定的记录与复核、鉴定文书的做出等。《最高人民法院关于民事诉讼证据的若干规定》第 29 条要求审判人员对鉴定人出具的鉴定文书审查是否具有鉴定过程的说明,就是审查这个关键环节、关键过程。

2. 鉴定方法科学性的审查

会计鉴定意见的生成涉及鉴定方法问题,因此,鉴定方法的科学性直接决定了其证明力的存废及大小。鉴于我国司法会计鉴定技术、方法目前尚缺乏具体的标准,在统一的标准制定之前,鉴定依据的技术和方法必须是在该学科领域内得到普遍接受和认可的,否则,有些技术、方法未经过足够的可检验性就被应用到鉴定中,一般情况下不具有证明力。例如,关于抽样方法的运用。抽样方法是一种重要的报表审计方法,但由于抽样方法是以抽查的会计资料来推断会计报表是否公允地反映了被审计单位财务

---

❶ 梁书文.《关于民事诉讼证据的若干规定》新解释 [M]. 人民法院出版社,2011:304.

第四章 会计鉴定意见民事司法适用制度的完善

状况、经营成果和资金变动情况,欠缺客观性,不具有严密的逻辑性,司法会计领域对采用抽样方法进行的司法会计鉴定一般不予认同。

例如,上诉人李宗超与上诉人自贡高压阀门股份有限公司(简称高阀公司)及原审第三人四川禾嘉实业(集团)有限公司(简称禾嘉公司)企业承包经营合同纠纷一案[案号:(2014)川民再终字第19号]。

2013年11月23日,四川长江会计师事务做出的《司法会计鉴定报告》,第7页载明:"……六(一)鉴定范围说明……本次鉴定范围为:吴金环公司2005年8月至2013年4月的相关财务会计资料;对吴金环公司2013年5~8月期间发生的债权债务变更事项,通过对2013年4月末相关账面数进行期后事项调整后予以反映。本次鉴定中,我们对高阀销售公司、高阀有限公司、樊平公司的财务会计资料中与本次鉴定目的有关的部分财务会计资料实施了抽查、分析核对等鉴定程序。但仅是根据本次鉴定目的进一步获取鉴定证据所实施的鉴定程序,既不是对上述三个会计主体的财务会计资料进行鉴定,也不是对高阀销售公司、高阀有限公司、樊平公司(H账套、HL账套)的经营情况和财务状况发表鉴定意见。"鉴定意见中多次出现"鉴定范围受到重大限制"字样,有时是因为无法实施函证程序,也无法实施向吴金环询问等其他替代程序,有时是因为实物仓库未对吴金环公司、樊平公司和竹绍玉公司的上述存货进行标识区分,鉴定人无法对吴金环公司的相应库存情况进行抽查盘点。且部分鉴定材料是通过抽样方式取得的。

四川省高级人民法院认为:关于终止承包后的资产返还和赔偿损失的问题。本院认为,现有鉴定意见载有太多不确定因素,得出的意见太过笼统。对终止承包后的资产返还及损失"得不出具体数据结论",故该鉴定意见无法作为判决资产返还和赔偿损失的依据。因此关于资产返还和赔偿损失的问题,当事人可以另行解决。

3. 论证充分性的审查

论证是司法会计鉴定工作的核心部分，是司法会计鉴定的灵魂，不经过论证，鉴定人就无法做出具有证明力的鉴定意见。鉴定意见论证是否充分，应重点关注以下几个方面。

一是审查据以推断鉴定意见的检验结果在鉴定文书中是否有详细的表述，从而判明鉴定意见的事实根据是否充分、客观。充分，是指鉴定意见书的检验部分对检验结果的表述包含了检材名称、检验所见等与检验结果相关的事项；客观，是指鉴定意见书对检验所见的表述客观地反映了检材内容。必要时对较为关键的证据材料，应当考虑逐一通过查阅案卷进行对照审查。

二是审查论证过程是否符合逻辑、推理是否合理、论据和结论之间是否存在矛盾等。例如：在同一诉讼两个鉴定事项的鉴定意见中，一个鉴定意见是在认定某单位财务会计资料虚假基础上做出的，而另一个鉴定意见则是在认定该单位财务会计资料真实的基础上做出的，❶ 则该鉴定意见的证明力值得质疑。

江西瑞雪陶瓷有限公司（下称瑞雪公司）与佛山市摩亚迪机电设备有限公司（下称摩亚迪公司）、袁丽文买卖合同纠纷一案［案号：(2016) 赣民终 279 号］。

2013 年 6 月 21 日，摩亚迪公司申请法院委托有鉴定资质的部门对涉案的承建设备进行专业技术鉴定，瑞雪公司表示同意。8 月 6 日，摩亚迪公司与瑞雪公司在高安法院技术室的见证下，一致同意先由苏州华碧微科检测技术有限公司司法鉴定所（以下简称华碧所）对涉案设备进行质量鉴定，后由湖北省产品质量监督检验研究院司法鉴定中心就设备质量与经济损失之间的因果关系进行鉴定，再由江西建诚司法鉴定中心（以下简称建

---

❶ 于朝. 司法会计概论 [M]. 中国检察出版社，2014：343.

诚所）对瑞雪公司的经济损失进行司法会计鉴定。

关于华碧所出具的《司法鉴定意见书》中的鉴定结论和建诚所做的《会计司法鉴定意见书》是否合法有效的问题。江西省高级人民法院认为：本案华碧所出具的《司法鉴定意见书》鉴定意见包含两个部分。一部分是未发现涉案球磨机喂料系统、泥浆陈腐系统、粉料输送及粉料陈腐系统、压机输送系统存在重大质量问题；第二部分是对涉案泥浆喷雾干燥系统中喷雾干燥塔内的中部及下部材料不符合合同约定的材料要求，存在质量缺陷。对第一部分的结论，华碧所主要是依据 2013 年 11 月 9 日在瑞雪公司的现场鉴定做出的，且该次的现场鉴定，各方当事人均到场，符合鉴定程序，故对该第一部分鉴定意见予以确认。对第二部分的鉴定意见，因样品取样不符合鉴定程序，故对该第二部分的鉴定意见不予采信。建诚所系以华碧所的《司法鉴定意见书》第二部分鉴定意见为依据做出的，而华碧所的第二部分鉴定意见未被采信，故建诚所做出的《会计司法鉴定意见书》也不能采信。

4. 质证意见的审查

质证是认证的基础，法官通过对质证意见的审查，会形成会计鉴定意见能否作为定案根据的内心判断。当事人及其代理人对鉴定人资格、专业知识和能力的质疑，有助于法官判断鉴定人的可信度；当事人及其代理人对鉴定材料、鉴定程序的质疑，有助于法官判断鉴定意见的适格性；当事人及其代理人对鉴定过程、鉴定标准、鉴定方法、鉴定论证的质疑，有助于法官判断鉴定意见的科学性和证明度。

5. 鉴定意见符合证据链的审查

会计鉴定意见虽对解决涉案财务会计问题具有决定性的作用，但是，它通常不能直接证明案件事实，属于间接证据。例如：李某与某银行就是否提取 40 万元现金业务发生争议，银行提交李某的取款凭证证明其提取了 40 万元现金。鉴定事项：确认银行在取款凭证日的现金应结存额。鉴定意见表明：如果将银行支付李某40万元业务视为现金支出业务，银行当日现金应结存额为负31万余元。鉴定意见反映出银行支付40万元现金业务的虚假性，法院据此确认银行当日并无支付李某40万元现金的能力，进而确认银行没有支付40万元的事实。但是，如果该鉴定意见确认银行当日的现金应结存额为正数，则只能证明银行有支付现金的能力，但并不能确认其已支付了李某40万元现金的事实。

会计鉴定意见既然是一种间接证据，法官必须要全面考虑其与同案其他证据之间的关系，才能对会计鉴定意见的证明力及大小做出判断：①鉴定意见必须与案件中的其他证据相互印证、互为补充；②鉴定意见与主要的待证事实必须协调一致，没有矛盾；③鉴定意见与其他证据综合所得的结论，必须是肯定的、唯一的，不能导致其他的理解。

三、会计鉴定意见司法审查实现的制度保障

(一) 司法会计鉴定技术标准的构建

司法会计鉴定技术标准是司法会计鉴定人员在鉴别和判定财务会计资料时必须遵循的各种技术规范的总称，它是衡量和评价司法会计鉴定质量的尺度。

1. 构建司法会计鉴定技术标准的必要性

司法会计鉴定作为一种为诉讼活动提供法律证据的服务，是一项技术性极强的工作，应当有一个专门的、统一的技术标准对其进行规范。

规范的技术标准是支撑司法会计鉴定意见的关键。目前，在司法会计实践中，各地的鉴定人员主要依据相关会计制度及准则、财经法规和地方性政策要求等作为依据进行鉴定。在缺乏统一的具有法律效力的技术标准指导和依据的情况下，使得对同一经济案件中同一财务会计问题的司法会计鉴定，得出不同的鉴定意见。司法会计鉴定人员往往只注重传统的会计

第四章　会计鉴定意见民事司法适用制度的完善

思维，而不注重复合运用法律思维进行工作，鉴定意见难免有偏差，甚至不符合审判机关的证据要求。这不仅削弱了司法会计鉴定作为专家证据的证明功能，而且也给事实裁判者的采信带来困难，无法判断鉴定意见的客观性、公正性和科学性。

此外，质证这一司法环节是针对司法会计鉴定意见的证据能力和证明力进行质疑和询问，作为质证主体的当事人及其律师缺乏相应的财务会计知识和能力，也迫切需要技术标准为其质证提供指导和帮助。构建科学、统一的司法会计鉴定技术标准，有助于对司法会计鉴定的操作过程、质证以及法院的采信进行合理规范和指导。

近年来，会计师事务承担着越来越多的司法会计鉴定工作，然而现行的《中华人民共和国注册会计师法》，并没有对注册会计师参与诉讼活动予以明确的规定。该法规定注册会计师可以提供审计业务、会计咨询、会计服务业务及其他法定审计业务，并对审计业务、会计咨询和会计服务进行具体业务规定，其中未包括诉讼相关业务。2007年颁布实施的《中国注册会计师鉴证业务基本准则》，用以规范注册会计师进行司法会计鉴定业务。然而，《中国注册会计师鉴证业务基本准则》在证据规则方面并不符合诉讼法的有关要求，据此出具的鉴定意见存在不被法庭采信的风险。首先，鉴证业务的目的是对反映经济活动的信息提供附加保证，增加可信度，而司法会计鉴定的目的是要提供证据以证明案件事实；其次，司法会计鉴定的对象是财务会计活动及其反映的经济活动，而鉴证业务的对象则具有多种形式，不限于财务会计活动；最后，司法会计鉴定的依据是财务会计"历史"资料，体现的是"再现"，而鉴证业务还包含预测业务，除了"评价"还可预测"未来"。可见，由于二者的本质差异，以审计报告或鉴证报告代替司法会计鉴定文书，并以审计结论或者鉴证结论作为司法会计鉴定意见使用，存在诸多不妥之处。

中国注册会计师协会2010年6月发布的《注册会计师执业领域拓展研

究报告（征求意见稿）》认为，鉴定标准不明确严重制约了会计师事务所拓展会计鉴定业务，并指出加强执业标准方面的研究与建议是当务之急。由于有关业务规范的缺失以及实践中注册会计师从事司法会计鉴定工作的需要，部分省市的注册会计师协会出台了一些规定，如北京市注册会计师协会为了规范注册会计师进行司法会计鉴定工作，出台了《司法会计鉴定实务操作指南》，以及福建省注册会计师协会起草了《审计风险提示第4号——司法会计鉴定》。这些司法会计鉴定业务量较大的省级注册会计师协会，在实践中遇到了缺少统一的司法会计鉴定技术规范带来的诸多不便，可见，急需建立统一的司法会计鉴定技术规范已成为社会多方的共识。

2. 司法会计鉴定技术标准的内容

根据《司法鉴定程序通则》（2007）分类指导的基本精神，❶ 本书认为，司法会计鉴定技术标准可分为引用技术标准和专用技术标准两大类。

（1）引用技术标准。

引用技术标准，是指标准本身是为了规范其他技术事项制定的，但在司法会计活动的过程中需要引以作为依据的司法会计技术标准。例如：司法会计鉴定中判断会计处理事项是否正确的问题，就需要引用会计标准，而会计标准本身是为了规范会计领域需要统一的事项而制定的，但在司法会计鉴定中涉及会计处理是否正确的问题时需要引用作为判定的依据。❷

引用技术标准可以作为司法会计检查中推断嫌疑账项的依据。在司法会计鉴定中，引用技术标准通常是作为判定标准使用，并构成具体问题的

---

❶ 司法部《司法鉴定程序通则》（2007）第22条规定：司法鉴定人进行鉴定，应当依下列顺序遵守和采用该专业领域的技术标准和技术规范：①国家标准和技术规范；②司法鉴定主管部门、司法鉴定行业组织或者相关行业主管部门制定的行业标准和技术规范；③该专业领域多数专家认可的技术标准和技术规范。不具备前款规定的技术标准和技术规范的，可以采用所属司法鉴定机构自行制定的有关技术规范。

❷ 白岱恩，于朝. 司法会计简明教程 [M]. 中国政法大学出版社，2017：140.

第四章　会计鉴定意见民事司法适用制度的完善

鉴定原理的组成部分。

在司法会计鉴定中运用引用技术标准，应当遵循以下原则。

① 相关性原则。

相关性原则，也称针对性原则，是指在司法会计鉴定中，应当选用与鉴定内容相关的最具体的引用技术标准作为鉴定依据。

② 有效性原则。

有效性原则，是指当存在不同时期标准内容不一致的情形时，应当选用检验涉及的财务会计资料形成时，或检材反映的财务业务出现时仍然有效的引用技术标准作为鉴定依据。

③ 合法性原则。

合法性原则，是指当存在标准冲突的情形时，应当选用符合有关法律规定的引用技术标准作为鉴定依据。

④ 合理性原则。

合理性原则，是指当同一标准文件中规定了多个可供选择标准时，应当根据实际情况选用最为合理的标准作为鉴定依据。

⑤ 前提适用原则。

前提适用原则，是指在使用引用技术标准时，应当判明标准的适用前提，选择与鉴定事项具有同一前提的标准作为鉴定依据。例如：对涉及已终止企业财务会计问题的鉴定时，不能采用一般的会计准则作为鉴定依据，因为这些准则的适用前提是持续经营。

⑥ 物质形式原则。

物质形式原则，是指司法会计鉴定应当采用以书面或电子等物质形式存在的引用标准。财务会计标准的形式包括书面（含电子）形式和口头形式，但在司法会计鉴定中运用的引用标准必须是以书面、电子文档等物质形式客观存在的，这是因为口头标准在诉讼中表现为当事人陈述或证人证言等言词证据，而这类言词证据属于参考证据的范畴，不能作为司法会计鉴定人作出鉴定意见的依据。

(2) 专用技术标准。

专用技术标准也可称为司法会计鉴定准则，是针对司法会计鉴定中所涉及的具体问题，结合科学技术或专门知识所制定的技术标准，也是司法会计鉴定人员的行为规范。❶

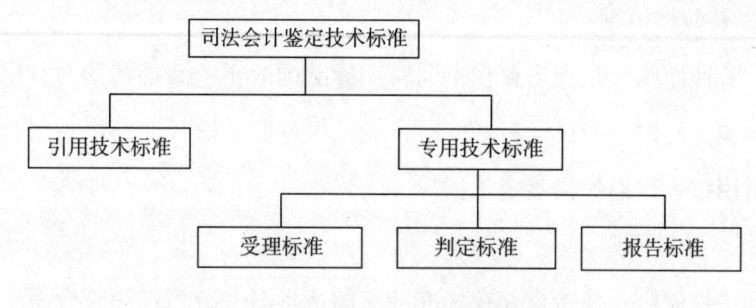

图 4-1 司法会计鉴定技术标准构成

① 受理标准。

受理标准是法务会计鉴定人在接受法院或当事人的委托时，就受理法务会计鉴定事项过程应遵循的技术标准。受理标准主要对接受委托、签订业务约定书、检材交接与整理、制订鉴定计划等方面进行规范。

② 判定标准。

判定标准是司法会计鉴定人在鉴别、判断和认定财务会计事实过程中应遵循的标准。判定标准具体可以分为确认标准、计量标准和综合判断标准。确认标准是指对经济业务或行为的性质、时间、金额与数量的确定标准；计量标准涉及对经济业务或行为价值量化、涉案经济损失计算的鉴定标准；综合判断标准是指需要法务会计鉴定人员比照相应会计审计原理和公认的会计原则惯例，综合运用职业判断对鉴定事项进行认定的标准。

---

❶ 杨书怀. 法务会计鉴定的采信机制研究 [M]. 经济科学出版社, 2014: 235.

③ 报告标准。

司法会计鉴定报告是司法会计鉴定活动的结果形式，反映司法会计鉴定人员的工作过程和结论、意见，因此对司法会计鉴定报告做出规范，有利于增强报告的可理解性、严谨性、统一性。

报告标准是司法会计鉴定人出具法务会计鉴定报告过程时遵循的标准。报告标准主要规范司法会计鉴定意见的得出、司法会计鉴定报告的撰写、司法会计鉴定报告的格式、内容和用语以及司法会计鉴定人的出庭作证等。

与此同时，与司法会计鉴定技术标准相关的其他鉴定标准也是非常重要的。例如：司法会计鉴定的收费标准。在质证中，对方当事人可能会对司法会计鉴定人收费进行询问，质疑会计鉴定意见是否存在偏向性。如果有司法会计鉴定的收费标准，那么司法会计鉴定人可以说明自己的鉴定收费是如何组成的、依据什么样的标准计算、是否合理。

司法会计鉴定专用标准的制定，需要依据大量的司法会计鉴定理论及司法实践的成熟做法，而相对于法医学鉴定等司法鉴定而言，国内外司法会计鉴定系统理论的研究和司法实践的发展时间较短，因而还需要进行不断的探索，制定统一的专用标准。[1]

（二）"三维"庭审质证模式的构造

会计鉴定意见司法审查规则的确立，无疑会提高会计鉴定意见的采信质量。但是会计鉴定意见解决的毕竟是财务会计专门性问题，其涉及的鉴定原理和方法，其采用的技术和引用的标准，远远超出法官的法律知识范畴。《民事诉讼法》规定的鉴定人出庭作证制度和专家辅助人制度，无疑为法官实现对会计鉴定意见的司法审查提供了制度保障。然而，法官由于专门知识的欠缺，对鉴定人与专家辅助人之间就专门知识的发问与解答难

---

[1] 于朝. 司法会计鉴定实务 [M]. 中国检察出版社，2014：47.

以甄别，对是否应采信会计鉴定意见，依然感到茫然。

要破解鉴定意见认证的司法困局，实现鉴定人出庭作证制度和专家辅助人制度的立法目的，则必须要刺穿专家辅助人与鉴定人之间"论战"的专门知识面纱。充分发挥人民陪审员的作用，通过专家陪审员的介入，构造专家陪审员、专家辅助人、鉴定人三维庭审质证模式，将专家探讨的事实领域的专业性问题转换为法律层面的社会性问题，应是解决问题的进路。[1]

1. 鉴定人的出庭作证

（1）鉴定人出庭作证制度现行立法分析。

1）程序的启动。

《民事诉讼法》第78条规定："当事人对鉴定意见有异议或者人民法院认为鉴定人有必要出庭的，鉴定人应当出庭作证"，因此，我国现行法律规定启动鉴定人出庭程序的方式有两种：当事人异议和法院酌定。

根据证据法原理，鉴定人出庭作证程序启动应以当事人异议为主，法院酌定为辅，当事人异议法院应审查。在大陆法系国家，法院证据调查是围绕当事人提出的证据申请进行的。我国当事人"异议"类似于证据申请，即当事人提出当庭询问鉴定人的申请。其后，法院对当事人的证据申请做出是否准予提出的裁定。因此，我国应当逐步确立"证据申请——证据裁定"的证据调查规则。

① 当事人异议。

当事人提出异议的对象大体上包括：法院委托鉴定意见、自行鉴定意见和非本案鉴定意见。

自行鉴定意见的地位视为当事人陈述，自行委托鉴定人可以作为"具有专门知识的人"由自行委托鉴定的一方当事人向法院提出申请出庭。另

---

[1] 肖承海. 论鉴定结论质证的路径依赖 [J]. 证据科学，2008 (2).

第四章　会计鉴定意见民事司法适用制度的完善

一方当事人提出异议的，自行委托鉴定人可以不出庭，不产生鉴定人不出庭的法律后果。但是，民事诉讼中当事人单方启动司法会计鉴定的情形，如果另一方当事人就鉴定程序、内容等提出异议，且提出重新鉴定申请的，法庭完全可以根据民事诉讼法律及相关司法解释不采信会计鉴定意见，因而鉴定人出庭也就失去了意义。

对非本案鉴定意见提出异议，如果鉴定意见与本案具有关联性，对待证事实及案件关键性问题有意义，鉴定人应当出庭作证。

当事人对法院委托鉴定意见提出异议的，原则上鉴定人都应该出庭，以便当庭进行质证。但是，并非任何当事人异议的鉴定意见都需要鉴定人出庭作证，法院应结合司法实践的具体情况，决定是否通知鉴定人出庭作证，以避免不必要地牺牲庭审时间及出庭费用。

一是仅仅提出异议，但是没有任何依据和理由。即便鉴定人出庭作证，向当事人解释和说明具体的鉴定情况，当事人由于不具备相关的知识背景，对于鉴定人的回答也基本是不明所以。

二是当事人试图通过否定鉴定人的主体资格来否定鉴定意见。但是在委托鉴定时鉴定人的资质证书等是齐备的，而且鉴定人的相关信息也可以在备案部门或网络上查询。对资质的异议，除非可以提供证据证明，一般无法推翻。

三是鉴定程序严重违法。鉴定程序违法是推翻鉴定意见极为有力的证据，此时，法院应通知鉴定人出庭作证。但鉴于我国目前没有司法会计鉴定技术标准，对司法会计鉴定人的鉴定程序进行规范和约束，且鉴定人的鉴定过程并不处于当事人、法院的监督之下，鉴定人是否违反鉴定程序，可能当事人也难以证明。

四是鉴定最后得出的结论明显依据不足，主要是就整个鉴定意见书的论证不足、相关的素材欠缺、依据的材料获取不合法等提出的质疑。从鉴定意见确认的财务数据角度来讲，财务数据构成了财务问题司法会计鉴定意见的主要内容，而财务数据是由鉴定人计算所得，其计算依据的资料是否适当、计算标准和过程是否科学等问题，只能由鉴定人亲自出庭才可能解释清楚，因而此类异议情形中法庭必须要求鉴定人出庭。

法院对当事人异议的审查有如下三种结果：一是鉴定人出庭作证。若当事人的异议确有成立的可能性，应当通知鉴定人出庭质证；当事人提出异议并申请具有专门知识的人出庭，应通知鉴定人出庭作证。二是鉴定人补充鉴定。当事人提出鉴定意见遗漏有关鉴定事项、鉴定的结果未加以论证等能够补充鉴定的异议，应要求鉴定人补充鉴定。三是书面解释。当事人有异议但依据不充分的，能够采用书面解释的，鉴定人采用书面答复和解释。四是驳回异议。当事人异议没有任何理由和依据，且未申请具有专门知识的人出庭作证的，应向当事人说明鉴定人不必出庭的理由。

当事人异议可以口头或书面的形式提出，但是应当具有相应的事由。庭审外提出的应当采用书面形式，庭审时提出的口头异议应当进行记录。

② 法院的酌定。

原则上法院对于双方当事人均无异议的鉴定意见不得要求鉴定人出庭作证，一方面是基于民事诉讼中的处分原则；另一方面是诉讼促进义务的要求，可以节约当事人的诉讼成本。法院酌定鉴定人是否出庭作证，主要考虑的因素是鉴定意见的采纳是否可能导致案件审理结果损害国家利益、社会公共利益和他人的合法权益。

另外，关于法院通知鉴定人出庭的时间，新《民事诉讼法》没有规定。在程序设计上，法院认为鉴定人有出庭作证的必要，应为鉴定人留出准备和出差时间。

2) 鉴定人拒不出庭的法律后果。

依照《民事诉讼法》第78条规定："人民法院通知，鉴定人拒不出庭作证的，鉴定意见不得作为认定事实的根据；支付鉴定费用的当事人可以要求返还鉴定费用。"对此规定进行文义解释得出的结论是：法院通知鉴

第四章　会计鉴定意见民事司法适用制度的完善

定人出庭作证，不分情形，只要鉴定人拒绝出庭，直接排除鉴定意见和返还申请当事人的鉴定费用。简而言之，拒绝出庭作证会引起鉴定意见排除，鉴定意见排除导致鉴定费用返还。

但是，依据相关司法解释的规定，鉴定人确因特殊原因无法出庭的，并不会导致鉴定意见被排除和返回鉴定费用的法律后果。出庭义务仅是鉴定人的义务之一。鉴定人的义务有三：出场义务（出庭义务）、陈述义务、具结义务。陈述义务包括书面和口头两种方式，《最高人民法院关于民事诉讼证据的若干规定》第59条规定："鉴定人确因特殊原因无法出庭的，经人民法院准许，可以书面答复当事人的质询。"该条规定兼顾常理、法理和制度逻辑，具结义务只需鉴定人在鉴定意见书上做出承诺即可，也可以提交承诺书。因此，不能以鉴定人没有出庭作证——且不说鉴定人可以极其容易地远程出庭——就直接剥夺鉴定人为之付出的具有高度专业性劳动的报酬，否则有违公平之价值理念。

依据相关法律和司法解释，鉴定人若无正当理由拒绝出庭的，还可能受到罚款和行政处罚等相应的行政制裁。

首先，可以对鉴定人无正当理由拒绝出庭的行为予以罚款，并且能够找到现行法的依据。新《民事诉讼法》第114条第1款第（1）项规定"有关单位拒绝或者妨碍人民法院取证的"可以对直接责任人予以罚款。本项可以做扩大解释，鉴定人出庭作证不仅仅是宣读鉴定意见书的内容，更重要的是解释说明与鉴定意见相关的问题。出庭行为与鉴定意见共同构成证据方法，因此鉴定人无正当理由拒绝出庭应适用该条规定。

其次，法院可以对鉴定人无正当理由拒绝出庭的行为提出司法建议。新《民事诉讼法》第114条第2款规定了对单位主要责任人或直接责任人进行罚款、拘留，并可以提出司法建议。

《关于司法鉴定管理问题的决定》第13条规定：鉴定人经人民法院依法通知拒绝出庭作证的，由省级司法行政部门给予停止执业3个月以上1

年以下的处罚，情节严重的撤销登记。停止执业和撤销登记会给鉴定人带来巨大的经济和精神压力，效果显著不言自明。

(2) 鉴定人出庭作证制度的再完善。

新《民事诉讼法》为了解决鉴定人出庭难的问题，着重赋予了当事人对鉴定人出庭的程序启动权利以及鉴定人不出庭的程序制裁，但是欠缺鉴定人出庭作证的配套保障制度，也未关照鉴定意见排除后的重新鉴定程序规则，导致司法适用上存在困难。鉴定人与证人在本质上都是人的证据方式，除了证人一般具有不可替代性这一点外，其他相差无几，在具体规则的适用原理上具有共性。域外相关规定可资借鉴，例如：《德国民事诉讼法》第402条规定，除另有规定外，关于人证的规定适用于鉴定人。为了实现鉴定人出庭作证制度的功能发挥，补偿出庭费用、替代出庭方式、不予出庭的特殊事由等保障制度应该适用证人出庭作证的相关规定，以符合制度逻辑和保障鉴定人权利。具体完善措施包括以下几个方面。

1) 保障鉴定人的出庭费用。

鉴定人出庭费用与鉴定费用不同，两者相互独立，不存在包含关系。鉴定费用是鉴定人运用专门知识出具鉴定意见的报酬；出庭费用是鉴定人为履行出庭作证义务必须支出的费用。《德国民事诉讼法》第413条规定，鉴定人依照《关于证人和鉴定人请求补偿的法律》可以请求费用的补偿。《日本关于民事诉讼费用的法律》第18条、第25条规定，与证人一样，鉴定人也有获得差旅费、补贴及住宿费的权利。我国台湾地区"民事诉讼法"第388条第1项规定，鉴定人与证人性质不同，除请求法定之日费及旅费外，并另得请求相当之报酬。笔者认为，出庭费用补偿的范围应包括交通费、住宿费、误工费和相当金额的补贴。前三项是正常的补偿，最后一项是对鉴定人专门出庭的报酬。具体补偿标准，因各地经济状况参差不齐，建议各省市根据本省实际收入状况统一规定。

关于鉴定人出庭费用的承担主体，有学者认为认定鉴定意见确有问题时由鉴定人自行负担。笔者认为，这确实可以起到预防鉴定人故意进行虚假鉴定的效果，但是考虑到影响鉴定意见的因素纷繁复杂，唯一需要惩罚的是能够表明确系鉴定人故意或重大过失，此时由鉴定人承担因此而遭受损失一方当事人的赔偿责任。按照证人出庭作证费用负担的原理，鉴定人出庭作证费用应根据程序的启动决定费用的承担主体。双方当事人均异议且要求鉴定人出庭，法官认为适当，由双方当事人各垫付一半出庭作证费用，当事人无力垫付时，由法院先行垫付。一方当事人有异议要求鉴定人出庭而另一方当事人没有异议，由提出异议一方当事人垫付。法官酌定认为鉴定人有必要出庭作证时，由人民法院先行垫付出庭作证费用。最终费用的负担由败诉一方当事人承担。

2) 允许鉴定人替代或个别出庭。

鉴定人替代出庭是指鉴定人以视听传输代替出庭。《民事诉讼法》第73条规定了证人作证的方式有出庭作证、通过书面证言作证、通过视听传输技术或者视听资料作证。对于出庭作证替代方式的情形亦应适用于鉴定人。在现代科技发展的社会，远程协助、电视电话会议、数据传送等技术较为成熟，鉴定人足不出户，即可在办公室实现"面对面"与审判人员、当事人和其他诉讼参与人的对话交流。在确定开庭时间后，远程的视听同步传输技术已然不成问题，故"当鉴定人居住在偏远地区或者存在其他合理事由时，法院可以让鉴定人通过图像与声音的传送及接收，在相互可以看到并通话的状态下来陈述意见"。如此一来，既保证了法庭调查的顺畅实施，又避免了鉴定人出庭差旅及住宿费用的支付。因此随着科技的发展，应逐步实现全面的远程出庭。

个别出庭是指在案件中需要多人共同完成的鉴定情形下，由鉴定人其中之一出庭。在司法鉴定实践中存在两人以上共同鉴定，按照《关于司法鉴定管理问题的决定》的规定，鉴定意见不同的应当注明。笔者建议，鉴定人意见一致的，除当事人明确要求具体出庭的鉴定人外，由个别鉴定人出庭即可；鉴定人意见不一致的，意见不一致的各方鉴定人至少各委托一名代表出庭接受质证。作为例外，在必须全体鉴定人共同出庭时则不允许个别出庭。委托出庭鉴定人因正当事由无法出庭作证的，其他鉴定人应当出庭接受询问与质证。

3）证人不予出庭的事由。

鉴定人拒绝出庭作证应考量有无正当理由，一方面要与同作为人证的证人保持一致；另一方面要体现民事诉讼的程序公正价值。《民事诉讼法》第73条规定了证人不予出庭作证的正当事由：因健康原因不能出庭的；因路途遥远，交通不便不能出庭的；因自然灾害等不可抗力不能出庭的；其他有正当理由不能出庭的。以上理由应准用于鉴定人，即鉴定人有以上正当事由时，可以拒绝出庭作证；无正当事由拒绝作证的，应受到法律制裁。

人民法院在决定是否通知鉴定人出庭时，还应当考虑以下几个方面的问题。

第一，法官、当事人对会计鉴定意见有无异议。通常情况下，法官、当事人在开庭前就已经获得了鉴定意见，并对鉴定意见进行了一定程度的审查。如果法官或当事人发现鉴定意见存在错误、瑕疵或不足，需要鉴定人出庭做出解释或证实，鉴定人必须出庭作证；否则，法官或当事人没有异议，鉴定人则无须出庭。

第二，对鉴定意见的异议是否具体。对鉴定意见提出异议，应当具体、明确，例如：鉴定人不具有法定资质、鉴定人应当回避而未回避、鉴定标准适用错误、鉴定方法不具有科学性与可靠性等，否则，鉴定人没有具体的问题需要回答，出庭也就只是一种形式而已。

第三，对鉴定意见的异议是否在开庭前已经解决。如果庭前证据交换阶段，法官或当事人对鉴定意见的异议已经得到解决，则没有必要通知鉴定人再出庭接受质询。

4）鉴定人出庭质证的程序。

证据经过质证才能作为认定案件的依据，必要情况下鉴定人应出庭接受双方当事人的询问。询问基本上准用询问证人的方式，先由申请鉴定一方当事人询问，再由对方当事人询问。在法官依职权启动鉴定并认为鉴定人有必要出庭的情况下，由法官行使诉讼指挥权，灵活决定询问的顺序。一般情况下，鉴定人以知识、经验、意见等为陈述对象，部分知识非常人能够理解，为了查明案件事实，审判人员也可以对鉴定人进行询问。《法国民事诉讼法》第283条规定："当法官认为鉴定意见仍不足以说明情况时，法官可以在当事人在场的情况下询问鉴定人。"德国、日本也有相关规定。

2. 专家辅助人的角色扮演

（1）专家辅助人的法律地位。

专家辅助人的法律地位究竟该如何界定，目前立法还处于模糊不清的状态，学术界主要存在证人说、独立的诉讼参与人说和诉讼代理人说三种主张。[1] 从《民事诉讼法》的相关规定来看，专家辅助人实际上是通过自己的专业知识协助一方当事人参与法庭审理，从属于一方当事人；他不是证人，证人是以其知道的案件事实情况参与诉讼的主体；也不是鉴定人，鉴定人是独立的诉讼参与人，有特定的主体资格、聘请方式和权利义务等法律规定和要求，出具的鉴定意见为特定的独立证据形式；更不等同于诉讼代理人，两者在介入诉讼的方式以及在庭审中的享有的诉讼权利等方面均有较大的差别。

鉴于诉讼地位的从属性，《最高人民法院关于适用〈中华人民共和国民事诉讼法〉的解释》第122条将专家辅助人在法庭上的活动视为当事人的活动，其在法庭上就专业问题进行的陈述视为当事人本人的陈述。专家

---

[1] 汪建成. 司法鉴定模式与专家证人模式的融合 [J]. 国家检察官学院学报，2011 (4).

辅助人的功能是辅助当事人诉讼，因当事人的申请而出庭审理，因此，如果当事人不同意专家辅助人的意见，可当庭表示不同意。但专家辅助人就鉴定意见向鉴定人进行的专业提问、对专门性问题发表的意见，与对方"专家辅助人"、当事人、诉讼代理人就鉴定问题相互进行的质疑和辩论，必会引导鉴定意见质证的深化，将直接影响法官的内心确信，有助于法官对鉴定意见的审查认证。

(2) 专家辅助人的制度设计。

将专家辅助人写进法律仅仅是一个开始，只有进一步为专家辅助人制度制定详尽的规则，才能保障该制度落到实处，不至于制度缺位，功能失灵。

1) 资格审查。

关于我国专家辅助人的资格，可以借鉴吸收英美法系专家证人和意大利技术顾问制度的有益之处，同时结合我国的具体国情和司法实践来加以设定。本书建议对于专家辅助人的资格审查应采用较为宽松的认定标准，不要求必须具有高学历、高职称或者权威的学术地位，只要具备必要的专业知识、技能与经验即可。这是因为以下几个方面。

第一，我国对于鉴定人已经有一定的资质要求，由于专家辅助人的意见不属于证据，其在诉讼中的功能只是协助当事人就有关专门性问题提出意见或者对鉴定意见进行质证，所以，不应当再对专家辅助人的资质提出过于苛刻的要求。

第二，当今社会科学技术日益更新，司法面临的问题日益复杂，有的新兴行业可能尚未建立执业资格标准，行业判断从业人员是否是专家主要是看行业内的口碑等因素，也难以用职称、学历、执业资格等进行衡量。此外，还有一些案件所涉专业问题可能并不高深，一些专业技术人员虽然并不具有职称、高学历、执业资格，但凭借其从业经验足以出具意见供法院参考。

第四章 会计鉴定意见民事司法适用制度的完善

综上所述，与鉴定人严格的资格标准相比，专家辅助人宜采用较为宽松的认定标准，这既符合专家辅助人的功能定位，也可以更好地适应社会的发展、满足诉讼的需求，这也是专家辅助人制度相比专家鉴定人制度的优势所在。虽然不宜对专家辅助人的资质作严格的规定，但法院应对其擅长的专业领域及在该领域的经验、能力及水平进行形式审查，可以参照意大利技术顾问制度，立法列明禁止担任专家辅助人的情形，如系未成年人、精神病患者、存在故意犯罪或职务过失犯罪行为的等。

2）启动程序。

启动程序是专家辅助人制度运行的基础环节。专家辅助人出庭的决定权在法院这一点没有争议，存在争议的是法院是否可以直接要求当事人申请专家辅助人出庭或者直接指定专家辅助人出庭。

本书认为，对于需要专家辅助人出庭而当事人未主动申请的案件，法院可以行使释明权，建议当事人申请专家辅助人参与诉讼。由于专家辅助人相对鉴定人来说，其客观性更加难以得到保证，因此，不宜直接要求当事人申请专家辅助人出庭或者直接指定专家辅助人出庭，否则易使当事人质疑法院的中立性。当然，如果一些专业问题确实实质性地影响事实认定，又没有鉴定机构可以做出鉴定，双方当事人均明示同意法院委托并共同选定专家辅助人的，法院可以选派专家辅助人参与诉讼。但实践中需要将法院主动启动专家辅助人的方式与当事人申请启动专家辅助人的方式进行有效区分。

3）专家辅助人出庭程序。

第一，专家辅助人必须出庭。我国《民事诉讼法》明确规定，当事人或其诉讼代理人可申请法院通知有专门知识的人"出庭"就鉴定人得出的鉴定意见，或者专业问题提出意见。依文义即可知，专家辅助人意见应当"当庭"发表，不能只提供书面意见。司法实践也支持这样的观点，即专家辅助人承担着无条件出庭作证的义务。因为专家辅助人参与诉讼的目的

163

就是帮助当事人进行质证，而不应当只出具书面材料，否则就违背了该制度设立的初衷。如专家辅助人无正当理由未按期到庭参加诉讼的，应视为当事人自动撤回申请。当然，专家辅助人出庭也有例外，如果法院可以确定案件基本事实已然查清，专家辅助人出庭则无必要。

第二，专家辅助人的出庭。专家辅助人既然是一方当事人聘请的诉讼参与人，那么其出庭时的座位，应设在申请人同侧。当事人申请专家辅助人出庭的时间，应以举证时限为界线，以避免给对方当事人造成程序上的突袭。法院在收到当事人申请后，应当就专家辅助人的证明材料及出庭的必要性进行审查，是否准许均应及时通知申请人，如准许专家辅助人出庭应及时通知案件的其他当事人，并附上专家辅助人的相关资料，以促进双方当事人权利平等和诉讼力量均衡。

第三，专家辅助人不适用回避规则。诉讼法规定当事人有权以口头或者书面方式申请鉴定人回避，但对专家辅助人是否参照鉴定人适用回避没有作出规定。从回避制度的本意推理，受聘专家不可能像鉴定人那样具有中立的属性，倾向于维护己方的立场，设置回避制度既没有理论上的必要性，也没有现实上的操作性。当然，有一种例外的情况专家辅助人需要回避，即专家辅助人与被质证的出具鉴定意见的鉴定人来自同一鉴定机构。

第四，专家辅助人的活动范围应当仅限于专门性问题。专家辅助人一般在两种情形下发表意见：一是针对已有的鉴定意见，二是针对诉讼中某些无法借鉴定加以解决的专门性问题。无疑，就已有的鉴定意见发表意见，是专家辅助人发挥作用的主要形式，而就诉讼中某些无法借鉴定加以解决的专门性问题发表意见，则是对我国鉴定制度的一种补充。但是，专家辅助人协助当事人就专门性问题发表意见时，一般不能超越专门性问题限定的范围，不得参与专业问题之外的法庭审理活动。以其就鉴定意见提出意见并展开质证的活动为例，其在询问鉴定人、审查鉴定材料、原理方法、检验步骤和论证过程以及审阅鉴定意见书时，均为站在技术层面与鉴定人进行专门知识和专业技能的较量。而法律争议方面的问题，尤其涉及鉴定意见的关联性、合法性问题，仍需交由律师完成。当事人在提出申请时，应向法院说明专家辅助人发表意见的范围。庭审过程中，专家辅助人的发言如偏离专门性问题，法官应当及时打断，并告知其仅可就专门性问题发言。如专家辅助人继续作不当发言，法官可予以训诫，严重影响庭审秩序的可以责令退出法庭，从而保证庭审的平稳有序推进。

4）专家辅助人出庭质证的一般规则。

第一，专家辅助人应当接受审判人员和当事人的询问。无论是对专门问题的解释说明，还是对鉴定意见的质疑，专家辅助人都要向法庭详细说明做出判断的依据、方法、理由等，法官和当事人可以对专家辅助人进行询问。经法院准许，先由申请方向专家辅助人就涉案专门问题及专家辅助人意见进行询问，再由对方当事人向专家辅助人提问，提问的内容包括专家辅助人的资质、依据的事实、手段等内容。法官可以询问专家辅助人，必要时可以要求专家辅助人提交书面意见，专家辅助人应当在法庭指定期限内提交书面意见。

第二，专家辅助人在庭审中享有质证权。专家辅助人可以对鉴定人作出的鉴定意见加以询问，并就争议问题或疑难问题与鉴定人或对方当事人聘请的专家辅助人展开对质。通过不断的质证和询问，加强双方对抗，以审查其依据的科学事实是否确凿，从而确定其意见的效力，真正查清案件事实。质证的核心应当围绕专家辅助人的专业能力、出具专家意见提出结论的真实性和客观性及采用研究方法和手段进行。[1]

3. 专家陪审员的功能定位

2009年11月，最高人民法院颁布《关于人民陪审员参加审判活动若

---

[1] 沈明磊. 民事诉讼专家辅助人制度适用问题研究[J]. 法律适用, 2017 (1).

干问题的规定》，明确"特殊案件需要具有特定专业知识的人民陪审员参加审判的，人民法院可以在具有相应专业知识的人民陪审员范围内随机抽取"，从而正式确立了与平民陪审相区分的专家陪审制度。

专家陪审是在原有的人民陪审员制度的基础上，在法律之外的其他领域邀请专家参与审判，其对于弥补法官法律外专业知识的不足无疑具有重要作用。然而，作为一种新兴的制度，其在实践中的运作仍然存在某些问题，如何明确该项制度的定位和方向，如何优化专家陪审职权配置，如何通过程序的保障为陪审职权的行使创造良好条件，值得关注与研究。

(1) 专家陪审员的功能。

尽管"如何排除法官……与鉴定人互动之阻碍，其实并没有万灵药可以医治"[1]，但定位好专家陪审员的功能，可以减少法官和鉴定人之间的沟通困难，避免法官游离于"专家论证"之外。

作为合议庭成员，专家陪审员的功能应定位为：

一是有效控制庭审程序。由于会计鉴定意见的专业性，当事人很难对鉴定意见提出有效的质疑。专家陪审员可凭借专业知识，引导当事人、专家辅助人、鉴定人围绕会计鉴定意见的证据能力及证明力等方面进行辩论，从而提高庭审的效率和针对性。

二是降低诉讼成本，提高诉讼效率。重复鉴定、多头鉴定，一直是困扰司法实践的难题。专家陪审员对于存在争议或冲突的鉴定意见，应决定是否需重新鉴定，避免多个鉴定意见无法认定、案件久拖不决局面的发生。

三是提高司法审查质量。专家陪审员根据当事人、专家辅助人的质疑和鉴定人的回答，在法官的指导下，归纳总结涉案鉴定意见的争议焦点；就相关财务会计知识，为法官答疑解惑，从而保障合议庭有能力对争议的

---

[1] 朱富美. 科学鉴定与刑事侦查 [M]. 中国民主法制出版社，2006：33.

第四章　会计鉴定意见民事司法适用制度的完善

鉴定意见与其他证据进行综合评判。

(2) 专家陪审的制度完善。

1) 专家陪审的程序启动。

随着现代司法理念的确立，当事人在诉讼程序中享有主体地位。在专家陪审程序中，也应尊重当事人的程序选择权和对纠纷解决的自治权。但当事人对程序的自治可以达到什么程度却是一个问题。一方当事人不同意，或当事人不申请但法院认为有必要适用专家陪审程序时，如强行适用难免有违当事人意思自治原则，也会引起当事人不信任，但若要双方都同意才可适用，又不能完全解决法官专业知识欠缺的问题。面对这两难的困境，查明事实确保公正的价值应该高于当事人程序自治的价值，因而有必要对当事人的程序自治主导权予以必要限制。因此，专家陪审程序的启动应区分三种情形分别对待：第一，在涉及财务会计事实的认定范围内，双方当事人合意适用专家陪审，法院应选择专家陪审员参与审理；第二，一方当事人申请适用专家陪审，法院应征询另一方当事人的意见，准许其在规定时间内提出异议，由法院根据专家陪审的必要性裁定是否适用；第三，当事人虽未申请专家陪审，但法院认为系专业案件有适用必要的，应征询双方当事人意见后，依职权慎重裁定是否适用。

2) 专家陪审员的资格选任。

以何标准以及如何选任专家参与司法，各国立法有不同处理办法。德国联邦专利法院，其中技术法官要求必须是某个领域技术行业的专家，并且至少具有 5 年的实践经验，一般从专利复审员中选拔。韩国专利法院的技术审查官，都是在科学技术分支领域获得硕士或博士学位，并且在相关领域从事经营或研究 10 年以上。❶

---

❶ 孙永红. 陪审制在知识产权审判中的作用评析——兼谈专家陪审制的完善 [J]. 科技与法律，2008 (5).

我国司法实践中，各地法院都采取较高标准的谨慎态度，进而要求专家陪审员须具有高学历、高职称或在一些专业机构从业若干年限，以便使法院的裁判更具有权威性。但设定的标准也不宜过高，否则难以保证足够的专家陪审员人数以备随机选择，容易导致陪审的专职化。尽管专业技能的取得并不以学历教育为基础，但考虑国民更加认同教育经历与专业知识间的必然联系，专家陪审员的资格仍必须以一定的学历教育和特定资质、等级认可为条件。且考虑专家陪审员应是专业领域的代表，工作年限过少，可能难以对专业问题有深刻的认知，因此在相关专业领域连续工作5年以上也应作为条件之一。当然，上述只是一般意义上的分析，不同行业还应结合实际情况设定具体的标准。明确资格后，可由注册会计师协会、政府机关、学术单位等机构推荐名单，再由法院和司法行政机关进行审查确定，并建立广泛的候选专家陪审库，供法院在庭前依程序随机挑选。

3) 专家陪审员的冲突回避。

当利益冲突存在时，当事人有权申请陪审员回避。但关键的问题是如何有效地保障当事人的回避申请权。我国台湾地区的做法就富有启发，台湾"司法院"将专家陪审员编列成册，并于每年一月公告，以方便当事人知悉参与审判的专家姓名，供申请参审时参考。[1] 对此，笔者认为，除公告外，还应为当事人提供专家陪审员详细的信息资料，以便让当事人知晓专家陪审员的背景，决定是否申请专家回避，最大限度避免专家陪审员与当事人利益冲突情形的发生。信息披露体现了专家陪审员参与司法的"公开原则"，也提供了规制专家陪审诉讼风险的有力程序工具。

但是利益冲突的界定不应泛化。考虑到专家陪审员的人数并不多，各地发展不平衡以及专家陪审案件的积极性不高等社会现状，西方国家对陪审员的无因回避申请权在我国并不具有可行性。因此，有必要对利益冲突

---

[1] 我国台湾地区"专家参审试行条例草案"第10条第6款。

第四章　会计鉴定意见民事司法适用制度的完善

的界定加以限定。如果不做限定，将会有很多的利益需求被赋予冲突的属性。

程度上的公正，确保公众对司法制度的信任不会因为专家陪审员的不适格和利益冲突而遭受破坏。虽然法律规定审判人员与案件存在利害关系，可能影响公正处理案件的审判人员应回避，但现实中利益冲突的表现形式形形色色、五花八门，很多情况下，法官根本无法进行适度掌握和判断。对此，应着重考虑两个问题：其一，专家陪审员参与司法的独立判断是否受到了冲击；其二，专家陪审员在当事人和民众眼中的司法形象是否受到贬损。申言之，除现有法律规定外，专家陪审员与当事人或代理人、辩护人具有亲属关系以及同学、师生、同事等社会情缘关系；曾公开明确地表示过任何一方当事人本人或所属类别人群的偏见，或此类案件的偏见，影响案件中立裁判的，当事人都有权申请其回避。

4) 专家陪审的参审程序。

最高人民法院《关于人民陪审员参加审判活动若干问题的规定》对陪审员参与庭审的权利、案件评议充分发表意见并说明理由以及发言顺序等均作了详细规定，使陪审程序有法可依。但这样的方法并未解决根本，陪审员的理由说明和发言顺序徒具形式难以保证效果。真正能促进陪审员作为法律外行人士充当理想纠纷解决者的程序安排，是让专家陪审员依靠当事人提供信息，而不是主要依靠法官的指示和说明做出评判，后者终难摆脱法官左右陪审员的现象。要使陪审员评判案件的依据主要来自于当事人提供的事实和法律意见，就必须要求案件的庭审和评议应在同一天结束，如未能完成的，也应接续进行。如此，专家陪审员对案件的合议可以最大限度地立基于庭审的现场印象，包括双方当事人对事实的质证、法律适用的辩论以及各种可以捕捉到的司法活动中的漏洞和瑕疵，进而形成陪审员自己对事实认定的心证和适用法律的独立意见。当然，案件的及时合议还有助于减少合议庭受外界干扰的机会。

与普通陪审员的参审不同，专家陪审还应重视法官的监督约束作用，防止案件评议时专业知识的不当出现，以便在专家陪审员间对抗印证和利益冲突回避的基础上，构筑第三道诉讼风险防御屏障。然而，实践中专家在陪审中所提供的意见多偏向结论性的评判或与代理人意见滞陷专业知识的讨论中，使法官往往无从监督。解决这一问题，可以在比较法的视野中找到有益借鉴。虽然英美法系没有专家陪审员的制度，但其对专家证词的规制同样是为防止专家参与司法的风险，与我们规范专家陪审员的专业意见颇有相同意旨，因而仍有"他山之石，可以防错"的借鉴功能。专家陪审案件评议时，法官必须认真审核专家陪审员对待证问题的意见或推理符合：基于充分的事实或资料；由可靠的原理或方法推论而来；将这些原理或方法可靠地适用于案件的事实。❶ 具体而言，法官在案件的合议和判决过程中，都要认真确认专家意见所依据的事实和证据是否确凿，是否利用了假设的事实，所依据的技术原理和方法是否被普遍接受，提出的判断意见的逻辑过程是否严谨令人信服。

总之，在当事人以及鉴定人参加的诉讼环境下，引入专家辅助人和专家陪审员的参与机制，通过法官在法律层面上的指导，再加上专家陪审员、专家辅助人和鉴定人从专门知识方面的相互沟通，打破了法律知识与财务、会计知识的隔阂，保证了庭审质证的质量，为会计鉴定意见司法审查的实现提供了制度保障。

---

❶ 2000年《美国联邦证据规则》第702条。

第五章 会计鉴定意见采信的典型案例分析

一、会计鉴定意见未被法院采信的案例

(一) 基本案情

上诉人（一审原告、反诉被告）：潘忠良

上诉人（一审被告、反诉原告）：张晓臣

上诉人潘忠良与上诉人张晓臣租赁合同纠纷一案，吉林省长春市中级人民法院于 2009 年 4 月 2 日做出 (2007) 长民三初字第 149 号民事判决，潘忠良、张晓臣均不服，向吉林省高级人民法院提起上诉。吉林省高级人民法院于 2010 年 5 月 20 日做出 (2009) 吉民三终

字第 84 号民事判决，驳回上诉，维持原判。张晓臣不服，向中华人民共和国最高人民法院申请再审，中华人民共和国最高人民法院于 2010 年 12 月 31 日做出（2010）民申字第 1427 号民事裁定，指令吉林省高级人民法院对本案进行再审。吉林省高级人民法院于 2012 年 3 月 15 日做出（2012）吉民再字第 4 号民事裁定，撤销吉林省长春市中级人民法院（2007）长民三初字第 149 号民事判决及本院（2009）吉民三终字第 84 号民事判决，发回吉林省长春市中级人民法院重审。吉林省长春市中级人民法院于 2013 年 5 月 30 日做出（2012）长民再初字第 3 号民事判决，潘忠良、张晓臣均不服，向吉林省高级人民法院提起上诉。

原告潘忠良起诉称：

2007 年 4 月 9 日，潘忠良、张晓臣签订了一份《长春市二道区三道煤矿租赁经营合同书》（以下简称《煤矿租赁合同书》），约定张晓臣将其所有的个人独资私营企业——长春市二道区三道煤矿租赁给潘忠良经营。由于当时该煤矿需要整改，双方约定先由潘忠良投入资金、设备进行整改，待整改结束通过有关部门验收后，开始计算租期并交纳租赁费用。为此，潘忠良投入了大量人力、物力进行整改，后整改已于 2007 年 9 月 5 日通过了有关部门验收。但由于该煤矿存在较为严重的历史遗留问题（矿区周围部分地面塌陷和裂缝）需要进行地质灾害治理，该煤矿不能生产开采。而根据合同约定，该问题属于张晓臣多年开采造成的历史遗留问题，应由张晓臣负责处理。由于该问题张晓臣未能解决导致煤矿租赁合同无法继续履行，潘忠良前期投入的整改工作失去了意义，造成了极大的经济损失。

请求人民法院判令：一、解除潘忠良、张晓臣之间的《煤矿租赁经营合同书》，返还预付的租赁费 60 万元；二、判令张晓臣赔偿潘忠良经济损失 2 944 426.30 万元和返还 12 万元的风险抵押金；三、诉讼费用由张晓臣负担。

第五章 会计鉴定意见采信的典型案例分析

被告张晓臣辩称：

（一）60万元租金不应返还，潘忠良起诉的合同没有租金的约定，60万元是潘忠良生产经营获利后应支付张晓臣的；（二）潘忠良的整改是假，其目的是生产盈利，2006年合同签订后潘忠良进行了生产经营；（三）潘忠良请求赔偿2 944 426.30万元没有事实及法律依据，根据潘忠良起诉的赔偿明细，表明整个费用都是生产性支出的费用，根本没有体现整改的费用；（四）潘忠良终止合同有客观原因，案外人李福涛是潘忠良的合伙人，李福涛的岳父是吉林煤矿的领导，所以张晓臣不得不把煤矿租给潘忠良，而且租金非常低；（五）潘忠良要求返还风险抵押金也不能成立，当时合同约定，欠工资电费等，钱不予返还，并且张晓臣没有得到租金，张晓臣不可能返还。综上，潘忠良的主张没有依据。

被告张晓臣提出反诉称：

2007年4月9日及5月30日张晓臣同潘忠良分别签订了《煤矿租赁合同书》及《三道煤矿租赁合同的补充协议》（以下简称《补充协议》），合同书第3条约定："租赁时间为2007年5月1日起至2008年11月末。租赁费从2007年5月1日起开始计算。每月最少交纳七万元租赁费。"潘忠良在承租期间以暂时没有资金，整改期间没有正式生产为由，没有交纳任何租赁费和抵押金。根据《煤矿租赁合同书》的约定，租赁费从2007年5月1日起开始计算，每月5万元，此租赁合同签订之日起至今近8个月没有交纳任何费用（除安全抵押金外）。第17条第17款约定，中途不租，张晓臣有权扣下抵押金作为补偿（原告交纳12万元安全抵押金）并有权提出赔偿。潘忠良中途不租属严重违约，应赔偿张晓臣的损失。

反诉请求判令：一、同意解除潘忠良、张晓臣签订的《煤矿租赁合同书》；二、请求依法判令潘忠良交纳租赁费40万元；三、返还汽车一辆，车款价值7万元；四、返还材料款15万元；五、偿还垫付的电费7万元；六、偿还土地使用税0.9万元；七、诉讼期间的租赁费、电费等一切费用由潘忠良承担；八、反诉费用由潘忠良负担。此外增加反诉请求，要求潘忠良返还以双方验收单为准的设备。

潘忠良对张晓臣的反诉辩称：

同意解除协议，张晓臣主张租赁费40万元没有依据，对于汽车潘忠良确实收到了，但是要求返还7万元没有依据，关于15万元材料款没有任何依据。关于第5、第6、第7项反诉请求潘忠良不同意赔偿，关于返还相应的设备请求已经超过了诉讼时效，因为2008年潘忠良已经将煤矿交接给了张晓臣，张晓臣没有提出异议，现在提出超出诉讼时效，相应的设施设备潘忠良也没有收到。

吉林省长春市中级人民法院一审审理查明，张晓臣经营的三道煤矿属于开采型个人独资企业。根据双方当事人陈述，2006年6月，潘忠良与张晓臣双方签订合同，约定潘忠良租赁张晓臣的三道煤矿，并由潘忠良投入资金对三道煤矿进行整改，合同期限自2006年6月到2007年6月，租金120万元，预付租金。合同签订后，潘忠良接管了三道煤矿并于2006年6月18日以三道煤矿名义向二道区安全生产监督管理局提出《整改方案报告》，拟对煤矿隐患进行整改。经长春市二道区安全生产监督管理局报请市煤炭行业管理局于2006年8月14日批示，同意整改方案，整改到期，经检验不合格关闭。2006年7月4日，张晓臣向潘忠良提供了大槽钢铁边钢筋圆钢70吨等材料和北京雷驰牌小型越野客车一台（车牌号吉A89315，发动机号码409809447）。2006年7月27日，张晓臣给潘忠良打了收条，内容为："收到60万元整煤矿租赁费，时间按合同书为准。"双方均承认收条上的合同书指的是2006年的合同。潘忠良以三道煤矿名义向二道区安全生产监督管理交纳了风险抵押金12万元，现收据在潘忠良处。二道区安全生产监督管理局证实，此风险抵押金须待三道煤矿关闭后才能返还。合同签订后，潘忠良投入资金对煤矿进行了整改。同时，潘忠良进行了开采，并销售了原煤。

第五章 会计鉴定意见采信的典型案例分析

2007年，双方撕毁了2006年签订的书面合同。2007年4月9日，潘忠良与张晓臣签订了一份《煤矿租赁合同书》，该合同书约定，①张晓臣将三道煤矿租赁给潘忠良时，必须向潘忠良提交"六证""一照"（采矿许可证、安全生产许可证、矿长资格证、煤炭生产许可证、矿长安全资格证、企业代码证、营业执照，以上证照被暂扣），否则合同无效；②三道煤矿现状属整改矿井，租赁日期从整改结束或达到正常生产后开始计算。2007年5月1日起开始计算租赁费；③租赁时间：2007年5月1日至2008年11月末；④租赁费7万元，第二次交纳21万元租赁费；⑤在未验收前只要潘忠良在三道煤矿范围正常生产一天，就必须向张晓臣交纳一天的租金；⑥由张晓臣遗留涉及该矿的问题，影响潘忠良正常生产，造成的经济损失，由张晓臣赔偿等。此合同自交纳租赁费和抵押金签字之日起生效。2007年4月30日，双方签订《煤矿租赁合同书》，约定：①抵押金由原来的10万元更改为22万元；②汽车（北京雷驰牌）潘忠良按400吨煤付给张晓臣，张晓臣可随时拉煤顶账；③其余材料款潘忠良向张晓臣2007年年末交齐，正常生产后，潘忠良可向张晓臣用煤顶账。潘忠良一直未交纳约定的租赁费和抵押金。

长国土资发（2007）423号关于二道区英俊镇五委等区域地质灾害情况的报告（以下简称423号文件）中指出，2000年以后，地面塌陷是由于三道煤矿开采引起。2006年6月，安全部门下达停产整顿通知，采矿许可证已收回。2007年7月26日，市煤炭行业管理办公室组织有关人员对三道煤矿停产整顿情况进行验收，共查出22个问题，目前仍处于停产整顿阶段。2007年9月15日，吉林省煤炭资源整合工作领导小组办公室文件［吉煤资整办字（2007）10号］《研究江源区湾沟镇丰叶煤矿等煤炭资源整合问题会议纪要》中称，造成二道区三道镇部分地面坍塌和地裂缝是由于三道煤矿采矿活动引起，建议长春市政府负责督促三道煤矿立即停止一切井下开采活动，并进行地质灾害治理，待经有资质的中介机构评价确认彻底消除安全隐患后，方可恢复开采。2007 年 11 月 9 日，三道煤矿工商登记件表中的经营范围为"停业整顿，不得生产"。2007 年 11 月 28 日，长春市国土资源局下发长国土资发（2007）549 号文件，要求三道煤矿抓紧治理地质灾害，待经有资质的中介机构评价确认彻底消除安全隐患后，方可恢复生产开采。

在诉讼过程中，潘忠良申请对三道煤矿整改工程的井巷工程造价进行评估。受一审法院委托，吉林大地矿业评估咨询有限责任公司对三道煤矿整改工程的井巷工程造价以 2008 年 3 月 27 日为评估基准日进行了评估，出具了吉大地矿资评报字（2008）第 001 号资产评估报告，结论为评估后资产投资价值为 307.53 万元。该报告披露未进行井下察看。评估人员称此评估报告为依据 423 号文件出具的建议稿，依据的是整改材料和设施清单。

在诉讼过程中，潘忠良申请对其经营三道煤矿整改期间 2006 年 7 月至 2007 年 9 月财务情况进行了司法会计鉴定。一审法院委托吉林大地会计师事务所进行审计，该所出具了审计报告，审计结论为净亏损 294 万元。该审计报告披露：该单位原始凭证中除差旅费、招待费、修理费及部分汽油费外，大部分为收款和付款收据，仅少部分为正规发票。不符合我国会计核算的相关规定，但考虑到该单位为小型矿山企业，实际收支多与个体商户往来，审计中我们未对其凭证真实性提出异议，但不表示我们赞同该种会计核算方式。审计人员证实，此审计报告未将原告交纳的 60 万元租赁费纳入审计范围。

潘忠良支出审计、评估费各 3.5 万元。2008 年 3 月 26 日停电通知欠费 103 963.48 元，潘忠良庭审中承认在其经营煤矿期间销售煤炭得款 450 075 元。

在吉林省长春市中级人民法院（2007）长民三初字第 149 号民事案件庭审中，张晓臣陈述潘忠良 2006 年 6 月接管矿后投入约七八十万元进行了整改。在张晓臣对审计报告征求意见稿的异议材料中称潘忠良整改资金投

第五章　会计鉴定意见采信的典型案例分析

入约合人民币 100 万元。

吉林省长春市中级人民法院认为：

一、关于双方于 2007 年 4 月 9 日签订的《长春市二道区三道煤矿租赁经营合同书》的性质及效力问题

2007 年 4 月 9 日双方签订的《煤矿租赁合同书》包括两部分内容，即涉案煤矿的整改部分和涉案煤矿的租赁部分。该合同的性质系名为租赁内容合同，实为包含整改内容和租赁内容两部分的混合合同。

《中华人民共和国矿产资源法》第 42 条第 3 款规定："买卖、出租或者以其他形式转让矿产资源，买卖、出租采矿权的，对卖方、出租方、出让方处以违法所得一倍以下的罚款。"由此可见，矿产资源法是严格禁止以出租方式转让采矿权的，否则将会受到行政处罚。但是矿产资源法并没有规定以出租方式转让采矿权的将导致合同无效。而根据《中华人民共和国合同法》第 52 条第（5）项关于"违反法律、行政法规的强制性规定"的规定，以及《最高人民法院关于适用〈中华人民共和国合同法〉若干问题的解释（二）》第 14 条规定的"合同法第 52 条第（5）项规定'强制性规定'，是指效力性强制性规定"。从《中华人民共和国合同法》第 44 条规定"依法成立的合同，自成立时生效。法律、行政法规规定应当办理批准、登记等手续生效的，依照其规定"来看，一般的合同自成立时开始生效，如果在法律或者行政法规中对合同的生效要件增加了批准登记等手续的，该合同的生效要件除了具备合同一般的生效要件外，还需要经过批准和登记后才生效。而国务院的行政法规《探矿权采矿权转让管理办法》第 10 条第 4 款中明确规定"批准转让的，转让合同自批准之日起生效"，矿业权转让合同自人民政府地质矿产主管部门审核批准后，转让合同才生效。综上，涉案合同中，涉及租赁部分属于已经成立的合同，但是在合同的效力上属于未生效的合同。双方对于该合同未生效，均具有过错，应当承担的系缔约过失责任，而非违约责任。而涉案合同中，

177

涉及煤矿整改部分的条款，系双方当事人真实意思表示，未违反法律法规的强制性规定，应当视为有效条款，对双方均具有约束力。

二、关于2007年4月9日双方签订的《煤矿租赁合同书》是否应当予以解除的问题

因双方均要求解除，且该协议目前已经不能继续履行，虽然该协议未生效，但是依据合同法相关原理，虽未生效但是已经成立的合同符合解除条件的亦应当解除。关于2006年度的合同是否应予解除的问题，双方在2006年签订《租赁合同》后，已经实际履行一阶段，后因双方又签订并实际履行2007年度的合同，故2006年度的合同已经实际终结不再履行，且该合同的权利义务已经由2007年度合同予以接纳。虽然双方未请求解除2006年度的合同，但是因该合同已经终结，双方继续履行的是2007年度的合同，终结的2006年度合同对双方已经没有约束力，故此不需解除。

三、关于潘忠良的各项诉讼请求是否应予支持的问题

（一）张晓臣是否应予返还潘忠良所诉求的60万元租赁费的问题

张晓臣认为"潘忠良在向法院提交的诉状中要求返还60万元租赁费所依据的是2007年的合同，而张晓臣与潘忠良于2006年6月27日签订了2006年度的租赁合同，其是在2006年7月27日收到了该租赁费，故此其不应当按照2007年度的合同返还该笔租赁费"。一审认为，2006年度的租赁合同与2007年度的租赁合同出租人、承租人均为相同的主体，标的物亦是涉案的同一个煤矿，潘忠良对涉案煤矿的整改、投入、采煤及出售煤炭等一系列活动都横跨2006年度和2007年度的合同，该两份合同之间具有延续性，故解决潘忠良、张晓臣之间的纠纷不能将两份合同完全割裂开，且为了一次性解决二人之间的纠纷，应当一并解决2006年度和2007年度的合同问题。因该两份煤矿租赁合同，是成立但未生效的合同，双方在签订该两份合同过程中均存在过错，结合全案情况且遵循公平原则，按照法律规定，张晓臣应当返还给潘忠良30万元租金。

(二) 张晓臣是否应予赔偿潘忠良经济损失 2 944 426.30 万元的问题

潘忠良所诉求的这一损失是其对涉案煤矿的整改投入，因 2007 年的租赁合同中整改部分的条款系有效条款，应当受法律保护。但是煤矿整改并未完成，也未经有关部门验收合格，评估过程中也未下井察看，评估机构仅依据潘忠良单方提供的整改清单和只是指出煤矿存在整改问题的 423 号文件出具了建议稿性质的评估结论，且张晓臣对该评估结论不予认可，故此本院对该报告不予采信；至于潘忠良提供的审计报告，由于该报告依据的只是潘忠良提供的财务账册，张晓臣不予认可，且潘忠良依据净亏损额 294 余万元的审计结论要求张晓臣赔偿损失，由于亏损额中含有经营成本和经营风险等不确定因素，不能认定为潘忠良因合同无效所受的损失，故一审法院不予采信。潘忠良提供的证据材料不能证明其损失，但鉴于张晓臣自认潘忠良投入了约 100 万元进行整改，潘忠良投入整改资金在扣除其在煤矿整改期间销售煤炭得款 450 075 元（因潘忠良在诉讼中自认在煤矿整顿期间采煤销售收益所得 450 075 元），应认定潘忠良投入整改造成损失为 549 925 元。但是鉴于双方对于签订合同违反了法律的禁止性规定，双方均有过错，对于此部分损失各自承担一半，即张晓臣应赔偿潘忠良经济损失 274 962.50 元。

(三) 张晓臣是否应予返还潘忠良 12 万元风险抵押金的问题

因该风险抵押金交纳的对象系长春市二道区安全生产监督管理局而非张晓臣，故潘忠良以张晓臣为对象进行请求，属于告诉主体有误，对此不予审理。

四、关于张晓臣的诉讼请求是否应予保护的问题

(一) 潘忠良是否应予赔偿张晓臣占用煤矿期间的租赁费 40 万元的问题

因合同成立未生效，故此租赁费不予保护。本案中，双方在合同中明确约定租赁日期从煤矿整改结束开始计算，双方亦在合同书中就煤矿整改

进行约定，应认定采矿权租赁合同成立。潘忠良不否认煤矿整改验收一直没有达标的事实，张晓臣举证证实2007年的承包合同煤矿整改内容没有实际履行。可以得出结论，煤矿租赁合同附加条件没有成就，煤矿租赁合同未生效。合同成立但未生效，对双方均没有法律约束力，故此对张晓臣诉请的租金不予保护。

（二）关于本案所涉的雷驰牌汽车应如何返还问题

张晓臣反诉请求"返还汽车一辆，车款价值7万元"，其在代理意见中亦要求返还汽车折价款。潘忠良依据与张晓臣的合同取得张晓臣北京雷驰牌汽车，且双方在庭审中对这一事实并无异议。同时，双方在《补充协议》中约定了以煤抵车款（400吨），虽然对煤炭的单价约定不明，但是依据当事人自述当时的煤炭价格为每吨150元，折合汽车款为6万元（注：2005年7月4日，该车购买价格为82 000元，2007年交付潘忠良使用）。结合本案的实际情况，该小汽车（北京雷驰牌小型越野客车，车牌号吉A89315，发动机号码409 809 447）归潘忠良所有，潘忠良给付张晓臣车款6万元。

（三）潘忠良是否应予返还张晓臣材料款15万元的问题

因张晓臣交付给潘忠良的材料为单方作价，潘忠良不予认可，且虽《补充协议》中提及其余材料款，但未明确数额和作价方式，不能认定指的是交接单上的价款，故对张晓臣的此项诉请不予保护。

（四）潘忠良是否应予偿还张晓臣电费7万元的问题

张晓臣提供的经潘忠良工作人员签字的2008年3月26日停电通知上载明，至2008年3月，8个月欠电费103 963.48元。张晓臣主张的电费7万元是从2007年9月至12月，因缺少每个月的具体欠费额，对张晓臣的主张无法保护，但由于潘忠良承认电费欠1万多元，同意给付，故潘忠良应向张晓臣支付电费1万元，其余不予支持。

第五章　会计鉴定意见采信的典型案例分析

（五）潘忠良是否应予偿还张晓臣土地税 0.9 万元的问题

张晓臣未证明土地税 0.9 万元与潘忠良的关系，故其要求潘忠良支付该项土地税的诉讼请求本院不予支持。

（六）关于潘忠良是否应予返还张晓臣所诉求的若干设备问题

因张晓臣未提交有效证据予以证实，故对此不予支持。

综上，吉林省长春市中级人民法院经 2013 年第二十三次审判委员会讨论，依据《中华人民共和国合同法》第 5 条、第 45 条、第 56 条，第 94 条、《中华人民共和国煤炭法》第 19 条、第 22 条、第 23 条（3）、第 25 条、第 48 条、《中华人民共和国矿产资源法》第 2 条、第 6 条、第 5 条之规定，做出（2012）长民再初字第 3 号民事判决：

一、解除原告（反诉被告）潘忠良与被告（反诉原告）张晓臣于 2007 年 4 月 9 日签订的《煤矿租赁合同书》；

二、被告（反诉原告）张晓臣返还原告（反诉被告）潘忠良租金 30 万元；

三、被告（反诉原告）张晓臣赔偿原告（反诉被告）潘忠良经济损失人民币 274 962.50 元；

四、驳回原告（反诉被告）潘忠良的其他诉讼请求；

五、原告（反诉被告）潘忠良向被告（反诉原告）张晓臣支付电费 1 万元；

六、原告（反诉被告）潘忠良给付被告（反诉原告）张晓臣汽车款 6 万元；

七、驳回被告（反诉原告）张晓臣的其他反诉请求。

上述款项于（2007）长民三初字第 149 号民事判决书确定给付之日起算。本诉案件受理费 36 080 元（原告潘忠良已预交 41 200），被告张晓臣负担 5051 元，原告潘忠良负担 31 029 元；反诉案件受理费 7045 元（反诉原告张晓臣已预交），由反诉被告潘忠良负担 486 元，反诉原告张晓臣负担 6559 元；本诉案件审计、评估费用合计 7 万元，由原告潘忠良负担。

宣判后，潘忠良、张晓臣均不服，向本院提出上诉。

潘忠良上诉称：

（一）一审判决认定事实错误，本案是由于张晓臣的重大过错及违约行为致使整改无法继续履行、租赁未能生效，张晓臣应依法承担租金返还及承担赔偿责任。第一，张晓臣应对租赁之前的一切债权债务、遗留问题承担责任。①《煤矿租赁合同书》第 13 条约定："由张晓臣遗留涉及该矿的问题，影响潘忠良正常生产造成的经济损失，经有关部分鉴定，确实由张晓臣造成的损失由张晓臣负责赔偿"；②《煤矿租赁合同书》第 17 条第二项约定："张晓臣负责合同前期的工人工资，工伤抚恤金等费用和一切债权债务均由张晓臣负责，潘忠良不承担任何责任。"第二，因张晓臣未就其自 2000 年开采期间遗留的地质灾害进行综合治理及提供治理资金，致使潘忠良整改失去意义，导致双方合同无法继续履行。

（二）张晓臣应依法返还潘忠良全部租金 60 万元，原审判决以"双方签订合同过程中均存在过错"为由判令张晓臣返还 30 万元租金错误。①合同租赁条款尚未生效，不存在起算租金的事实。②《合同法》第 97 条规定，合同解除后尚未履行的终止履行，已经履行的，当事人可以要求恢复原状、赔偿损失等。本案因租赁合同未生效，租赁部分尚未履行，故张晓臣应该返还全部租金。

（三）张晓臣应赔偿潘忠良损失 2 944 426.30 万元，原审判决对鉴定意见不予采信，且以"双方对于签订合同违反了法律的禁止性规定，双方均有过错"为由判令各自承担一半损失，没有事实及法律依据。《司法会计审计报告》《资产评估报告》具有科学性、客观性，且均为法院主持双方当事人参加的情况下做出的，应当依法予以采信。

（四）张晓臣应返还风险抵押金 12 万元，原审判决以风险抵押金缴纳的对象是长春市二道区安全生产监督管理局而非张晓臣为由不予审理，明

第五章 会计鉴定意见采信的典型案例分析

显错误。

（五）双方合同解除后潘忠良应返还的是汽车，而非汽车款，原审判决张晓臣给付汽车款6万元，没有事实及法律依据。

请求：（一）变更原审民事判决第二项为：张晓臣返还潘忠良租金60万元；（二）变更原审民事判决第三项为：张晓臣赔偿潘忠良经济损失2 944 426.30万元；（三）变更原审民事判决第四项为：张晓臣返还潘忠良风险抵押金12万元；（四）撤销原审民事判决第六项即潘忠良给付张晓臣汽车款6万元；（五）本案诉讼费及审计、评估费均由张晓臣负担。

张晓臣上诉称：

（一）判令张晓臣返还30万元租金错误。其一，本案涉及的租金与潘忠良无关。2006年度，张晓臣是与案外人李福涛签订的煤矿租赁合同，租金是李福涛交付的，该合同已经履行完毕。其二，潘忠良起诉依据的是2007年4月9日签订的合同，根本没有60万元租金的约定和体现。其三，2006年度和2007年度两份煤款租赁合同各自独立，不具有延续性或承继性，潘忠良也未提供事实和法律依据；

（二）张晓臣不应赔偿潘忠良经济损失274 962.50元。潘忠良立案时提交法院的"赔偿明细"足以证明无一项是用于整改的投入；

（三）判令张晓臣给付1万元电费有违客观事实；

（四）张晓臣反诉请求部分的返还材料款15万元，应予审理和认定。

请求：（一）依法改判或发回重审；（二）涉案费用由潘忠良负担。

吉林省高级人民法院二审查明，潘忠良与张晓臣在2007年4月30日签订的《补充协议》中约定的22万元抵押金，潘忠良只交了12万元，余款未交纳，其他事实与一审判决查明的事实基本一致。

吉林省高级人民法院认为：

（一）关于双方2007年4月9日签订的《煤矿租赁合同书》效力问题依据双方所签合同内容看，双方所签合同应分为租赁和整改两个部分。整改部分不违反相关法律、法规的禁止性规定，应认定为合法有效。对于租赁部分，因双方所签合同第一条约定："甲方将三道煤矿租赁给乙方时，必须向乙方提交'六证''一照'（采矿许可证、安全生产许可证、矿长资格证、煤炭生产许可证、矿长安全资格证、企业代码证、营业执照，以上证照被暂扣）否则合同无效。"第二条约定："三道煤矿现状属于整改矿井，租赁日期从整改结束或达到正常生产后开始计算。"从以上约定可以看出，双方的租赁是以整改合格和"六证一照"齐全为生效前提的。本案中，潘忠良虽投入了整改，但整改并没有得到相关部门的验收合格，整改并未结束，张晓臣未将合同约定的"六证一照"交与潘忠良，涉案矿井未能达到正常生产状态。对于合同租赁部分因合同约定的生效条件并未成就，所以该合同租赁部分虽然成立但未生效。对于合同未生效的原因，潘忠良、张晓臣均有缔约过失，故一审判决关于合同效力及双方均应承担缔约过失责任的认定是正确的，本院予以维持。

（二）关于潘忠良、张晓臣均提出60万元租金如何处理的问题

该60万元为潘忠良向张晓臣交纳的租赁费，由于双方合同中有关租赁部分的内容并未生效，对此，双方均应承担缔约过失责任。一审判决结合全案情况，判决张晓臣返还潘忠良30万元，符合法律规定，并无错误。潘忠良关于张晓臣应返还60万元租金及张晓臣关于60万元租金不应返还的上诉请求，均不能成立，本院不予支持。

（三）关于潘忠良、张晓臣均提出上诉的整改费用损失如何承担的问题

对于潘忠良投入整改的费用金额问题，虽然潘忠良提供了评估报告，用以证明投入整改的费用为2 944 426.30万元，但该评估报告是依据整改方案及整改清单进行的评估，因评估人员在评估过程中未下井察看，无法证明整改清单得到了实际履行，且张晓臣提出潘忠良投入大部分是用于生产而非整改，故该评估报告不能作为其整改损失的依据。而审计报告的依

据存在不符合财务制度的情形，该审计报告也不能证实潘忠良实际损失的数额。潘忠良依据前述证据主张其损失数额，依据不足。故原审法院依据张晓臣自认潘忠良整改投入 100 万元，扣除其煤矿销售煤炭得款 450 075 元后，认定潘忠良投入整改造成损失为 549 925 元，并判令双方对此损失各自承担一半即 274 962.50 元，并无不当。潘忠良关于张晓臣应给付整改损失 2 944 426.30 万元及张晓臣关于不应给付潘忠良经济损失 274 962.50 元的上诉请求均不能成立。

（四）关于潘忠良上诉提出的 12 万元风险抵押金应否由张晓臣返还的问题

一审法院办案人向长春市二道区安全生产监督管理局所取的调查笔录显示，12 万元风险抵押金是长春市二道区安全生产监督管理局向三道煤矿收取的，交款义务人是三道煤矿，潘忠良作为承租人是代出租人张晓臣以三道煤矿的名义交纳的抵押金，该风险抵押金必须等煤矿关闭后，才能返还给三道煤矿。故双方合同解除后，该 12 万元风险抵押金的受益人是三道煤矿，与潘忠良无关，因此，12 万元风险抵押金应由张晓臣返还给潘忠良，潘忠良在收到该抵押金后，应将有关收据返还给张晓臣。原审判决关于潘忠良告诉主体有误的认定错误，对潘忠良的此项上诉请求，本院予以支持。

（五）关于潘忠良上诉提出的不应给付张晓臣汽车款 6 万元的问题

本案双方争议的汽车已由张晓臣在 2007 年交给潘忠良使用，并且双方在《补充协议》中也约定以煤抵车款，故原审法院依据煤炭价格将该车定价为 6 万元，结合张晓臣已将汽车交付潘忠良使用的实际情况，判决潘忠良给付张晓臣汽车款 6 万元，并无不当。潘忠良关于应将该车返还给张晓臣的上诉主张，不能成立。

（六）关于张晓臣提出的电费数额问题

虽然张晓臣提供了由潘忠良工作人员签字欠 8 个月电费 103 963.48 元的证据，但由于产生电费的时间跨度超出潘忠良离开煤矿的时间 3 个月，其不能证实潘忠良所欠电费的准确数额，张晓臣应承担举证不能的不利后果。故原审法院依据潘忠良的自认，判决潘忠良向张晓臣支付电费1万元，并无不当。张晓臣关于潘忠良应给付电费7万元的主张，本院无法支持。

（七）关于张晓臣提出的15万元材料款应否由潘忠良返还的问题

张晓臣未能举证证明潘忠良欠张晓臣15万元材料款的事实存在，虽然《补充协议》中提及该材料款，但因没有具体数额和单价而无法认定，故张晓臣此项上诉请求，本院不能支持。

综上，原审判决中关于12万元风险抵押金部分的事实认定错误，应予改判。其余事实认定清楚，适用法律正确，应予维持。潘忠良的其他上诉请求及张晓臣的上诉请求均不能成立，本院予以驳回。依照《中华人民共和国民事诉讼法》第170条第1款第（2）项之规定，判决如下：

一、维持吉林省长春市中级人民法院（2012）长民再初字第3号民事判决的第一、第二、第三、第四、第五、第六、第七项；

二、张晓臣返还潘忠良风险抵押金人民币12万元。

上述款项于吉林省长春市中级人民法院（2007）长民一初字第149号民事判决确定给付之日起算。如果未按本判决指定的期间履行给付金钱义务，应当按照《中华人民共和国民事诉讼法》第253条之规定，加倍支付迟延履行期间的债务利息。

一审受理费36 080元（原告潘忠良已预交41 200元），被告张晓臣负担5051元，原告潘忠良负担31 029元；反诉案件受理费7045元（反诉原告张晓臣已预交），由反诉被告潘忠良负担486元，反诉原告张晓臣负担6559元；本诉案件审计、评估费用合计7万元，由原告潘忠良负担。二审案件受理费49 960元（潘忠良已交36 160元，张晓臣已交13 800元），潘忠良负担35 635元，张晓臣负担14 325元。

（二）案例分析

第五章　会计鉴定意见采信的典型案例分析

1. 本案会计鉴定意见不被采信的原因

(1) 鉴定材料的真实性、完整性无法认定。

作为司法会计鉴定材料的财务会计资料应该合法、真实、完整，否则，依据此做出的会计鉴定意见不具有证据能力，而这也是法院必须审查的内容。合法是指财务会计资料的来源或取得方式符合法律规定；真实是指财务会计资料应如实反映涉案的经济活动；完整是指财务会计资料应全面、充分，涵盖争议财务会计问题涉及的所有资料。所鉴定的财务会计资料不完整将会直接导致鉴定结果存在偏差或错误，因此，如果作为鉴定材料的财务会计资料不合法、不真实、不完整，司法会计鉴定人员不应接受委托。❶

审判机关以查清案件事实为目的，负责认定案件事实，决定证据（包括鉴定意见）是否被采信，可以用符合法律规定的手段调查取证，有强大的公权力可资使用，理论上也可最大限度保障鉴定资料的真实性和完整性要求。但囿于其职权（例如：不应主动收集非由法律规定应由其收集的证据）、诉讼时限及诉讼成本的限制，可能亦不能保障鉴定资料的真实性和完整性。实际上，在很多民事诉讼案件的鉴定中，虽然委托人是法院，但是提交鉴定资料的是当事人，而且鉴定资料并未经过当事人双方质证，由此常常出现当事人对鉴定结论不予认可甚至强烈反对的情形。本案中，潘忠良提交的单位原始凭证中除差旅费、招待费、修理费及部分汽油费外，大部分为收款和付款收据，仅有少部分为正规发票，不符合我国会计核算的相关规定，且对方当事人张晓臣不予认可，鉴定材料的真实性、完整性无法认定，以此为基础做出的会计鉴定意见当然不具有证据能力。

---

❶ 司法部《司法鉴定程序通则》(2007) 第16条规定，鉴定材料不真实、不完整、不充分或者取得方式不合法的，司法鉴定机构不得受理。

(2) 本案的会计鉴定意见无法实现鉴定目的。

本案法院依当事人的申请，委托吉林大地会计师事务所需要查明的事实是：潘忠良因案涉合同无效，实际受到的损失数额，这一财务会计问题。但吉林大地会计师事务所出具的鉴定意见是：考虑到经营成本和经营风险等不确定因素，潘忠良的经营亏损为294万元。经营亏损可能是多种原因造成的，比如：经营风险、经营成本、管理水平等，不单单是因合同无效造成的，甚至可能与合同无效无关，即本案的审计意见并没有明确回答法院委托鉴定的财务会计问题，法院委托鉴定的目的根本没有实现。

2. 审计查账不等同于司法会计鉴定，审计报告不能替代司法会计鉴定报告

审计是一项具有独立性的经济监督和鉴证的管理活动。其中心工作就是根据审计项目提出的审计目标进行取证，提出审计意见或做出审计结论。审计查账即检查账目，是审计的一种常用方法，其目的是为了保证会计工作的规范和会计信息的可靠。在长期审计查账实践活动中，对经济活动的合法性和合理性进行监督和评价成为审计特有的价值取向。

司法会计鉴定是一项独立于审计的诉讼证明活动。司法会计鉴定是在诉讼过程中，依据客观存在的涉案会计资料进行检验、鉴别，对会计专门性问题做出的主观判断的证明活动。司法会计鉴定追求和体现的是公正与效率的诉讼价值目标。

正如本书前述，司法会计鉴定活动与审计活动在概念、主体、操作程序、工作成果、思维方式等方面均存在明显差异，因此，审计查账不等同于司法会计鉴定，审计报告不能替代司法会计鉴定报告。

具体到本案来说，司法会计鉴定如果依据的鉴定材料无法保证真实性，无法做出结论性意见，则应出具终止鉴定程序文书，说明不能作出鉴定意见的原因，但本案吉林大地会计师事务所不仅接受委托，并出具了审计意见；会计鉴定意见作为独立的诉讼证据，其具有明确的针对性，即只

能就送检方提请鉴定的财务会计问题表达结论性意见，只能回答鉴定事项所列财务问题，不允许在结论中设定问题，而本案吉林大地会计师事务所出具的亏损294万元的审计意见，是设定了经营成本和经营风险等不确定因素的结论。

二、会计鉴定意见被法院采信的案例

（一）基本案情

上诉人（原审原告）曾宪明。

上诉人（原审被告）徐州咪兰房地产开发有限公司。

上诉人（原审被告）徐先超。

上诉人曾宪明与上诉人徐州咪兰房地产开发有限公司（以下简称咪兰公司）、上诉人徐先超因合资、合作开发房地产合同纠纷一案，不服江苏省徐州市中级人民法院（2013）徐民初字第0009号民事判决，向江苏省高级人民法院提起上诉。

原审法院查明：2005年5月，徐先超在铜山国土资源局通过挂牌竞价程序以170万元价格竞得2005-1号地块国有土地使用权。2006年11月29日，曾宪明与徐先超签订《联合开发协议》，约定：一、甲方（徐先超）拥有的土地使用权以380万元作价与乙方（曾宪明）投入现金400万元进行联合开发。二、开发周期约1.5~2年。三、利润分成：开发销售结束，双方按5:5分成，即双方各自收回成本，利润分成各占50%。四、成立项目公司，由徐先超任经理，负责公章、法人章的保管使用，现金会计的招聘等工作。乙方具体负责经营工作及有关部门的联络、协调。五、费用支出：双方本着互惠互利原则，有关费用的支出须经双方签字后财务现金会计方可支出现金。后双方将协议中土地作价及出资内容变更为："甲方拥有的土地使用权以300万元作价与乙方投入现金300万元进行联合开发。在开发期间资金不足时，双方再行筹备，所形成的利息计财务费用"，其余内容及签署日期均不变。

2010年6月17日，徐先超（甲方）与曾宪明（乙方）签订《补充协议》，约定：一、甲乙双方同意将公司账上存款各按50%分别存在双方个人名下；二、以后售房款也是各存50%；三、欠施工方的工程款，由双方共同承担支付（以众合会计事务所审计为准）；四、任何一方与施工方及施工外的任何单位签订的合同均由签字方承担，与另一方无任何关系，需要与外界签订合同需双方共同签字认可后，甲方方可与外界签订合同。同日，曾宪明与徐先超分别从公司提取300万元，曾宪明出具收据一份"今收到转账支票叁佰万元整，（收取投资款）"。对于其中的"收取投资款"字样，曾宪明认可系其为了注明该款用途自己之后添加上去的。2010年6月17日，徐先超出具承诺书一份，内容为：徐先超与徐佩清的价格差价由徐先超个人承担，与公司无关。

另查明，2007年3月28日，徐先超、曾宪明在徐州工商行政管理局办理了咪兰公司的名称预先登记核准，拟设立企业股东系其二人，各出资400万元。2007年4月8日，案外人葛红与徐先超签订咪兰公司《投资入股协议》，约定葛红以300万元入股，徐先超以涉案土地使用权作价300万元入股，双方各占50%股份。项目结束后，双方各收回成本300万元，之后的利润徐先超分50%，葛红分45%，曾宪明分5%。葛红借给徐先超150万交纳土地款，一个月内返还。2007年4月16日，徐先超收到葛红150万元借款后交纳了土地出让金。2007年5月21日，徐先超在徐州工商行政管理局办理了咪兰公司的名称预先登记核准，拟设立企业股东为其本人，出资1000万元。2007年7月11日，咪兰公司注册成立，法定代表人为徐先超，企业类型为有限公司（自然人独资），注册资本为1000万元，其中货币资金300万元，无形资产（土地使用权）700万元，徐先超职务为董事兼经理，曾宪明职务为监事。2007年7月12日，经咪兰公司董事会研究决定任命曾宪明为该公司总经理。之后,由咪兰公司开发的美兰花园项目进行开发建设,现美兰花园A、B、C、E、F楼及附属工程已全部建成并实际出售部分房屋。后因双方发生纠纷,曾宪明2012年8月19日向咪兰公司和徐先超发出解除合同通知书,徐先超于2012年8月22日回函否认双方联合开发美兰花园项目的事实。

再查明,案外人葛红曾于2010年以徐先超故意隐瞒事实导致其未能出资为由起诉至原铜山县人民法院,请求判令徐先超赔偿其可得利益损失200万元,原铜山县人民法院做出(2010)铜商初字第0176号民事判决,认定徐先超故意阻碍合同生效条件的成就,判令徐先超补偿葛红25万元。后经铜山区人民法院再审调解,徐先超一次性给付葛红16万元。

又查明,咪兰公司成立时的货币资金300万元系案外人任永红将款打入徐先超账户,曾宪明称该款系其本人向同事任永红借的投资款,徐先超辩称该款系通过曾宪明向任永红借的公司注册款。该300万元后通过咪兰公司于2007年7月17日返还给了任永红,双方均认可是用咪兰公司售房款偿还的该笔款项,但曾宪明称其本人之后把款交给了咪兰公司。另外,曾宪明自认从咪兰公司借支200万元。

2013年1月8日,曾宪明诉至原审法院,请求判令:一、确认双方存在合作开发房地产的法律关系;二、咪兰公司、曾宪明给付合作开发房地产项目盈余分成款1399.14万元(以审计评估结算调整);三、本案诉讼费用由咪兰公司、徐先超承担。

一审审理期间,经曾宪明申请,原审法院依法委托天衡会计师事务所徐州分所对咪兰公司开发的美兰花园小区房地产开发项目开发经营期间的利润进行鉴定,天衡会计师事务所徐州分所做出天衡徐专字[2014]0175号《司法会计鉴定报告书》,鉴定结论为:一、如土地成本按300万元确认,则咪兰公司开发的美兰花园小区项目净利润为1755.055万元;二、如土地成本按700万元确认,则咪兰公司开发的美兰花园小区项目净利润为

1455.055万元。

对上述鉴定报告，曾宪明质证意见为：对鉴定报告认定的总收入部分没有异议，对成本方面已经发生的实际支出也没有异议，但是对税收涉及的1900万元有异议，该公司实际发生的税收仅300余万元，将来如果公司按照法律政策规定不需要交这么多钱，实际也没有交这么多钱，曾宪明将另行主张权利。对于成本列支中的土地作价部分，应当按照170万元计算，理由是双方之间就成本利润进行算账，应当按照实际发生的或应当发生的支出来列成本，本案中徐先超取得土地，实际支付成本是170万元，按300万元列支是双方原来的出资约定，不能作为计算实际成本列支的依据。

咪兰公司、徐先超质证意见为：一、作为非投资人提出的审计，完全违反公司法，因为曾宪明不是咪兰公司的股东或者投资者，其不具备审计咪兰公司的资格。二、鉴定报告内容不全面。该报告应将企业的基本信息及投资主体与投资规模写入。即投资主体为自然人徐先超，投资规模1050万元（土地作价700万元，货币投资300万元及2007年9月货币投资50万元）。三、鉴定报告的依据不完整。鉴定机构仅依据会计凭证鉴定一个公司的利润，不完整、不全面，应当依据公司的资产负债表、损益表、成本明细账、现金及银行存款明细账、收入费用明细账、往来账、应交税金明细账、全部销售房屋的税务发票及销售合同等进行审计。四、鉴定报告体现的业务不真实、不完整。①爆破成本及外运石料成本未计入；②根据华东工程造价咨询公司出具鉴定书，A楼工程造价为2 951 099.15元，B-F楼造价为17 876 030.86元；③设计费、监理费未计入；④建设工程开发配套未交，应提取按105元/平方米，应预提（规划面积28 680元/平方米，105元/平方米=3 011 400元）；⑤围墙改造费用（两次）未计取；⑥基础设施虽已审计，但未经建设方签字确认，不能作为审计的依据；⑦配电系统的设计费及配电室工程建设费，未见计入公司凭证；⑧物业用

第五章 会计鉴定意见采信的典型案例分析

房建设及临地用房建设工程款未计入；⑨工程建设中咪兰公司提供的材料、线、防火门、进户门、封阳台用窗户、阁楼层围栏等，各楼道电表箱及室内弱电箱，不在总承包价之内，应计入成本；⑩绿化用土的回填及整理（人工费）未计入；⑪前期小区门前贴地砖及施工未计取，宣传广告费是多少应核准；⑫两次工程审计费用未计入（B-F楼的工程建设费用）及基础设施的审计费用；⑬绿化工程应以票据为准；⑭购置化粪池及安装费用未计入成本；⑮传达室建设安装及A楼人防地下室安全防护设施未计入；⑯A楼人防地下室防空专用门未计入；⑰A到B楼之间，因施工时有流沙，建有地下工程墙由咪兰公司施工未计入；⑱各楼道口路灯安装及主给水管，排水管到各楼的连接部分及变更阁楼给水给电施工费未计取；⑲基础设施中的排水排污管道约2万元未计入；⑳因众鑫款项已付出，但没有开发票，应扣除开发票税款；㉑有线电视安装到各户，费用已由咪兰公司付出，应计入成本；㉒已实际支付水电费103 511.83元，不应从成本中扣除；㉓开工之前的20万元的前期费用不应该扣除。五、鉴定报告体现咪兰公司运行期间费用不全面。①购置车辆未计入；②公司成立之前房屋的租赁、装修、办公用品的购置（空调、办公桌椅、电脑、沙发等）未计入；③从2007年中秋至2011年每个节前（每年两个节）约4万~5万元的费用，约50万元，另各项办手续送礼约80万元；④36套房屋应以实际销售为准；⑤2011年12月底前税务机关提供的会计报表，应作为审计的合法依据，另外2012年1~6月曾宪明和孙明慧等的工资已付出；⑥2013年年初到现在仍然发生了费用。

针对咪兰公司提出的异议，鉴定机构答复称：鉴定机构出具的司法会计鉴定报告和一般意义上的审计报告不同，鉴定依据是根据双方当事人提供的鉴定材料。首先，对于爆破成本及石料外运是根据记账凭证上反映的爆破费用计算的；第二项A号楼工程造价是根据合同鉴定的，B-F楼工程造价是根据众合所提供的决算审计结果鉴定的；第三项设计费、监理费根据凭证中记载的费用计取；第四项开发配套费，鉴定材料中没有这一项；第五项围墙改造费用，提供的鉴定材料里面没有；第六项基础设施虽已审计，但未经建设方签字确认，不能作为审计的依据。鉴定机构是根据鉴定材料进行鉴定的；第七项配电系统的设计费及配电室工程建设费未见到鉴定材料，故未纳入成本；第八项物业用房建设及临时用房建设工程款因未见到相关材料，故未计入；第九项工程建设中公司提供的材料线、防火门、进户门、封阳台窗户、阁楼层围栏等、各楼道电表箱及室内弱电箱均由咪兰公司支付，咪兰公司提供的材料不在总承包价之内应计入成本，本次鉴定中封阳台用窗户已计取22万元成本，电表箱及弱电箱凭证中反映有2万元已计取成本，咪兰公司、徐先超主张的其他材料在账务凭账中已有所体现，鉴定机构也计入了开发成本，对施工合同中没有体现的这部分供材在造价部分已予以扣除，相关的费用并没有发生重复计取情况；第十项绿化用土的回填及整理（人工费）因未见到鉴定材料未计入；第十一项前期小区门前贴地砖及施工缺乏相关材料未计取，宣传广告费主要是计算企业所得税时用的，已全部计入成本了；第十二项关于两次工程审计费用，对于鉴定材料中有审计费依据的已经计入成本，对于其他没有依据的没有计入；第十三项绿化工程应以票据为准，绿化工程实际计入14万元，合同是130万元，发票开了128.53万元，鉴定机构函证施工单位，施工方承认工程造价是14万元；第十四项购置化粪池及安装费用，按会计凭证中记载的数额进行计取了；第十五项传达室建设安装及A楼人防地下室安全防护设施因未见到相关鉴定材料未计取。

原审法院认为：

一、关于双方是否存在合资、合作开发房地产的关系问题

根据曾宪明与徐先超于2006年11月29日签订的《联合开发协议》及2010年6月17日双方签订的《补充协议》内容，结合咪兰公司成立前后过程、注册资金投入情况以及2010年6月17日曾宪明与徐先超分别从公

第五章　会计鉴定意见采信的典型案例分析

司提取300万元的事实及徐先超同日出具承诺书等相关证据，能够形成证据链条证明双方存在合资、合作开发房地产关系。《联合开发协议》及《补充协议》合法有效成立且已实际履行，双方均应按照协议内容全面履行己方义务。徐先超辩称2006年11月29日双方签订的《联合开发协议》没有实际履行，曾宪明没有实际出资，2010年6月17日双方签订的《补充协议》系在曾宪明胁迫下所签，故双方不存在合资、合作开发房地产关系。根据查明的案件事实，双方签订《联合开发协议》后，对于咪兰公司成立时曾宪明是否投入300万元合作投资款问题，虽然该款通过案外人任永红打入徐先超账户，但综合考虑曾宪明、徐先超与任永红的关系远近情况，任永红与曾宪明原系同事关系，徐先超与任永红之前并不认识，故应当认定任永红打入徐先超账户的300万元系代曾宪明交纳的投资款。至于徐先超辩称2010年6月17日双方签订的《补充协议》系在曾宪明胁迫下所签，但其当时并没有报警也没有在法定期限内行使撤销权，直至2012年12月份双方发生纠纷后才向公安机关报警，显然与常理不符，不予采纳。

二、关于合作项目盈余分配条件是否具备以及如何进行分配的问题

基于曾宪明与徐先超签订的《联合开发协议》及《补充协议》合法有效成立，且根据《联合开发协议》成立的项目公司咪兰公司开发的美兰花园项目已全部完成，故已经具备项目盈余分配条件。根据法院依法委托的天衡会计师事务所徐州分所出具的两份鉴定结论，其主要差距在于土地成本的折价标准问题，虽然徐先超取得涉案土地的成本价格为170万元，成立公司时的土地作价为700万元，但根据双方自愿签订的《联合开发协议》中明确，土地作价为300万元，系双方当事人的真实意思表示，土地成本应按300万元确认，故确认咪兰公司开发的美兰花园小区项目净利润为1755.055万元。对于曾宪明主张土地成本按实际价格170万元计算的请求，不予支持。对于咪兰公司、徐先超主张鉴定报告依据的鉴定材料不

195

足,存在诸多漏项的问题,鉴于在案件鉴定期间,原审法院多次释明让双方当事人提供相关的鉴定检材,徐先超及咪兰公司对于公司的财务资料应当负有举证责任,但其在规定期限内没有提交,故应当承担举证不能的法律后果。鉴定机构根据现有的鉴定材料做出的鉴定报告应当作为本案定案依据,故曾宪明应当获得的利润分成为877.5275万元。鉴于曾宪明于2010年6月17日收取咪兰公司300万元,其之后又自认从公司支取200万元,故曾宪明实际应得的利润分成款为377.5275万元。曾宪明主张2010年6月17日收取的300万元系收回投资款,不应算作已领取的公司利润,但根据查明的案件事实情况,曾宪明所谓的投资款系从案外人任永红处借取,且该笔投资款已经由咪兰公司通过转账方式偿还,曾宪明没有证据证明其又向公司补足了该300万元投资款,故对曾宪明的上述主张,不予支持。由于咪兰公司系基于曾宪明与徐先超合资、合作开发房地产所成立的项目公司,且合作资产均在咪兰公司处,故应当由咪兰公司承担支付曾宪明利润分成款的义务,徐先超作为与曾宪明签订《联合开发协议》的合同相对人,应当承担连带责任。

综上,原审法院依照《中华人民共和国合同法》第8条、第60条、第107条,《最高人民法院关于审理涉及国有土地使用权合同纠纷案件适用法律问题的解释》第14条、第15条第2款之规定,判决:一、咪兰公司于判决生效后15日内支付曾宪明利润分成款377.5275万元;徐先超承担连带给付责任;二、驳回曾宪明的其他诉讼请求。案件受理费105 748元,鉴定费150 000元,合计255 748元,由曾宪明负担186 696元,由咪兰公司、徐先超负担69 052元。

宣判后,曾宪明不服,向本院提起上诉称:按照《补充协议》的约定,开发项目的收入、支出均按50%由徐先超、曾宪明享有和承担,故咪兰公司应按照美兰花园项目净利润的50%向曾宪明支付利润分成款,徐先超承担连带责任,不应该另行扣除500万元。2010年6月17日徐先超、

第五章　会计鉴定意见采信的典型案例分析

曾宪明均各自领取 300 万元，不应再行扣除曾宪明 300 万元；曾宪明从咪兰公司支取 200 万元的后果是项目净利润摊薄，曾宪明只应承担 50%，即 100 万元的返还责任。故原审判决对于扣款数额认定有误。请求撤销原判，依法改判。

针对曾宪明的上诉请求，咪兰公司、徐先超答辩称：《补充协议》因违背公司法强制性规定应认定为无效，《补充协议》未得到咪兰公司的认可，也未对利润分成问题做出约定。一审期间，咪兰公司曾反诉要求返还 300 万元侵占款，原审法院未予支持，却强行抵扣利润分成款；200 万元系曾宪明私自借出，经咪兰公司、徐先超追讨未予返还，曾宪明涉嫌挪用资金和侵占，应移送公安机关处理。故原审判决直接将 500 万元抵扣利润分成款，程序违法。原审判决认定事实不清，程序违法，请求撤销原判，发回重审。

宣判后，咪兰公司、徐先超亦不服，向本院提起上诉称：（1）曾宪明与徐先超签订《联合开发协议》后因葛红介入而未实际履行，因葛红未实际出资，徐先超与葛红签订的《投资入股协议》中关于曾宪明享有 50% 的利润约定亦归于消灭，咪兰公司系徐先超自己出资设立，与曾宪明之间不存在合资、合作开发房地产的关系。（2）咪兰公司系徐先超自行出资设立，300 万元投资款系任伟汇至咪兰公司账户，后由徐先超归还，原审判决认定任永红打入徐先超账户的 300 万元系代曾宪明交纳的投资款无事实和法律依据，曾宪明自认以房屋预售款偿还任永红的借款，曾宪明未出资，无权要求分配咪兰公司的利润。（3）徐先超与曾宪明签订的《补充协议》约定将公司账上存款各按 50% 分别存在双方个人名下，违反法律规定，《补充协议》应认定为无效，约定将公司款项存入私人账户亦不能认定为利润分成。（4）涉案鉴定报告所依据的鉴定材料不全面，部分审计资料被曾宪明怂恿会计隐藏，鉴定时部分房屋尚未销售，继续销售房屋的运营成本未予扣除，验资机构确认的土地作价为 700 万元，原审法院认定土地成本按300万元确认,没有依据。(5)原审法院将徐先超与曾宪明之间的合资、合作开发房地产关系的确认之诉与曾宪明以股东身份向咪兰公司主张利润的给付之诉合并审理,在未接受咪兰公司及徐先超反诉的情况下将反诉的500万元抵扣利润,在曾宪明侵占500万元售房款的行为涉嫌犯罪的情况下,未支持咪兰公司、徐先超要求将本案移送公安机关的请求,不接受咪兰公司、徐先超要求调取原会计持有的财务账册及银行往来账的申请,程序违法。(6)曾宪明要求利润分配,其相对人是咪兰公司,与徐先超无法律关系,原审判决判令徐先超承担连带责任,无事实和法律依据。请求撤销原判,依法改判或发回重审,诉讼费用及其他费用由曾宪明承担。

  针对咪兰公司、徐先超的上诉请求,曾宪明答辩称:曾宪明与徐先超于2006年11月29日签订了《联合开发协议》,因涉案土地登记在徐先超个人名下,如欲投资入股须将土地过户至咪兰公司名下,为节省过户费用,曾宪明、徐先超决定将咪兰公司注册为徐先超的个人独资公司,其余仍按《联合开发协议》履行。因徐先超尚欠150万元土地款,经曾宪明介绍并担保从葛红处借款150万元,但应以葛红投资入股参与土地合作开发为条件,曾宪明、徐先超为了实现借款目的,决定答应葛红的条件,待实现借款目的后再设法让葛红退出合作。因徐先超获取土地支付的对价款较低,双方重新约定将土地作价300万元,由曾宪明投资300万元进行联合开发。2007年7月6日,曾宪明向同事任永红借款300万元通过任永红弟弟任伟账户汇出至徐先超账户转入咪兰公司验资账户。对于葛红的150万元、任永红的300万元及咪兰公司的前期支出费用,由曾宪明出资100万元及咪兰公司房屋预售款偿还。2010年6月17日,曾宪明与徐先超签订了《补充协议》,对双方约定的五五分成再次做出确认。曾宪明已将300万元投资款存入咪兰公司账户,徐先超同意用房屋预售款偿还任永红的借款,仅在双方之间形成债权债务关系。曾宪明、徐先超之间不是合伙关

第五章 会计鉴定意见采信的典型案例分析

系,也不是股东关系,原审判决认定双方存在合资、合作开发房地产关系,证据确实、充分。美兰花园项目已经完成,原审法院委托鉴定机构做出鉴定报告,对曾宪明应享有的利润分成做出认定,符合法律规定。一审期间,原审法院已经给予充分的质证时间,鉴定机构多次出庭接受质询,咪兰公司、徐先超未申请重新鉴定,鉴定程序合法、鉴定结论合法有效,咪兰公司、徐先超无权在二审期间对鉴定报告再提出异议。咪兰公司、徐先超主张曾宪明涉嫌犯罪,但未提供刑事立案的证据。原审判决判令咪兰公司、徐先超承担连带付款责任正确。请求驳回咪兰公司、徐先超的上诉请求。

二审查明事实与一审查明事实一致,本院予以确认。

二审另查明:天衡徐专字[2014]0175 号鉴定报告载明鉴定基准日美兰花园项目尚未销售房产评估值为 11534552 元(已考虑到上述房产尚未销售,销售时还会发生部分销售费用,今后销售会存在一定的风险等因素对房价的影响),未售地下室评估值 457200 元。

一审期间,咪兰公司、徐先超曾书面申请法院调取咪兰公司财务账册,用以证明徐先超于 2007 年 8 月至 2008 年投入 200 万元补正出资。

经当事人确认,本案二审的争议焦点为:(1)双方是否存在合资、合作开发房地产的法律关系;(2)原审判决对于净利润以及曾宪明利润分配数额的认定是否有事实和法律依据;(3)咪兰公司对一审程序的各项异议是否成立;(4)徐先超应否承担连带责任。

关于争议焦点 1,江苏省高级人民法院认为,曾宪明与徐先超于 2006 年 11 月 29 日签订《联合开发协议》,对投资方式、利润分配、项目公司的成立运作等事项做出明确约定。事后,曾宪明通过其同事任永红借款 300 万元汇至徐先超账户。2007 年 7 月 11 日,双方从事房地产合作开发的项目公司咪兰公司注册成立,曾宪明任监事,后被任命为总经理,实际参与了咪兰公司的经营运作。2010 年 6 月 17 日,曾宪明与徐先超签订了

199

《补充协议》，对咪兰公司账上存款及售房款分配、工程款负担等事项做出约定，事后曾宪明与徐先超按照《补充协议》的约定分别从咪兰公司提取300万元。综合上述事实，可以认定曾宪明与徐先超之间存在合资、合作开发房地产的关系，《联合开发协议》及《补充协议》均已实际履行。双方虽然在合作过程中为向案外人葛红借款而由徐先超与葛红签订了《投资人股协议》，但该协议最终未实际履行。从事后曾宪明与徐先超投资运作咪兰公司，特别是再行签订《补充协议》的过程来看，双方实际继续履行了《联合开发协议》。咪兰公司、徐先超主张《联合开发协议》未履行，与事实不符，本院不予支持。关于曾宪明是否实际投资的问题，按照《联合开发协议》的约定，曾宪明负有300万元的投资义务，300万元投资款系向曾宪明的同事任永红所借，徐先超与任永红并不熟识，故认定该300万元系案外人借给曾宪明的投资款，更符合常理。咪兰公司注册成立后仅数日该300万元借款即由咪兰公司用房屋预售款返还给了任永红，对此，曾宪明是明知的，双方形成了抽逃出资的合意，曾宪明并未实际完成投资义务。根据法律规定，合作开发房地产对合作利润分配比例的约定是建立在合作各方按约实际且足额投入的基础之上，当事人未足额交纳出资的，应按照当事人的实际投资比例分配利润。但对于合作一方未按约定投资，如合作另一方同意按照原约定的利润分配比例分配利润的，法律也未做禁止性规定。本案中，虽然曾宪明没有按约完成投资义务，但从事后徐先超与曾宪明签订的《补充协议》对咪兰公司账上存款及售房款五五分配的约定内容来看，与之前《联合开发协议》的利润分配约定相符，应是对利润分配的再次确认，也是对曾宪明实际参与合作事务的经营运作并投入人力、物力的肯定，此约定为当事人的真实意思表示，不违反法律、行政法规的强制性规定。咪兰公司、徐先超否认双方存在合资、合作开发房地产的法律关系并否认曾宪明有利润分配的权利，但如果曾宪明未参与合资、合作，为何会形成《补充协议》的约定内容，对此咪兰公司、徐先超无法

第五章 会计鉴定意见采信的典型案例分析

做出合理解释，故对其主张本院不予支持。

关于争议焦点2，江苏省高级人民法院认为，曾宪明与徐先超在签订《联合开发协议》时，虽不具备房地产开发经营资质，但在起诉前已依法合作成立了具有房地产开发经营资质的咪兰公司，故《联合开发协议》依法应认定为有效。《联合开发协议》约定在开发销售结束后利润五五分成，现美兰花园小区项目已经开发完毕，由于双方产生纠纷导致《联合开发协议》无法继续履行，曾宪明要求按照约定分配利润，应予支持。对于利润的数额，原审法院已委托鉴定机构进行了鉴定，双方对鉴定报告进行了充分质证。关于咪兰公司、徐先超主张鉴定报告不全面的问题，经查，原审法院在鉴定期间已多次释明双方当事人提供相关的鉴定材料，咪兰公司、徐先超对于公司财务账册、经营资料等负有保管义务，并负有举证责任，其未在规定期限内提交，应承担举证不能的法律后果。咪兰公司、徐先超主张公司审计资料被曾宪明怂恿会计隐藏，对此其未提供证据证明。故鉴定机构依据现有鉴定材料做出的鉴定报告应当作为定案的依据。二审期间，咪兰公司、徐先超再次提出鉴定报告不全面的问题，但仍无法提供完整的鉴定材料，故对其异议，本院不予采信。关于咪兰公司、徐先超主张未销售房屋运营成本未扣除的问题，鉴定报告已载明鉴定基准日美兰花园项目尚未销售房产评估值为11 534 552元，该评估值已考虑到上述房产尚未销售，销售时还会发生部分销售费用，今后销售会存在一定的风险等因素对房价的影响，故咪兰公司、徐先超的异议不能成立。关于土地成本的折价标准问题，虽然验资报告载明成立咪兰公司时土地作价为700万元，但双方在《联合开发协议》中已明确约定土地作价为300万元，该约定为当事人真实意思表示，故土地成本应按300万元确认。依据鉴定报告，美兰花园小区项目净利润应为1755.055万元。按照《联合开发协议》利润五五分成的约定，曾宪明应当获得的利润分成为877.5275万元。曾宪明于2010年6月17日收取咪兰公司300万元，之后又从咪兰公司支取200万元，曾宪明未提供证据证明支取上述款项的正当用途，故原审判决将其抵扣利润分成款，并无不当。至于徐先超是否领取300万元，与曾宪明无关，而曾宪明主张从咪兰公司支取200万元应进行净利润摊薄，其只承担100万元的返还责任，亦于法无据，本院不予支持。

关于争议焦点3，江苏省高级人民法院认为，本案系曾宪明与徐先超之间因合资、合作开发房地产产生的纠纷，既涉及对徐先超与曾宪明之间合资、合作开发房地产关系的确认，又涉及合资、合作开发房地产关系解除时的利润分配问题，原审法院将二者合并审理，符合法律规定。虽然原审法院未接受咪兰公司、徐先超的反诉，但将曾宪明从咪兰公司支取的500万元款项抵扣利润分成款系法院依据事实和法律依法认定的结果，并不以咪兰公司、徐先超是否反诉为前提。咪兰公司、徐先超主张曾宪明涉嫌犯罪，未提供证据证实。咪兰公司会计持有的财务账册、银行往来账，不属于申请人民法院调查收集证据的范畴，且咪兰公司、徐先超亦未提供充分证据证明上述材料被曾宪明持有，故原审法院未接受其调查证据申请，亦无不当。综上，咪兰公司、徐先超关于一审程序违法的各项异议均不能成立，本院不予支持。

关于争议焦点4，江苏省高级人民法院认为，徐先超系《联合开发协议》的合同相对人，应依法承担《联合开发协议》约定的权利义务。原审判决依据《联合开发协议》判令徐先超承担支付利润分成款的义务，有事实和法律依据。

综上，曾宪明、咪兰公司、徐先超的上诉请求及理由均不能成立。依照《中华人民共和国民事诉讼法》第170条第1款第1项之规定，判决如下：

驳回上诉，维持原判。

二审案件受理费100 800元，由曾宪明负担30 800元；由徐州咪兰房地产开发有限公司、徐先超负担70 000元。

第五章 会计鉴定意见采信的典型案例分析

(二) 案例分析

1. 关于司法会计鉴定的委托

司法会计鉴定的委托涉及司法会计鉴定的程序理性。程序理性是结果理性的前提和保证。司法会计鉴定委托的合法性是会计鉴定意见具有可采性的条件之一，也是当事人及其律师质证会计鉴定意见证据能力的内容之一。因此，合法委托司法会计鉴定是确保会计鉴定意见采信的基础。在我国司法实践中，双方当事人均可以申请法务会计鉴定，经法院同意后可以由双方协商委托或由法院委托或指定。在本案中，经原告（曾宪明）申请，法院依法委托了天衡会计师事务所徐州分所对诉讼双方争议事项（咪兰公司开发的美兰花园小区房地产开发项目开发经营期间的利润）进行了司法会计鉴定，符合司法程序理性，从而为会计鉴定意见的采信提供了合理保证。

2. 关于司法会计鉴定人员出庭接受质询

司法会计鉴定人员出庭接受质询是其应尽的义务，是直接言词原则和交叉询问原则的体现，但这一问题向来是我国司法鉴定制度中的关键问题和一大难题，[1] 虽然我国法律明确规定证据必须经过法庭当庭质证才能成为定案的根据，但是鉴定人不出庭作证仍是普遍现象。鉴定人不出庭，当事人对于鉴定意见的疑点就无法得到澄清，法官只能依据鉴定人所提交的书面鉴定意见进行审判，而对于鉴定意见的科学性就无从判断了，因而也就自然无法保证审判结果的准确性。

本案，司法会计鉴定人员未出庭作证，不能当面回答当事人的质疑，未能与当事人形成直接的言语交锋，根据现有的法律规定，虽说不能否定鉴定意见的可采性，但不得不说，这是本案的一个遗憾。

当然，实践中也可能存在由于鉴定人出庭占用庭审时间，导致法官更

---

[1] 季美君. 专家证据制度比较研究 [M]. 北京大学出版社，2008：234.

愿意采用书面审查情形的存在。当前我国基层法院的审判任务普遍繁重，经济发达地区尤为突出。年均审案 200 多件的法官已不算少见，甚至有年均审案 400 多件的情况，可见法官繁重的审案任务导致其不得不提高审案效率，为了避免鉴定人出庭而造成时间的耗费，法官也有倾向于尽量减少鉴定人出庭的现象。再加上庭审对于鉴定意见质证流于形式，庭审上的质证对法官形成内心确信影响甚微。因此，为了提高裁判的效率，法官更倾向于通过书面审查的方式决定是否采用鉴定意见。

3. 法官对会计鉴定意见的可采性审查与采纳

法官对司法会计鉴定意见的可采性审查主要是形式上的，涉及会计鉴定意见的证据能力，如前所述，必须同时满足一系列的可采性规则。在司法实践中，很多的情况是，如果诉讼双方当事人对司法会计鉴定的结论或意见的真实性没有异议，法官一般会直接接收会计鉴定意见作为证据，很少再主动对司法会计鉴定的可采性进行进一步审查。如果当事人对司法会计鉴定作为证据使用持有异议，法官则会依法对其可采性进行审查。本案中，被告咪兰公司、徐先超主张鉴定报告依据的鉴定材料不足，存在诸多漏项的问题，法院进行了审查，要求鉴定机构天衡会计师事务所徐州分所进行了答复和说明；在听取了鉴定机构的答复后，多次释明让双方当事人提供相关的鉴定检材。在此基础上，两审法院针对会计鉴定意见是否具有证据能力，是否具有可采性进行了判断。

法官对司法会计鉴定的采纳是对会计鉴定意见的证明力判断的结果。如前所述，法官应综合考虑会计鉴定意见形成过程中所使用的会计审计理论、技术与方法的恰当性、会计鉴定意见与其他证据之间的逻辑关系等因素，并在双方当事人及其律师充分质证的基础上，遵循逻辑规则和经验法则形成自己对会计鉴定意见证明力的最终判断。在本案中，针对鉴定意见，法院组织双方当事人进行了充分的质证，鉴定机构针对当事人的质疑，进行了详尽的答复，对鉴定的方法、鉴定的依据等进行了说明，明确了得出鉴定意见的程序和步骤,有助于法官正确审查和判断鉴定意见的证明力。

4. 函证在司法会计鉴定中的应用

正如本文前述,函证能否作为司法会计鉴定的方法或辅助方法的问题,目前理论界、实务届尚存争议。本案中,针对当事人就"绿化工程造价"的质疑,鉴定机构答复:第十三项绿化工程应以票据为准,绿化工程实际计入14万元,合同是130万元,发票开了128.53万元,鉴定机构函证施工单位,施工方承认工程造价是14万元。即本案鉴定机构在司法会计鉴定中运用了函证的方法,并将函证的结果作为鉴定的依据。

笔者认为,即使认为注册会计师在审计时和司法会计鉴定人在鉴定时均可用到函证这种审计方法进行取证,但二者实施的具体程序不尽相同,实施过程中的侧重点和具体注意事项也应有所不同。即使同是在司法会计鉴定中,由于案情不同实施函证的具体程序和方法也可能不相同,如需采用函证进行取证,司法会计鉴定人应当运用职业判断并结合实际案情选择适当的程序和方法处理之。

针对当前我国司法会计鉴定中函证程序照搬报表审计的做法所存在的问题,有学者认为应当考虑司法会计鉴定的特殊性,结合司法调查的权威操作,对司法会计函证程序进行流程再造。❶ 其关键是区分鉴定机构与司法机关的职责范围,在此基础上,协调配合提高程序价值,增强鉴定的科学性,使司法会计鉴定能为保障司法公平正义增添砝码。

三、会计鉴定意见部分被法院采信的案例

(一)基本案情

上诉人(原审被告、反诉原告):广东新金田彩印实业有限公司。

---

❶ 范伟红. 司法会计鉴定中函证程序的创新思考 [J]. 会计之友, 2008 (6).

被上诉人（原审原告、反诉被告）：云南知味园食品有限公司。

上诉人广东新金田彩印实业有限公司（以下简称新金田公司）因与被上诉人云南知味园食品有限公司（以下简称知味园公司）定作合同纠纷一案，不服云南省文山壮族苗族自治州中级人民法院（2014）文中民二初字第58号民事判决，向云南省高级人民法院提起上诉。

新金田公司上诉请求：（1）撤销原判第一项、第四项；（2）改判驳回知味园公司的全部诉讼请求；（3）判令知味园公司支付新金田公司因本案而支出的一、二审律师费；（4）一、二审案件受理费由知味园公司负担。

主要事实和理由如下。

一、原审认定事实不清

（1）知味园公司以定作合同诉至法院，主张新金田公司向其交付的果冻型鲜花米酿盖膜存在质量问题，但未提交证据予以证实。原审法院也认为这一事实的举证责任在于知味园公司方，知味园公司曾就此提出司法鉴定申请，但未交付鉴定费，导致未进行司法鉴定。相应的举证不能的诉讼后果理应由知味园公司承担。在没有证据佐证的情况下，原审判决支持知味园公司的诉讼请求错误。

（2）知味园公司自行委托鉴定形成的《司法会计鉴定报告书》不能作为本案的定案依据。首先，知味园公司在诉状中自认其于2014年4月已经销毁了涉案报废产品，2014年12月委托鉴定形成的鉴定报告依据的材料均为知味园公司提供的合同文本、会计凭证等书面材料，鉴定机构根本没有实地进行考察，没有对所谓的报废产品进行实地盘点。其次，通过查询国家工商网站可见，《经销合同》的相对方有部分企业是不存在的，有的甚至在退货时尚未成立。鉴定报告只是对知味园公司提交的会计资料进行简单整理和合计，无法证明是否真实存在报废产品，鉴定机构也声明知味园公司必须保证其提供资料的真实性。因此，该份鉴定报告不能证明知味园公司存在损失，不能免除知味园公司的举证责任，不能作为本案的定案依据。

（3）新金田公司提供的包装盖膜为普通产品，系种类物，向知味园公司供货的不止新金田公司一家，知味园公司未证明所谓的报废产品系使用了新金田公司的包装盖膜，也未举证证实产品报废和使用包装盖膜之间存在因果关系。知味园公司主张因质量问题退货发生在 2013 年 8 月 23 日至 2013 年 11 月 25 日期间，而本案双方当事人签订合同的时间为 2013 年 8 月 31 日，如退货系因新金田公司导致，知味园公司就不可能在 2013 年 9 月至 10 月间仍大量定制包装盖膜。

二、原审适用法律错误

本案系定作合同纠纷，应适用《中华人民共和国合同法》进行判决，原审适用《中华人民共和国产品质量法》，将知味园公司未完成的举证责任强加给新金田公司，显然属于适用法律错误。

知味园公司答辩请求：驳回上诉，维持原判。其主要事实和理由如下。

一、原审认定事实清楚，证据确实充分

（1）原审判决要求新金田公司应当提供证据证明包装膜符合国家标准或行业标准正确。《包装膜采购合同书》约定："乙方（新金田公司）每向甲方（知味园公司）提供每一批物资的同时，应当向甲方出具该批物资的原料构成和检验报告"。新金田公司依约应当提供符合食品包装且各项安全指标均符合国家标准或行业标准的包装膜，但该公司并未提供该批物资的原料构成及检验报告，且在使用封口膜生产的产品发生了严重的质量问题后，知味园公司两次发函，要求新金田公司派人到现场进行验证及核查；如不进行核查，将委托鉴定机构对问题产品进行损失鉴定和统一集中销毁，新金田公司对此一直未给予任何答复，也未履行，应视为对其权利的放弃，原审法院根据以上事实，做出应由新金田公司承担举证不能后果的认定，正确有效。

（2）知味园公司委托做出的司法鉴定报告书客观真实。在向新金田公司发出商函及律师函后，由于一直未收到回复，知味园公司根据发函的内容，对遭受的经济损失进行司法鉴定并对损失的产品进行了销毁，鉴定机构现场核查出具鉴定书，知味园公司对于赔偿数额承担了举证责任，新金田公司对鉴定意见不予认可，但未提交相反证据予以反驳，原审依据该鉴定意见处理本案并无不妥。

（3）新金田公司提供的包装膜无产品质量认证。

二、原审适用法律正确

新金田公司未提供合格产品，造成知味园公司严重经济损失，已经构成违约，依法应承担违约赔偿责任。

知味园公司向一审法院起诉请求：判决新金田公司赔偿经济损失1 771 393.50元、鉴定费用30 000元、律师费用20 000元，并承担本案的诉讼费及保全费。

新金田公司提起反诉，请求：知味园公司返还合同质保金20万元，货款111 591.03元及该款项的利息损失（自起诉之日起按银行同期同类贷款利率计至判决确定还款之日止）；判令知味园公司支付新金田公司因本案诉讼而产生的律师代理费20 000元，由知味园公司承担全部诉讼费。

一审法院确认本案的法律事实为：

2013年7月至2013年11月期间，知味园公司与新金田公司通过传真的形式多次订立《包装膜采购合同书》，知味园公司采购新金田公司生产的封口盖膜、热收缩膜，用于鲜花米酿系列产品的封口包装。合同第一条约定：双方在签订合同时均有义务向对方提供以下证件，并对所提供的证件的有效性和合法性负全部责任：（1）营业执照副本复印件并加盖鲜章；（2）生产许可证复印件并加盖鲜章；（3）鉴于甲方（知味园公司）向乙方（新金田公司）采购的物资为印刷品，甲方还应向乙方提供：商标注册复印件并加盖鲜章、印刷在包装或标签上的各类知识产权、称谓、称号的

第五章 会计鉴定意见采信的典型案例分析

有效证明文件复印件并加盖鲜章。第7条约定：关于验收与质量问题定义：（1）乙方每向甲方提供一批物资的同时，应向甲方出具该批物资的原料构成及检验报告；（2）双方对膜的质量问题按以下方式鉴定：A. 显性质量问题：通过感官或简单物理方法即可判定的质量问题属显性质量问题，检验标准与判定依据参照《云南知味园食品有限公司包装材料质量要求及验收标准》；B. 隐性质量问题：甲方通过现场验收后入库并用于实际生产后显现或暴露出的膜质量问题，称为隐性质量问题，对于因隐性质量问题给甲方造成的直接损失由乙方承担。隐性质量问题包括并不仅限于下述情况：a. 膜黏合不好，经甲方生产工艺中的巴氏杀菌后出现材料分层属于质量问题；b. 膜印刷有问题，甲方在生产使用中发现掉色、失色、颜色变浅等问题属于质量问题；c. 膜的实际封合性能差，不能很好地与甲方的杯、碗等容器封合在排除甲方设备和工艺问题后出现的密封不严、漏汁、过分易撕开属于质量问题；d. 在排除甲方的设备、工艺有问题的情况下，膜在封合后撕开过分困难，亦属于质量问题；e. 膜厚薄不均、中间有气泡，出现超过总面积1%的褶皱等情况属于质量问题；f. 乙方的膜在甲方的生产过程或成品保质期内出现或导致异味，属质量问题；g. 通过技术手段证明乙方提供的膜直接或间接导致甲方产品的保质期缩短或性状发生明显、快速变化视为乙方供应的膜的质量问题；h. 任何第三方检测中认定乙方的膜有质量问题或不符合相关规范或要求，属质量问题；（3）收货确认：甲方对验收后的货物开具验收入库单，并以扫描件形式以电子邮件发送给乙方表明收货确认。如甲方在验收过程中发现品种、数量、规格、单价、质量与甲方订单或乙方送货单不符，甲方应不晚于3个工作日内书面向乙方提出。甲方的验收入库单并不表明乙方所供物资质量的完全认可，在发生隐性质量问题时，甲方应第一时间书面通知乙方到现场确认，并有权在已验收货物数量和金额中直接扣除相应货款和直接损失；（4）质量问题的处理：a. 对于任何质量问题给甲方造成的直接损失包括并不仅限于物料、人工、运费、消费者赔付，政府职能部门罚款等损失由乙方全额承担；b. 无论任何质量问题的发生，乙方应第一时间到现场处置，并立即另行安排按合同约定的质量生产，以确保甲方的正常生产活动，减轻双方的损失。第11条约定：关于结算与付款：合同签订时预付30%预付金及全额制版费，待膜做好后发至托运部时打50%。剩余20%作为质保金，产品验收合格后第二批订货时的预付款及剩余的20%质量保证金一起付给乙方，双方合作多次后经过乙方公司现场认证后另行谈合作事宜。合同签订后，新金田公司分批次开始供货，但均未按合同约定每发出一批货物时都出具该批物资的原料构成及检验报告。截至2013年9月15日，知味园公司以网上银行转账形式共支付货款707375元。后因知味园公司出售给部分产品经销商的商品出现包装膜与容器封口不牢，密封不严、漏汁等质量问题，导致经销商将出现质量问题的产品退还给知味园公司。2014年3月12日，知味园公司函告新金田公司，要求新金田公司在2014年3月19日前委派专业技术人员或代表到知味园公司现场验证核查，但新金田公司并未按函的要求派人到现场参与处理。2014年3月24日，知味园公司委托云南天信律师事务所向新金田公司发出律师函，再次要求新金田公司在2014年3月31日前委派专业技术人员或代表到知味园公司现场验证核查，但新金田公司仍置之不理。因出现质量问题的产品易腐变质不易保存，知味园公司将其统一集中销毁。2014年12月5日，知味园公司单方委托云南汇通司法鉴定所对因包装膜破损导致的经济损失金额进行鉴定，经鉴定，知味园公司因包装膜破损导致的损失金额为1 771 393.50元，知味园公司支付鉴定费30 000元。2015年6月28日，知味园公司向原审法院提出诉讼保全申请，原审法院于2015年7月10日依法裁定冻结了新金田公司存于中国工商银行股份有限公司潮安支行的资金485 857.58元，知味园公司交纳保全费5000元。

原审法院审理认为：定作合同是指由承揽人根据定做人要求的品种、

第五章 会计鉴定意见采信的典型案例分析

数量、质量及规格,使用自己的原材料、设备、劳动为定做人加工特定的产品,定作人给付相应报酬的协议。知味园公司与新金田公司订立的《包装膜采购合同书》符合定作合同的法律特征,系双方当事人的真实意思表示,内容不违反法律强制性、禁止性规定,系合法、有效的合同,双方当事人均应按合同约定全面履行各自的权利、义务。对于包装膜是否存在质量问题,知味园公司列举了与其有经销关系的16家经销商的《退货(报损)说明》及商函、照片、律师函,以此证明因出现质量问题后,知味园公司销售的产品被经销商退货,知味园公司发出商函和律师函要求新金田公司前来处理,但新金田公司未予配合处理的事实,但新金田公司未对其出售给知味园公司的包装膜是否属于合格产品提供证据证明。原审认为,作为包装膜生产者、销售者,新金田公司应按合同约定提供符合食品包装且各项安全指标均符合国家标准或行业标准的包装膜,有义务提供证据证明其提供的产品属合格产品或是符合相关的国家标准或行业标准。但在合同履行过程中,新金田公司并未按照合同约定出具物资的原料构成及检验报告。知味园公司在使用新金田公司提供的包装膜后,出现了膜与产品容器密封不严,漏汁、漏气等质量情况,根据合同约定,这些情况属于隐性质量问题。虽然新金田公司主张其提供的包装膜不存在质量问题,但其却未提供该产品属于合格产品或是符合国家标准或行业标准的相关证据。根据《中华人民共和国产品质量法》第12条"产品质量应当检验合格,不得以不合格产品冒充合格产品。"第26条"生产者应当对其生产的产品质量负责。产品质量应当符合下列要求:不存在危及人身、财产安全的不合理的危险,有保障人体健康和人身、财产安全的国家标准、行业标准的,应当符合该标准";第27条第1款(1)项"产品或者其包装上的标识必须真实,并符合下列要求:有产品质量检验合格证明",第46条"本法所称缺陷,是指产品存在危及人身、他人财产安全的不合理的危险;产品有保障人体健康和人身、财产安全的国家标准、行业标准的,是指不符合该标准"等有关规定。新金田公司销售包装膜时并未提交任何可以证明其产品属于合格产品的证据，也没有产品检验合格证明。知味园公司向新金田公司定做的包装膜是用于食品外包装的塑料薄膜，所以必须排除其存在危及人身、财产安全的不合理危险因素。虽然新金田公司称知味园公司在2013年10月份仍在向其公司定做包装膜，但这不并能成为认定其包装膜不存在质量缺陷问题的依据。且根据采购合同约定，"无论任何质量问题的发生，乙方应第一时间到现场处置"，在知味园公司发函规定的时间段内，新金田公司并没有按要求到现场处置有关产品质量问题，应视为其对权利的放弃。综上所述，新金田公司未能提供证据证明其出售的包装膜不存在质量缺陷，应由其承担举证不能的法律后果。

原审认为，新金田公司未能提供证据证明其出售给知味园公司的包装膜属于合格产品，且知味园公司在销售产品过程中遭受了重大经济损失。根据《中华人民共和国产品质量法》第41条规定，"因产品存在缺陷造成人身、缺陷产品以外的其他财产损害的，生产者应当承担赔偿责任"。对于赔偿数额，虽然知味园公司在提起诉讼前就自行委托对因包装膜破损导致的经济损失进行鉴定，新金田公司在庭审中也对此鉴定意见提出反驳意见，但根据《最高人民法院关于民事诉讼证据的若干规定》第28条的规定，"一方当事人自行委托有关部门做出的鉴定结论，另一方当事人有证据足以反驳并申请重新鉴定的，人民法院应予准许"。新金田公司并没有证据足以反驳此鉴定意见且也没有申请重新鉴定，故该鉴定意见可以作为定案依据，该鉴定意见损失包括三方面：一是已发货给经销商的破损产品873 648.7元；二是库存破损产品597 791.7元；三是库存剩余包装膜299 953.10元；因第三项损失知味园公司尚未使用，故对此库存剩余包装膜可作退货处理，即新金田公司只应赔偿知味园公司已发货给经销商的破损产品和库存破损产品损失，即 873 648.7 + 597 791.7 = 1 471 440.4（元）。对于鉴定费3万元，因双方在合同里并没有明确约定，应由知味园公司自行承担；对于诉讼费 21 192.00 元及保全费 5000.00 元，双方在采购合同里明确约定败诉方应承担此项费用，故以上费用应由新金田公司承担。至于新金田公司主张知味园公司所欠的货款问题，新金田公司并没有提供证据予以证明有 20 万元质保金留存于知味园公司处，对于尚欠货款金额，原审认定为 214 487.03 元，知味园公司应支付给新金田公司。至于律师代理费，因双方都各自聘请了律师代理诉讼，且支付的金额均为 20 000 元，故原审作抵销处理。

综上所述，双方签订包装膜采购合同后，新金田公司未按合同约定提供合格产品，其行为已构成违约，对知味园公司因此遭受的经济损失应承担相应的违约赔偿责任。新金田公司要求知味园公司支付尚欠货款的诉讼请求原审予以部分支持。依照《中华人民共和国合同法》第 8 条、第 60 条、《中华人民共和国产品质量法》第 12 条规定、第 26 条、第 27 条第 1 款（1）项、第 41 条、第 46 条规定、《最高人民法院关于民事诉讼证据的若干规定》第 2 条、第 28 条的规定，原审判决：一、由新金田公司赔偿知味园公司因包装膜破损导致的经济损失 1 471 440.4 元；二、驳回知味园公司其他诉讼请求；三、由知味园公司支付给新金田公司货款 214 487.03 元；四、驳回新金田公司其他诉讼请求；以上第一、第三项相抵，新金田公司应支付 1 256 953.37 元给知味园公司，限本判决生效后十日内履行。本诉案件受理费 21 192 元，保全费 5000 元，由新金田公司承担。反诉案件受理费 6274 元，由知味园公司承担 4329 元，由新金田公司承担 1945 元。

二审庭审中，知味园公司对原审法院审理查明的事实未提出异议，新金田公司提出如下四点异议：①原审认定其未按合同约定出具该批物资的原料构成及检验报告错误；②无证据证明"知味园公司出售的部分产品经销商的商品出现包装膜及容器封口不实，密封不严、漏汁等质量问题，导致经销商将出现质量问题的产品退还"这一事实；③新金田公司从未接到过知味园公司的函件；④知味园公司的鉴定不应作为本案的定案依据。对于当事人均不持异议的事实，本院予以确认。

本案二审期间，新金田公司围绕上诉请求提交了如下证据。

第一组证据：《税务登记证》《印刷经营许可证》《对外贸易经营者备案登记表》《质量管理体系认证证书》《全国工业产品生产许可证》。欲证明：新金田公司的主体身份及生产资格和能力。

第二组证据：《检验报告》四份、《试验报告单》一份、《SGS测试报告》四份。欲证明：新金田公司提供的产品所用原材料全部是合格产品。

本院组织当事人对证据进行质证。知味园公司认为新金田公司未提交证据原件，对证据的真实性不予认可。另外，新金田公司提交的生产许可证是在2015年颁发的。《检验报告》是其他单位委托的，不能证明是新金田公司的产品，无法证实其资质是在合同履行期间的资质。

云南省高级人民法院认为，由于新金田公司提交的证据系复印件，不符合《中华人民共和国民事诉讼法》第70条"书证应当提交原件"之规定，且上述书证不存在最高人民法院《关于适用的解释》第111条规定的提交书证原件确有困难的情形。在新金田公司未提交证据原件对复印件加以核对的情况下，本院对新金田公司提交的以上证据不予采信。

综合各方当事人的诉辩主张，本案争议焦点为：（1）新金田公司向知味园公司提供的包装膜是否存在质量问题？新金田公司是否违约？（2）新金田公司是否应该向知味园公司支付各项损失？损失金额如何确定？（3）知味园公司是否应向新金田公司支付律师代理费2万元？

1. 新金田公司向知味园公司提供的包装膜是否存在质量问题？新金田公司是否违约？

云南省高级人民法院认为，知味园公司与新金田公司订立的《包装膜采购合同书》符合定作合同的法律特征，即由新金田公司根据知味园公司要求的品种、数量、质量及规格，使用自己的原材料、设备、劳动加工特

第五章　会计鉴定意见采信的典型案例分析

定的产品，定做人给付相应报酬，该合同系双方当事人的真实意思表示，内容不违反法律强制性、禁止性规定，系合法、有效的合同，双方当事人均应按合同约定全面履行各自的权利、义务。

《包装膜采购合同书》约定，知味园公司提供设计稿，新金田公司用自有原料为对方加工包装膜，合同中约定了详细具体的商品名称、规格和相应的材质要求。由于本案案涉标的为印刷物，即仅仅是在新金田公司的自有原料上印刷知味园公司事先提供的图案即可，结合双方当事人约定的制版费仅为350元/版来看，案涉包装膜的价值应主要体现在原材料及加工成本上，正因如此，当事人在合同中约定了较为详细的验收和质量问题的定义，尽管本案为定作合同纠纷，但对于新金田公司提供的产品质量问题仍然要适用《中华人民共和国产品质量法》的相关约定加以评判，新金田公司主张本案不应适用《中华人民共和国产品质量法》进行评判，显然属于对法律的误读，本院不予支持。当事人在合同中特别约定了新金田公司每提供一批物资的同时，应向知味园公司出具该批物资的原料构成及检验报告。新金田公司抗辩主张其每次供货时，都已经依约提供了原料构成和检验报告。根据《最高人民法院关于民事诉讼证据的若干规定》第2条的"当事人对自己提出的诉讼请求所依据的事实或者反驳对方诉讼请求所依据的事实有责任提供证据加以证明。没有证据或者证据不足以证明当事人的事实主张的，由负有举证责任的当事人承担不利后果"之规定，该部分事实理应由新金田公司承担相应举证责任加以举证证实，现因新金田公司未依法完成相应的举证义务，应由其承担举证不能的法律后果，本院认定新金田公司未依约出具相应批次货物的原料构成及检验报告，构成违约。《中华人民共和国产品质量法》第12条规定："产品质量应当检验合格，不得以不合格产品冒充合格产品。"第27条第1款（1）项规定，"产品或者其包装上的标识必须真实，并符合下列要求：有产品质量检验合格证明"，作为包装膜的生产者和销售者，新金田公司在销售包装膜时并未提交任何可以证明其产品属于合格产品的证据，也没有产品检验合格证明，与现行法律规定不符。在新金田公司未提供任何产品质量合格证明的情况下，知味园公司在本案中提供了与其建立销售关系的16家企业公司的《经销商合同》《残损商品报损核定表》《退货（报损）说明》，欲证明新金田公司提供的包装膜封合性能差，不能很好地与知味园公司相应产品的包装容器相封合，出现密封不严、漏汁，易撕开及膜面易破裂等质量问题。本院认为，知味园公司提供的证据上加盖有16家企业的公司印章，在新金田公司未能提供符合法律规定及合同约定的相应证据的情况下，知味园公司提供的证据已经具有了很强的高度盖然性，原审认定新金田公司的产品为不合格产品并无不当，本院二审予以维持。

2. 新金田公司是否应该向知味园公司支付各项损失？损失金额如何确定？

如前所述，新金田公司未按合同约定向知味园公司出具该批物资的原料构成及检验报告，存在违约之处。从新金田公司《销售单》鉴定人对盘点表上的剩余包装膜数量进行现场勘验，结合知味园公司已付货款707 375元，尚欠货款为214 487.03元，鉴定盘点剩余包装膜价值为299 953.10元等数据综合分析，知味园确曾使用过新金田公司的产品。新金田公司主张同期向知味园公司供货的不仅其一家企业，但未提交证据对其主张予以证实。知味园公司提供的《经销商合同》《残损商品报损核定表》《退货（报损）说明》，金额前后吻合，同本案涉案合同履行时间亦相互吻合，经核算，已发货给经销商的破损产品的损失金额合计为873 648.70元，该部分损失应认定为使用新金田公司不合格产品所导致的损失，新金田公司应向知味园公司赔付。对于知味园公司主张的库存破损产品损失597 791.70元，由于该部分损失缺乏其他相应证据加以佐证，鉴定机构系在该部分商品已被知味园公司销毁的情况下，仅凭知味园公司自制的盘点统计表认定库存破损产品的损失，知味园公司未能提交充分证据证明该部分产品实际生产及具体的生产数量,在知味园公司未能提供其他证据佐证其该部分损失实际产生的情况下,该部分鉴定结论依法不应采信。对于知味园公司的库存包装膜,原审并未予以支持,知味园公司也未就此提起上诉,本院二审不予评判。综上,新金田公司应向知味园公司赔付的产品损失额为 873 648.7 元,新金田公司的上诉主张部分成立,本院予以部分支持。

3. 知味园公司是否应向新金田公司支付律师代理费 2 万元?

本案纠纷发生后,双方均聘请了律师,且双方支付的代理费金额相同,故原审作抵销处理并无不妥,云南省高级人民法院对此予以维持。

另,原审判决知味园公司向新金田公司支付尚欠货款 214 487.03 元,知味园公司并未就此提起上诉,视为对此结果予以认可,本院二审予以维持。

综上所述,原审认定事实部分不清,实体处理部分错误,云南省高级人民法院二审予以纠正。新金田公司的上诉请求部分成立,云南省高级人民法院予以部分支持。依据《中华人民共和国民事诉讼法》第 170 条第 1 款第(2)项之规定,判决如下:

一、维持云南省文山壮族苗族自治州中级人民法院(2014)文中民二初字第 58 号民事判决第三项、第四项,即由云南知味园食品有限公司支付给广东新金田彩印实业有限公司货款 214 487.03 元;驳回广东新金田彩印实业有限公司的其他诉讼请求;

二、撤销云南省文山壮族苗族自治州中级人民法院(2014)文中民二初字第 58 号民事判决第一项、第二项,即由广东新金田彩印实业有限公司赔偿云南知味园食品有限公司因包装膜破损导致的经济损失 1 471 440.4 元;驳回云南知味园食品有限公司其他诉讼请求。

三、由广东新金田彩印实业有限公司赔偿云南知味园食品有限公司经济损失 873 648.70 元;

四、驳回知味园公司的其他诉讼请求;

以上互负的金钱给付义务相互冲抵后，广东新金田彩印实业有限公司应向云南知味园食品有限公司支付659 161.57元，限本判决生效后十日内支付完毕。

一审本诉案件受理费21 192元，由云南知味园食品有限公司负担10 914元，由广东新金田彩印实业有限公司负担10 278元；保全费5000元，由云南知味园食品有限公司负担2600元，由广东新金田彩印实业有限公司负担2400元；反诉案件受理费6274元，由云南知味园食品有限公司负担4329元，由广东新金田彩印实业有限公司负担1945元；由云南知味园食品有限公司负担10 914元，由广东新金田彩印实业有限公司负担10 278元。

（二）案例分析

1. 当事人能否单方委托司法会计鉴定

对于启动鉴定程序或者说委托相关司法鉴定机构对专门性问题进行司法鉴定，实践中一般都是在案件立案后，在审理过程中由一方当事人向法院提出，由法院采取公开摇号的方式在具备相关资质的鉴定机构中随机确定，然后进入具体的鉴定程序。

由于鉴定意见对案件往往有着实质性的影响，因此当鉴定意见不能达到当事人的预期，对当事人而言，不仅为案件支出了鉴定费用，而且还会白白地浪费很多时间。

有鉴于此，对于鉴定意见尚无法明显判断的前提下，考虑到诉讼成本等原因，对于某些案件，还是可以通过案前委托司法鉴定。本案中，新金田公司向知味园公司提供的出现质量问题的包装膜，属于易腐变质产品，不易保存，知味园公司需将其统一集中销毁。知味园公司在发出商函和律师函要求新金田公司前来处理，但新金田公司未予配合处理的情况下，于2014年12月5日，单方委托云南汇通司法鉴定所对因包装膜破损导致的经济损失金额进行了鉴定。

根据《最高人民法院关于民事诉讼证据的若干规定》第28条"一方当事人自行委托有关部门做出的鉴定结论，另一方当事人有证据足以反驳并申请重新鉴定的，人民法院应予准许"的法律规定可以看出，法律目前并不禁止当事人单方委托鉴定。

2. 当事人诉前单方委托司法鉴定所作出的鉴定意见的证明力如何

尽管单方委托司法鉴定机构有种种弊端，比如：鉴定机构和申请人有没有什么关系，鉴定机构的能力如何，鉴定机构有没有资质，鉴定材料是不是真实，相对人有相反的证据怎么提供等等，这些都会导致鉴定意见的公正性得不到保障。

当事人自行委托有关鉴定部门鉴定并出具的鉴定意见，由于其在委托程序上的非正式性，并且存在诸多的利己性和利益驱动性，对此种方式产生的鉴定意见的证明力应具体分析。

（1）对于当事人提交法庭的自行鉴定意见必须进行审查，必须经过庭审质证，否则不能直接作为定案的证据；

（2）如果对方当事人对该鉴定意见没有异议，且不存在需要重新鉴定的情形的，在质证后应当作为认定事实的证据。

（3）如果对方当事人对鉴定意见提出异议，并有证据足以反驳该鉴定意见所认定的事实的，对方当事人可以申请法院重新鉴定，其鉴定结论不具有证明力。

本案鉴定意见最终认定的损失包括两方面：一是已发货给经销商的破损产品 873 648.7 元；二是库存破损产品 597 791.7 元，即新金田公司只应赔偿知味园公司已发货给经销商的破损产品和库存破损产品损失，即 873 648.7 + 597 791.7 = 1 471 440.4（元）。云南省高级人民法院组织双方当事人进行了质证，新金田公司对鉴定意见提出了异议，虽并未提出重新鉴定的申请，但是法官必须要全面考虑该鉴定意见与同案其他证据之间的关系，才能对会计鉴定意见的证明力及大小作出判断。针对第一部分鉴定意见，云南省高级人民法院经过审查知味园公司提供的《经销商合同》《残损商品报损核定表》《退货（报损）说明》等证据，认为金额前后吻合、履行时间亦相互吻合，对该部分鉴定意见予以采信；针对第二部分鉴定意见，云南省高级人民法院经过审查认为，由于该部分损失缺乏其他相应证据加以佐证，鉴定机构系在该部分商品已被知味园公司销毁的情况下，仅凭知味园公司自制的盘点统计表认定库存破损产品的损失，知味园公司未能提交充分证据证明该部分产品实际生产及具体的生产数量，在知味园公司未能提供其他证据佐证其该部分损失实际产生的情况下，对该部分鉴定意见未予采信。

云南省高级人民法院在本案中，依据现行的法律规定，对知味园公司提供的单方鉴定意见进行了证据能力以及证明力方面的全面审查，论证充分，说理透彻，值得称道。

参考文献

一、学术著作

[1] 白岱恩，于朝. 司法会计简明教程 [M]. 中国政法大学出版社，2017.

[2] 于朝. 司法会计鉴定实务 [M]. 中国检察出版社，2014.

[3] 于朝. 司法会计概论 [M]. 中国检察出版社，2014.

[4] 杜志淳. 司法鉴定立法研究 [M]. 法律出版社，2011.

[5] 杨书怀. 法务会计鉴定的采信机制研究 [M]. 经济科学出版社，2014.

[6] 齐树洁. 英国证据法（第二版）[M]. 厦门大学出版社，2014.

[7] 李玉华，杨军生. 司法鉴定的诉讼化 [M]. 中国人民公安大学出版社，2006.

[8] 郭金霞. 司法鉴定质量控制法律制度研究 [M]. 法律出版社, 2011.

[9] 谭立, 张苏彤. 法务（司法）会计前沿问题 [M]. 中国时代经济出版社, 2009.

[10] 霍宪丹. 司法鉴定学 [M]. 北京大学出版社, 2014.

[11] 梁书文.《关于民事诉讼证据的若干规定》新解释 [M]. 人民法院出版社, 2011.

[12] 王建国. 司法会计学 [M]. 立信会计出版社, 2003.

[13] 何家弘. 新编证据法 [M]. 法律出版社, 2000.

[14] 郭金霞. 司法鉴定质量控制法律制度研究 [M]. 法律出版社, 2011.

[15] 齐树洁. 英国证据法 [M]. 厦门大学出版社, 2002.

[16] 郭华. 鉴定结论论 [M]. 中国人民公安大学出版社, 2007.

[17] 程荣斌. 外国刑事诉讼法教程 [M]. 中国人民大学出版社, 2002.

[18] 罗结珍. 法国新民事诉讼法典 [M]. 中国法制出版社, 1998.

[19] [日] 谷口安平. 程序的正义与诉讼 [M]. 王亚新等, 译. 中国政法大学出版社, 1996.

[20] [日] 高桥宏志. 重点讲义民事诉讼法 [M]. 张卫平译. 法律出版社, 2007.

[21] [日] 松冈正义. 民事证据论 [M]. 张知本译. 中国政法大学出版社, 2004.

[22] [美] 约翰·W. 斯特龙. 麦考密克论证据 [M]. 汤维建等, 译. 中国政法大学出版社, 2004.

[23] 朱富美. 科学鉴定与刑事侦查 [M]. 中国民主法制出版社, 2006.

[24] 季美君. 专家证据制度比较研究 [M]. 北京大学出版社, 2008.

[25] [美] 米尔健·R. 达马斯卡. 漂移的证据法 [M]. 李学军等, 译. 中国政法大学出版社, 2003.

二、期刊文章

[1] 白岱恩, 窦衍瑞. 会计鉴定意见的民事司法审查 [J]. 法学论坛, 2015 (30).

[2] 韩飞. 司法会计鉴定在我国的应用现状研究 [J]. 财会通讯, 2016 (10).

[3] 沈明磊. 民事诉讼专家辅助人制度适用问题研究 [J]. 法律适用, 2017 (1).

[4] 樊崇义. 鉴定意见的审查与运用规则 [J]. 中国刑事法杂志, 2013 (5).

[5] 陈邦达. 美国科学证据采信规则的嬗变及启示 [J]. 比较法研究, 2014 (6).

[6] 陈邦达. 鉴定人出庭作证制度实证研究 [J]. 法律科学, 2016 (6).

[7] 徐悦. 我国鉴定人出庭作证制度之完善——以证据裁判原则为视角 [J]. 中国司法鉴定, 2015 (5).

[8] 张芳芳, 林北征. 论司法鉴定救助制度再完善——以《民事诉讼法》解释为视角 [J]. 中国司法鉴定, 2015 (6).

[9] 张保生, 常林. 2013 年中国证据法治发展的步伐 [J]. 证据科学, 2015 (3).

[10] 张连峰, 郭建龙, 王世玉. 司法会计鉴定人如何出庭接受质询 [J]. 人民检察, 2014 (12).

[11] 李德, 陈暮春. 规范司法会计鉴定体系初探 [J]. 会计研究, 2000 (11).

[12] 徐静村. 证据新论 [J]. 甘肃社会科学, 2005 (1).

[13] 赵如兰, 戴建宏. 对司法会计几个问题的思考 [J]. 财经科学, 2002 (2).

[14] 郑谊英. 构建规范法官裁判行为的司法鉴定规则体系 [J]. 甘肃社会科学, 2015 (6).

[15] 张南宁. 科学证据可采性标准的认识论反思与重构 [J]. 法学研究, 2010 (1).

[16] 孟勤国. 司法鉴定规则应重在规范法官行为——最高法院 (2011) 民一终字第 41 号判决书研读 [J]. 法学评论, 2013 (1).

[17] 于朝. 论司法会计理论与舞弊审计理论的分野——兼谈"法务会计"的误解 [J]. 中国司法鉴定, 2009 (6).

[18] 韩斌. 注册会计师司法会计鉴定证据规则探讨 [J]. 财会通讯, 2011 (8).

[19] 范伟红. 司法会计鉴定中函证程序的创新思考 [J]. 会计之友, 2008 (6).

[20] 陈瑞华. 鉴定意见的审查判断问题 [J]. 中国司法鉴定, 2011 (5).

[21] 郭华. 台湾地区法院鉴定裁量权范围之研究——兼论我国法院指定或聘请鉴定的范围问题 [J]. 台湾法研究, 2004 (4).

[22] 樊崇义, 郭华. 鉴定结论质证问题研究(上) [J]. 中国司法鉴定, 2005 (1).

[23] 肖承海. 论鉴定结论质证的路径依赖 [J]. 证据科学, 2008 (2).

[24] 汪建成. 司法鉴定模式与专家证人模式的融合 [J]. 国家检察官学院学报, 2011 (4).

[25] 范伟红. 司法会计鉴定中函证程序的创新思考 [J]. 会计之友, 2008 (6).

[26] 许为安. 司法会计鉴定与注册会计师鉴证业务差异辨析——基于对《中国注册会计师执业准则》的分析 [J]. 中国司法鉴定, 2006 (6).

[27] 李学军, 朱梦妮. 专家辅助人制度研析 [J]. 法学家, 2015 (1).